"十四五"职业教育国家规划教材

微课版

物流设施与设备

（第三版）

新世纪高等职业教育教材编审委员会 组编

主　编　冯国苓　任岳华

副主编　杨丽娟　徐辉增　刘德军

大连理工大学出版社

图书在版编目(CIP)数据

物流设施与设备 / 冯国苓，任岳华主编. -- 3 版. -- 大连：大连理工大学出版社，2021.8(2024.12重印)
新世纪高职高专物流管理专业系列规划教材
ISBN 978-7-5685-3073-6

Ⅰ.①物… Ⅱ.①冯… ②任… Ⅲ.①物流－设备管理－高等职业教育－教材 Ⅳ.①F253.9

中国版本图书馆 CIP 数据核字(2021)第 118325 号

大连理工大学出版社出版

地址：大连市软件园路 80 号　邮政编码：116023
发行：0411-84708842　邮购：0411-84708943　传真：0411-84701466
E-mail：dutp@dutp.cn　URL：https://www.dutp.cn
辽宁星海彩色印刷有限公司印刷　　大连理工大学出版社发行

幅面尺寸：185mm×260mm　　印张：16.5　　字数：381千字
2009 年 1 月第 1 版　　　　　　　　　2021 年 8 月第 3 版
2024 年 12 月第 6 次印刷

责任编辑：初　蕾　　　　　　　　　　责任校对：夏圆圆
　　　　　　　　　封面设计：对岸书影

ISBN 978-7-5685-3073-6　　　　　　　　定　价：51.80元

本书如有印装质量问题，请与我社发行部联系更换。

前　言

《物流设施与设备》(第三版)是"十四五"职业教育国家规划教材、"十二五"职业教育国家规划教材,也是新世纪高等职业教育教材编审委员会组编的现代物流管理专业系列规划教材之一。

本教材全面贯彻落实党的二十大精神,遵循《国家职业教育改革实施方案》的指导思想进行修订。在组织修订之初,作者就注重邀请知名物流企业中熟悉物流设施与设备的人员参与,并组织编写人员展开研讨和进行实地考察,在掌握了大量实践资料后开始编写工作。

本教材编写的初衷是展现现代社会前沿的物流设施与设备的功能和实际应用,并通过世界先进物流应用案例来展示和解读。教学内容中的"阅读案例"提供了相关行业协会、生产企业等信息,为本教材读者拓展信息提供了查找渠道;课后的"思考与练习"将充分锻炼和培养学生的团队合作精神和实践调研能力。

本教材主要有如下几个特点:

1. 在教材的内容选取上,坚持体现物流行业设备应用的发展趋势,增加物流行业相关的新技术、新工艺和新方法的介绍;同时,主要介绍物流企业设施与设备的功能和实际应用。本教材通过实地调研和研讨编写而成。

2. 在教材的体系设计上,遵循学生的职业生涯发展规律,理论联系实际,并着重从实际应用的角度出发,以问题为单元,由简到繁、由易到难,既有基本理论知识的介绍,又有实际运用的详细阐述,还提供了拓展提高的内容。

3. 在教材的呈现形式上,针对学生及学习内容的特点,将理论知识框架化、操作步骤流程化,力求达到图、文、表并茂,使阅读轻松自然。

本教材编写人员由任职一线的物流专业教师和企业高级工程管理人员组成。海南经贸职业技术学院冯国苓和岳阳市祥腾智能科技研究所任岳华任主编,安徽工商职业学

院杨丽娟、山东东营职业学院徐辉增和沈阳农业大学工程学院刘德军任副主编。具体编写分工如下：冯国苓编写第一章、第二章、第三章、第十四章；杨丽娟编写第四章、第五章、第六章；刘德军编写第七章；徐辉增编写第八章、第九章、第十三章；任岳华编写第十章、第十一章、第十二章。冯国苓负责本教材的总纂。

本教材可作为高等职业教育本科、高等职业教育专科院校物流管理、物流工程技术等专业的教材和参考书，也可作为物流企业从业人员的培训教材和参考读物。为方便教师教学和学生自学，本教材配有微课、习题集及参考答案、电子教学课件等教学资源，如有需要请登录职教数字化服务平台进行下载。

在编写本教材的过程中，编者参考、引用和改编了国内外出版物中的相关资料以及网络资源，在此表示深深的谢意！请相关著作权人看到本教材后与出版社联系，出版社将按照相关法律的规定支付稿酬。

由于现代物流业发展迅猛，新技术与新设备不断涌现，加上编者水平有限，教材中疏漏、错误之处在所难免，敬请广大读者批评指正。

编　者

所有意见和建议请发往：dutpgz@163.com
欢迎访问职教数字化服务平台 https://www.dutp.cn/sve/
联系电话：0411-84707492　84706671

目录

第一篇 仓储设施与设备

第一章 仓库设施与设备 ... 3
- 第一节 仓储系统认知 ... 3
- 第二节 货架认知 ... 7
- 第三节 集货出入库设备认知 ... 13
- 第四节 线路与站台认知 ... 23
- 实训任务 ... 28
- 思考与练习 ... 29

第二章 自动化立体仓库设施与设备 ... 30
- 第一节 自动化立体仓库基本知识认知 ... 30
- 第二节 仓库的基建及公用工程设施 ... 32
- 第三节 自动化立体仓库的机电设备 ... 35
- 第四节 自动化立体仓库的控制系统 ... 50
- 实训任务 ... 52
- 思考与练习 ... 54

第三章 在库养护管理设备 ... 56
- 第一节 通风系统及通风机 ... 56
- 第二节 湿度控制方法与设备 ... 58
- 第三节 空气幕设备 ... 59
- 第四节 计量设备 ... 60
- 第五节 安防养护设备 ... 64
- 实训任务 ... 68
- 思考与练习 ... 68

第二篇 物流运输设施与设备

第四章 水路运输设施与设备 ... 71
- 第一节 港口运输设备 ... 71
- 第二节 水路运输运载工具 ... 77

实训任务 ……………………………………………………………… 83
　　思考与练习 ……………………………………………………………… 84
第五章　陆路运输设施与设备 ……………………………………………… 85
　　第一节　公路运输设备 ……………………………………………… 85
　　第二节　铁路运输设备 ……………………………………………… 97
　　实训任务 ……………………………………………………………… 107
　　思考与练习 ……………………………………………………………… 108
第六章　航空运输设施与设备 ……………………………………………… 109
　　第一节　航空运输技术设施 ……………………………………… 109
　　第二节　航空运输运载工具 ……………………………………… 111
　　实训任务 ……………………………………………………………… 116
　　思考与练习 ……………………………………………………………… 116
第七章　管道运输设施与设备 ……………………………………………… 117
　　第一节　输油管道运输设备 ……………………………………… 117
　　第二节　输气管道运输设备 ……………………………………… 123
　　实训任务 ……………………………………………………………… 124
　　思考与练习 ……………………………………………………………… 124

第三篇　起重和连续输送设施与设备

第八章　起重设备 ……………………………………………………………… 127
　　第一节　轻小型起重设备 ………………………………………… 127
　　第二节　门式起重机 ……………………………………………… 129
　　第三节　桥式起重机 ……………………………………………… 132
　　第四节　臂架类起重机 …………………………………………… 134
　　第五节　起重设备的主要属具 …………………………………… 137
　　第六节　集装箱装卸搬运设备 …………………………………… 141
　　第七节　集装箱装卸工艺方案选择 ……………………………… 148
　　实训任务 ……………………………………………………………… 151
　　思考与练习 ……………………………………………………………… 151
第九章　连续输送设备 ……………………………………………………… 152
　　第一节　连续输送设备基本知识认知 …………………………… 152
　　第二节　带式输送机 ……………………………………………… 154
　　第三节　链式输送机 ……………………………………………… 160
　　第四节　辊道式输送机 …………………………………………… 165

第五节　螺旋输送机 …………………………………………………………… 167
第六节　斗式提升机 …………………………………………………………… 169
第七节　气力输送机 …………………………………………………………… 174
实训任务 ………………………………………………………………………… 184
思考与练习 ……………………………………………………………………… 184

第四篇　包装与流通加工设施与设备

第十章　包装机械设备 ……………………………………………………… 187
第一节　包装机械设备基本知识认知 ………………………………………… 187
第二节　封口机械 ……………………………………………………………… 190
第三节　灌装机械 ……………………………………………………………… 192
第四节　装箱机 ………………………………………………………………… 194
第五节　封箱机 ………………………………………………………………… 196
第六节　包装生产线 …………………………………………………………… 198
实训任务 ………………………………………………………………………… 201
思考与练习 ……………………………………………………………………… 202

第十一章　流通加工设备 …………………………………………………… 203
第一节　流通加工设备基本知识认知 ………………………………………… 203
第二节　金属板材剪切设备 …………………………………………………… 205
第三节　混凝土搅拌及输送设备 ……………………………………………… 208
第四节　木工锯机 ……………………………………………………………… 210
实训任务 ………………………………………………………………………… 213
思考与练习 ……………………………………………………………………… 213

第十二章　冷链与气调设备 ………………………………………………… 214
第一节　预冷设备 ……………………………………………………………… 214
第二节　冷库设备 ……………………………………………………………… 216
第三节　气调设备 ……………………………………………………………… 219
实训任务 ………………………………………………………………………… 222
思考与练习 ……………………………………………………………………… 222

第五篇　物流信息技术设施与设备

第十三章　物流信息技术设备 ……………………………………………… 226
第一节　条码技术设备及应用 ………………………………………………… 226
第二节　POS 设备及应用 ……………………………………………………… 232

第三节　GPS 和 GIS 设施与设备 ⋯⋯⋯⋯⋯⋯⋯⋯⋯⋯⋯⋯⋯⋯⋯⋯⋯ 236
　　第四节　北斗卫星导航系统 ⋯⋯⋯⋯⋯⋯⋯⋯⋯⋯⋯⋯⋯⋯⋯⋯⋯⋯⋯ 243
　　实训任务 ⋯⋯⋯⋯⋯⋯⋯⋯⋯⋯⋯⋯⋯⋯⋯⋯⋯⋯⋯⋯⋯⋯⋯⋯⋯⋯⋯ 246
　　思考与练习 ⋯⋯⋯⋯⋯⋯⋯⋯⋯⋯⋯⋯⋯⋯⋯⋯⋯⋯⋯⋯⋯⋯⋯⋯⋯⋯ 246

第十四章　物流管理信息系统的功能及应用 ⋯⋯⋯⋯⋯⋯⋯⋯⋯⋯⋯⋯⋯⋯ 248
　　第一节　仓储管理系统的功能及应用 ⋯⋯⋯⋯⋯⋯⋯⋯⋯⋯⋯⋯⋯⋯⋯ 249
　　第二节　运输管理系统的功能及应用 ⋯⋯⋯⋯⋯⋯⋯⋯⋯⋯⋯⋯⋯⋯⋯ 250
　　第三节　应急物流系统的功能及应用 ⋯⋯⋯⋯⋯⋯⋯⋯⋯⋯⋯⋯⋯⋯⋯ 252
　　实训任务 ⋯⋯⋯⋯⋯⋯⋯⋯⋯⋯⋯⋯⋯⋯⋯⋯⋯⋯⋯⋯⋯⋯⋯⋯⋯⋯⋯ 253
　　思考与练习 ⋯⋯⋯⋯⋯⋯⋯⋯⋯⋯⋯⋯⋯⋯⋯⋯⋯⋯⋯⋯⋯⋯⋯⋯⋯⋯ 254

参考文献 ⋯⋯⋯⋯⋯⋯⋯⋯⋯⋯⋯⋯⋯⋯⋯⋯⋯⋯⋯⋯⋯⋯⋯⋯⋯⋯⋯⋯⋯⋯ 256

第一篇

仓储设施与设备

知识和技能目标

1. 了解仓库的分类,仓储系统的功能与主要参数,掌握货架的功能及类型,熟悉常用的货架构造并具备选择货架的能力。

2. 熟悉各种出入库设备的作用,了解站台的技术要求。掌握自动化立体仓库机械设备组成及工作要求,熟悉自动化立体仓库系统组成、自动化立体仓库机械设备的使用、典型的自动化立体仓库控制系统结构,了解风机、换气扇、除湿机、加湿器、臭氧灭菌机、安全防范工程系统的用途。

素质目标

1. 建立行业认知、科技认知,建立安全意识、风险意识和规范意识。

2. 培养对于物流前沿技术的应用认知,了解智能物流技术设备,掌握行业的发展方向,增强民族自豪感。

我国现代粮食储备库及先进储粮技术

在我国现代粮食储备库中,平房仓占75%以上。平房仓散粮装粮线高度不低于6 m,单间仓房长度为60 m,仓房的跨度大,一般为21 m、24 m、27 m、30 m、33 m、36 m六种规格,这种平房仓称为高大平房仓(图1-1)。

图1-1 用于粮食储备的高大平房仓

如图1-2所示,现代粮食储备库中配备通风系统(风机、通风管道)、温度检测器、湿度传感器、测虫传感器、谷物冷风机、计算机控制系统等先进工艺技术和设备,全面应用机械通风、环流熏蒸、计算机粮情检测、低温储粮等新技术,大幅度提高了我国粮食仓储技术和管理水平。

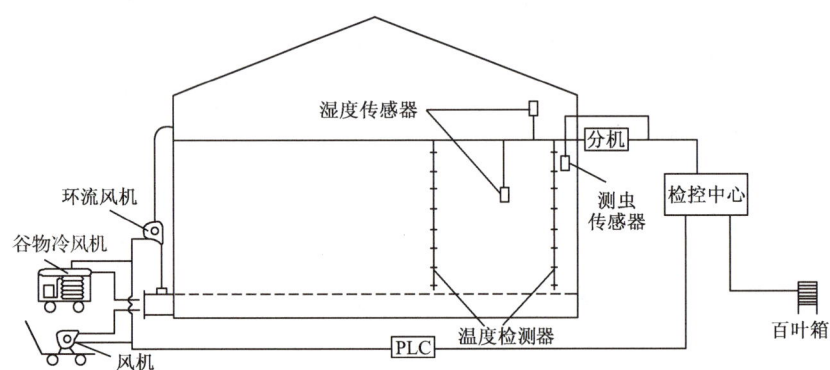

图1-2 现代粮食储备库设备系统

【案例思考】

1.现代粮食储备库中配备的主要设备有哪些?

2.高大平房仓的长、宽、高尺寸为多少?

第一章 仓库设施与设备

第一节 仓储系统认知

一、仓库的分类

所谓仓库，一般是指对物品（或物资）进行集中、整理、保管和分发等工作的，储存物品的建筑物和场所。仓库是进行仓储活动的主体设施。从不同的侧面来分析问题时，仓库可以有不同的分类标准，物流领域主要从以下几个方面来进行仓库的分类。

（一）按仓库在社会再生产中所处的领域分类

1. 生产企业仓库

生产企业仓库是指处在生产领域里的物资仓库。它是工业企业的一部分，不是一个独立的经济单位。

2. 流通仓库

流通仓库是指处在流通领域里的物资仓库，按照它在商品流通过程中所起的作用可以分为以下几种：采购供应仓库、批发仓库、零售仓库、中转仓库、储备仓库、加工仓库、保税仓库（保税货场）、海关监管仓库。以上是常见的流通仓库，生产出来的产品首先是被储存在采购供应仓库（或储备仓库），然后流向批发仓库，接着是零售仓库，最后进入卖场，在那里向最终用户销售。

（二）按建筑材料分类

根据使用的建筑材料的不同，可以将仓库分为钢筋混凝土仓库、钢结构仓库等。

（三）按保管货物的特性和仓库所提供的储存条件分类

1. 原材料仓库

原材料仓库是用来储存生产所用的原材料的，这类仓库一般比较大。

2. 产品仓库

产品仓库的作用是存放已经完成的产品，但这些产品还没有进入流通领域，这种仓库一般附属于产品生产工厂。

3. 常温仓库

常温仓库的库内温度一般控制在 5～40 ℃，相对湿度控制在 90% 以下。

4. 冷库

冷库包括恒温、冷藏和冷冻仓库等。恒温仓库能够根据货物的特性，自动调节储存库内的温度和湿度。冷藏仓库的温度一般控制在 0～5 ℃，主要用于蔬菜和水果的储存，要求有较高的湿度。冷冻仓库的温度一般控制在 −35～−2 ℃。

由于采用制冷设备产生的冷气，冷库内的温度与外界空间的温度差异很大，需要采用保温性能较好的材料组成一个相对封闭的空间，以达到储存货物的目的。

(1) 冷库按容量规模一般分为大、中、小型冷库。大型冷库的冷藏容量在 10 000 t 以上；中型冷库的冷藏容量在 1 000～10 000 t；小型冷库的冷藏容量在 1 000 t 以下。

(2) 冷库按冷藏设计温度分为高温、中温、低温和超低温速冻冷库。高温冷库的冷藏设计温度在 −2～8 ℃；中温冷库的冷藏设计温度在 −10～−23 ℃；低温冷库的冷藏设计温度在 −23～−30 ℃；超低温速冻冷库的冷藏设计温度在 −30～−80 ℃。

(3) 冷库按库体结构类别分为土建冷库、组合板式冷库、覆土冷库和山洞冷库，前两种较常见。

冷库是通过人工制冷的方法，使库内保持一定的低温。冷库的墙壁、地坪及屋顶都铺设一定厚度的隔热材料，以减少由外界传入的热量。为了减少吸收太阳的辐射能，冷库外墙表面一般涂成白色或浅颜色。冷库建筑与一般工业和民用建筑不同，它有独特的结构。冷库建筑要防止水蒸气的扩散和空气的渗透。室外空气侵入时不但会增加冷库的耗冷量，而且还会向冷库内带入水分。水分的凝结会引起建筑结构，特别是隔热结构受潮冻结损坏，所以要设置防潮层和隔热层，使冷库建筑具有良好的密封性、防潮性和隔热性。冷库的地基受低温的影响，土壤中的水分易被冻结。土壤冻结后体积膨胀，会引起地面破裂及整个建筑结构变形，严重的会使冷库不能使用。因此，冷库地坪除要有有效的隔热层外，隔热层下还必须进行处理，以防止土壤冻结。冷库的地坪要堆放大量的货物，又要通行各种装卸及运输机械设备，因此，它的结构应坚固并具有较大的承载力。低温环境中，特别是在周期性冻结和融解循环过程中，建筑结构易受破坏。因此，冷库的建筑材料和冷库的各部分构造要有足够的抗冻性。总的来说，冷库建筑以其严格的隔热性、密封性、坚固性和抗冻性来保证建筑物的质量。

5. 危险品仓库

从字面上去理解，它是用于储存危险品的仓库。危险品由于可能对人体以及环境造成伤害，因此在此类货物的储存方面一般会有特定的要求。例如，防爆型仓库主要以存放易燃易爆品为主，仓储系统设计时应严格按照防爆要求进行。

6. 水面仓库

像圆木、竹排等能够在水面上漂浮的货物，它们可以储存在水面仓库。

(四)按仓库的结构和构造分类

1. 平房仓库

平房仓库是单层的,一般高度为 5~8 m,又称为单层仓库,是使用广泛的一种仓库建筑类型。这种仓库只有一层,因此不需要设置楼梯。

2. 多层仓库

多层仓库是指二层或二层以上的楼房式仓库,又称为楼库、楼房仓。

3. 高层货架仓库

高层货架仓库也是一种单层仓库,但与一般的单层仓库的不同在于它利用高层货架来储存货物,而不是简单地将货物堆积在库房地面上,因此又称为立体仓库、高架仓库。在库中,因为货架一般比较高,所以货物的存取需要采用与之配套的机械化、自动化设备。例如,使用计算机控制的巷道堆垛机完成货物的出入库作业。在存取设备自动化程度较高时,也将这样的仓库称为自动化立体仓库。

4. 筒仓

筒仓是筒式建筑物,又可分为浅圆仓和立筒库两种。浅圆仓是指仓壁高度与仓内直径比小于 1.5 的筒式建筑物。在我国的粮食储备库中,浅圆仓直径大多为 25~30 m,散粮装粮线高度为 12 m,单仓仓容为 6 000~100 000 t。立筒库是指带有锥形底的钢筋混凝土筒仓、钢板筒仓,它是仓壁高度与仓内直径比大于 1.5 的筒式建筑物,常用于存放散装的小颗粒或粉末状货物,如粮食、水泥和化肥等。

5. 露天堆场

露天堆场是用于在露天堆放货物的场所,一般堆放大宗原材料或者不怕受潮的货物。

(五)按仓库所处地理位置分类

根据所处的地理位置,仓库可以分为码头仓库、内陆仓库等,这是根据仓库的地理位置赋予仓库的特性来进行的分类。

(六)按仓库的管理体制分类

根据隶属关系的不同,仓库可以分为以下几类。

1. 自用仓库

自用仓库是指某个企业建立的供自己使用的仓库,这种仓库一般由企业自己进行管理。一般将自用仓库称为第一方或第二方物流仓库。

2. 公用仓库

公用仓库是一种专业从事仓储经营管理的,面向社会的,独立于其他企业的仓库。公用仓库被称为第三方物流仓库。

(七)按储存物资的种类分类

1. 综合性仓库

综合性仓库是指同时储存一大类以上不同自然属性的物资的仓库。

2. 专业性仓库

专业性仓库是指在一定时期内，只储存某一类物资的仓库。

二、仓储系统的功能

微课：仓储系统的功能

仓储的基本功能主要有储存和保管功能、调节功能、养护功能、提供信用保证功能、陈列商品功能、信息服务和增值服务功能。

以系统的观点来看待仓储，其应具备如下功能。

（一）储存和保管功能

仓库应具有一定的空间，可用于储存物品，并根据储存物品的特性配备相应的设备，以保持储存物品的完好性。

（二）调节供需功能

创造物品的时间效用是物流的基本职能之一，物流的这一职能是由物流系统的仓库来完成的。现代化大生产的形式多种多样，从生产和消费的连续性来看，每种产品都有不同的特点：有些产品的生产是均衡的，而消费是不均衡的；还有一些产品的生产是不均衡的，而消费却是均衡的。要使生产和消费协调起来，就需要仓库来起"蓄水池"的调节作用。

（三）调节货物运输功能

各种运输工具的运输能力是不一样的。船舶的运输能力很大，海运船一般是万吨级，内河船舶有百吨级、千吨级；火车的运输能力较小，每节车皮能装运30～60 t，一列火车的运量最多几千吨；汽车的运输能力很小，一般每辆车装运4～28 t。它们之间的运输衔接是很难的，这种运输能力的差异也是通过仓库进行调节的。

（四）增值服务功能

增值服务功能是指利用物品在仓库的存储时间，开发和开展多种服务来提高仓储附加值，促进物品流通，这是提高社会效益的有效手段，如商品流通加工、产品展示、配送、配载等。

（五）信息服务功能

伴随着以上功能的实现，仓库对信息传递提出了要求。在处理与仓库活动有关的各项事务时，需要依靠计算机和互联网，通过电子数据交换（EDI）和条形码技术来提高仓储物品信息的传输速度，从而使管理人员能够及时准确地了解仓储信息，如仓库利用水平、出入库的频率、仓库的运输情况、顾客的需求以及仓库人员的配置等，也可以为供应链伙伴和客户提供物流信息。

三、仓库的主要参数

仓库的主要参数是库容量和出入库频率。除去以上两个主要参数外，决定仓库性能的还有一些因素，如贮存物品的特性、托盘及其辅助工具的尺寸、仓库的自动化程度、出入库平均作业时间、仓库约束条件（运输条件、仓库高度、面积及地面承载能力）等。

(一)库容量

库容量是指仓库能容纳物品的数量,是指仓库内除去必要的通道和间隙后所能堆放物品的最大数量。在规划和设计仓库时,首先要明确库容量。库容量可用"t""m^3"或"货物单元"表示。

(二)出入库频率

出入库频率表示仓库出库和入库货物的频繁程度,它的大小决定了仓库内搬运设备的参数和数量,出入库频率可用"t/h"或"托盘/h"表示。

评价仓库的经营效率的主要指标为库容量利用系数和库存周转次数。

(三)库容量利用系数

库容量利用系数是平均库容量与最大库容量之比。由于这是一个随机变动的量,一般取它的平均值作为考核指标。

(四)库存周转次数

库存周转次数是年库存总量或年出库总量与平均库存量之比。对于生产性和经营性的仓库,库存周转次数越多说明资金周转越快。一些经营好的仓库可以达到每年24次以上,即不到半个月就周转一次。对于储备性仓库,库存周转次数不是一个重要指标。

(五)单位面积的库容量

这是总库容量与仓库占地面积之比。在土地紧缺、征用费用高的地方,这是一个很重要的经济指标。

(六)全员平均劳动生产率

这是仓库全年出入库总量与仓库总人数之比。它通常取决于仓库的机械化程度。

(七)装卸作业机械化程度

这是指用装卸机械装卸货物的作业量与总的装卸作业量之比。

(八)机械设备的利用系数

这是机械设备的全年平均小时搬运量与额定小时搬运量之比。可用这个系数来评估机械设备系统配置的合理性。

第二节 货架认知

一、货架的概念、作用及功能

(一)货架的概念

就字面而言,货架泛指存放货物的架子。在仓库设备中,仓储货架是指专门用于存放成件货物的保管设备。货架在物流及仓库中占有非常重要的地位,随着现代工业的迅猛发展、物流量的大幅增加,为实现仓库的现代化管理,改善仓库的功能,不仅要求货架数量多,而且要求其具有多功能,并能实现机械化、自动化。

(二)货架的作用及功能

货架在现代物流活动中起着相当重要的作用,仓库管理要想实现现代化,与货架的种类、功能有直接的关系。

货架的作用及功能如下:(1)货架是一种架式结构物,可充分利用仓库空间,提高仓库储存能力;(2)存入货架中的货物,互不挤压,损耗小,可完整保证本身的功能,减少损失;(3)货架中的货物存取方便,便于清点及计量,可做到先进先出(或后进后出);(4)可以采取防潮、防尘、防盗、防破坏等措施,提高货物的储存质量;(5)很多新型货架的结构及功能有利于实现仓库的机械化及自动化管理。

二、货架系统设计主要参数

微课:仓库常用的货架

(1)货物的质量及堆垛高度。
(2)托盘的规格及进叉方向。
(3)库区的平面尺寸及可利用净高。
(4)货物出入库的物流走向及要求。
(5)叉车的型号或参数。

三、常用货架介绍

(1)悬臂式货架是由悬伸构件直接承载货物的货架。一般采用金属材料制成,货架的悬臂可以是单面悬臂或双面悬臂,悬臂的尺寸根据存放物料的尺寸而定。它适用于存放长形物料、板材、环形物料和不规则的货物,在悬臂上增加钢质或木质搁板后,可以防止磨伤悬臂。这种货架具有结构轻巧、载重能力好的特点。如图1-3所示为双面悬臂式货架。

(2)搁板式货架(图1-4)由四根支柱配置搁板组合而成,搁板作为直接承载构件又称为层架,结构简单。若制成可调式货架,其层数可根据需要任意增减,搁板每隔50 mm可任意调节。它适合摆放轻质、小型物件,也可与零件盒、周转箱等配合使用。每层承重在货物均匀分布状态下计算,集中载荷以标准承重的1/2计算为佳。

图1-3 双面悬臂式货架

图1-4 搁板式货架

(3)阁楼式货架是指具有两层或两层以上工作通道的货架。阁楼式货架由横梁式搁板货架和楼板搭建而成,能有效利用仓库的空间,增加存储面积。下层可放托盘货物,上层适合存放流动性小、质量轻的货物。它适合摆放轻质、小型物件,也可与零件盒、周转箱等配合使用。楼板最大承重为300 kg/m^2。上层不能用设备运送货物,只能由人操作。

如图 1-5 所示为阁楼式货架。

(4)流利式货架又称为滑移式货架、滚轮式货架。流利式货架的隔板是倾斜的,在每层隔板上装有滚轮(流利条),货物可沿流利条下滑到卸料板处,便于取货。流利式货架采用插接式的结构,便于安装调整。货物从带有斜面并具有定位、定向功能的流利条上端存入,当在低端取货时,货物借助重力自动下滑,实现货物的先进先出,使存取迅速方便,可提高工作效率,适用于生产装配线旁看板管理及物流中心拣选作业。如图 1-6 所示的流利式货架每层承重为 300 kg。

图 1-5　阁楼式货架

图 1-6　流利式货架

(5)托盘式货架由立柱、横梁等构件组成,也称为横梁式货架,主要用于存放托盘式装载单元(图 1-7)。货架有固定式和可调式两种结构:固定托盘式货架采用焊接结构;可调托盘式货架采用插接组合装配式结构,根据负载需求的不同采取不同的尺寸和强度设计,以达到货物负载和尺寸规格的需求配置。所有立柱中心设计加强肋,以确保安全的承载能力。货架横梁前端连接采取 U 形设计,装配时横梁、立柱和加强肋可紧密地连接,表面采用环氧树脂静电粉末喷涂。货架一般使用 3~5 层,料架撑脚需加装堆高机防撞装置,经过不同的变形和

图 1-7　托盘式货架

组合,可以适应多种货物的储存需求,是各行各业较常用的货物存储系统。但货架的储存密度较低,需要较多的通道,一般可依据通道的宽度,区分为传统式通道、窄道式通道及超窄道式通道,后者需配合适当型号的堆高机使用,可实现货物的快捷存取。

(6)移动式货架是可在导轨上移动的货架。根据货物的质量分为轻中型移动式货架和重型移动式货架。

轻中型移动式货架(也称密集架)由轻中型搁板式货架演变而成,其密集式结构仅需要设一条通道(1 m 宽左右),是空间利用率很高的一种货架。导轨可嵌入地面或安装于地面之上,货架底座沿导轨运行,货架安装于底座之上,通过链轮传动系统使每排货架轻松、平稳移动,有手动和电动两种方式,货物由人工进行存取。为使货架系统在运行中不倾倒,通常设有防倾倒装置。轻中型移动式货架主要用于档案馆、图书馆、银行、企业资料室等场所。重型移动式货架如图 1-8 所示。

图 1-8　重型移动式货架

(7)驶入式货架又称为进车式货架、贯通式货架、通廊式货架(图1-9)。货架采用钢质结构,货架的支撑立柱(钢柱)上的一定位置处有向外伸出的水平突出构件(支撑导轨),可以托住托盘底部,托盘起到货架横梁的作用。在支撑导轨上,托盘按深度方向存放,一个紧接着一个,这使得高密度储存成为可能。货物从货架同一侧进出,先存后取、后存先取,平衡重式叉车及前移式叉车可以方便地驶入货架中间存取货物。该货架投资成本相对比较低,常用来储存少品种、大批量托盘集装的货物,空间利用率较高,如图1-10所示。由于堆高机在整个货架里面运行,因此驾驶者必须非常小心。驶入式货架的纵深以3～5列较为理想,堆栈4层较容易管理。

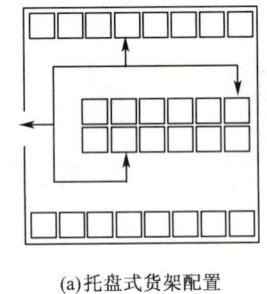
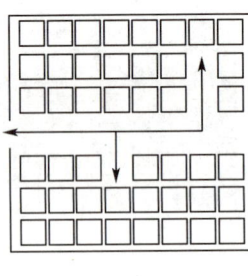

(a)托盘式货架配置　　　　(b)驶入式货架配置

图1-9　驶入式货架　　　　图1-10　在相同的面积条件下,驶入式货架的储存空间较多

驶入式货架的构造尺寸如图1-11所示,主要参数的确定为:
① 承载物与悬臂的间隔$C_1 \geqslant 150$ mm;
② 栈板与支柱的间隔$C \geqslant 80$ mm;
③ 栈板与悬臂搭载的宽度$E = C + 50$ mm;
④ 悬臂长度$L = C + E$。

(8)穿越式货架又称为驶出式货架,此种货架的结构与驶入式货架的结构基本相同,不同之处在于货架的两端均有出入口,叉车可以驶入其中作业,而且可以穿越,即入库作业与出库作业分设两端。穿越式货架可以满足先进先出的管理方法,如图1-12所示,还可以满足多批量储存的要求,提高仓储的作业效率。

(9)抽屉式货架是指抽屉可沿轨道方向抽出或推进的货架。抽屉式货架(图1-13)整体采用拼装结构,货架的抽屉底部设有滚轮轨道,层板通过轨道可滑出货架,货架自身装备吊车(如在顶部配置手拉葫芦移动车),可轻便使货物上下移动。通常每层载重量在350～800 kg时使用较合适。层面可铺钢板,亦可铺木板(原木木板、中纤板、贴塑刨花板等)。抽屉式货架主要用于存放各种模具等,若配以各种型号的堆高设备,可以实现托盘的快捷存取。

(10)压入式货架也称为后推式货架或推入式货架,采用轨道和托盘小车相结合的原理。轨道有一定的坡度(3°左右),托盘货物被规定单端存取,利用货物的自重,货物先进后出,适用于大批量、少品种的货物储存,空间利用率很高,存取也较灵活方便。货架总深度不宜过深,一般在6个托盘深度以内,否则由于托盘小车相互嵌入的缘故会使空间牺牲较大。单托货物质量一般在1 500 kg以内,货架高度一般在6 m以下。

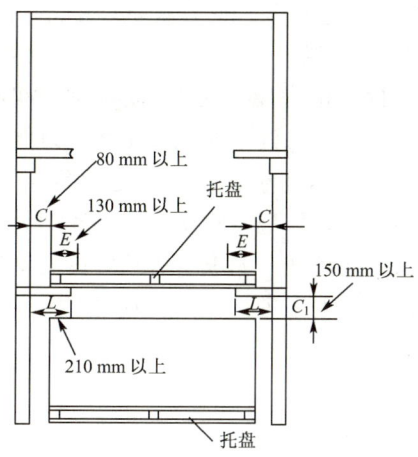
图 1-11　驶入式货架的构造尺寸

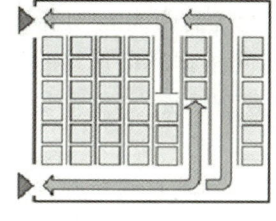
图 1-12　驶出式货架的管理方法

图 1-13　抽屉式货架

压入式货架系统对货架的制造精度要求较高,托盘小车与轨道的配合尤为重要,如制造、安装精度不高,极易导致货架系统运行不畅。此类货架造价较高,非常适合冷库或储存区域有限但急需要增加储位面积的场合使用,在国内已有很多的应用。

货物放置在托盘小车上被依次推入货架内部,后储存的货物会将原先货物推往里面。托盘小车跨于倾斜轨道上,当外侧货物被取走时,里面的托盘小车会自动滑下。叉车在操作时不需要进入货架内部,操作方式与普通货架完全相同。进货和出货在同一侧面(单端存取),如图 1-14 所示。需配合平衡重式叉车或前移式叉车使用。由于在货架深度方向可以设计多个托盘位置,压入式货架的空间利用率高于普通货架。此类货架高度为 2 000～4 500 mm,长度、宽度可根据客户货物要求定制,承重为 300～1 500 kg/托盘。

(a)从外侧将货物置于托盘小车上推入

(b)后储存的货物将原先货物推往里面

(c)当外侧货物被取走时,里面的托盘小车会自动滑下

图 1-14　压入式货架工作过程图

(11)重力式货架(图 1-15)是以托盘式货架为基础,其货架的横梁倾斜,滚筒轴心线按一定角度倾斜固定在货架横梁上,托盘从高端放入,在自身重力的作用下,沿设置在货架上的滚筒组成的滚道下滑。为控制托盘以稳定速度下滑,避免撞击,在滚道上每隔一定距离设置一套阻尼系统,托盘下滑速度越快,阻尼系统产生的阻力越大。端部分离机构设置在低端,用来分离最低端相邻的两个托盘,前一个托盘货物取走后,后一

图 1-15　重力式货架

个托盘货物自动滑至取货区,这样最低端托盘就可以顺利地取出。重力式货架的空间利用率高于压入式货架及驶入式货架,满足了"先进先出"的要求。

(12)旋转式货架又称为回转式货架。旋转式货架设有电力驱动装置(驱动部分可设于货架上部,也可设于货架底座内)。货架沿着由两个直线段和两个曲线段组成的环形轨道运行,用开关或电子计算机操纵。传统的货架是由人至货,而旋转式货架是由货至人,操作者可按指令旋转货架,达到存取货物的目的。存取货物时,把货物所在货格编号由控制盘按钮输入,该货格则以最近的距离自动旋转至拣货点停止。拣货路线短,拣货效率高。旋转式货架的货格形式可根据所存货物的种类、形状、大小进行设计。这种货架适用于轻小而昂贵、安全性要求较高的货物,少批量、多品种、高效率的存取,工作人员存取操作位置固定,不易疲劳。

旋转式货架分为水平旋转和垂直旋转两种,均是较为特殊的货架,自动化程度要求较高,密封性要求高,可等同于动力设备来看待,造价也较高,常应用于存放贵重物品的场所。

①水平旋转货架

水平旋转货架又分为整体旋转货架和分层旋转货架。整体旋转货架由一台链式输送机把一列一列的货架串联起来,每列货架下面有支撑滚轮,上面有导向轮。链式输送机运转时,货架在水平面内沿环行轨道旋转。分层旋转货架是每层都设驱动装置,形成各自独立的旋转体系。在计算机控制下可向各层同时提出出库要求,备出库的货格能自行判断选择最近路程到达拣货点,一座旋转货架可设多个拣货点。水平旋转货架(图1-16)在一处进行货物的入库和出库,可以大幅降低成本和缩短周期,在资材保管等方面显得更灵活。

②垂直旋转货架

垂直旋转货架的旋转轨迹垂直于水平面,这种货架适用于储存地毯、人造革、卷材或电子元器件等。如图1-17所示为垂直旋转货架。

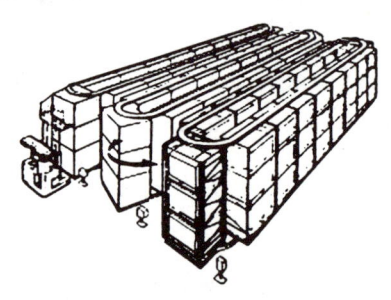
图1-16 水平旋转货架

图1-17 垂直旋转货架

(13)堆叠式货架(图1-18)本身可充当储存容器,随叉车搬运,不使用时可叠放,节省空间,大幅提升仓库的使用弹性。堆叠式货架价格低廉且不需维修,但叠放高度受限,太高容易倒塌,而且最低层货物要最后才可取出,所以只适合储存同时进货的物品、不规则物品等。

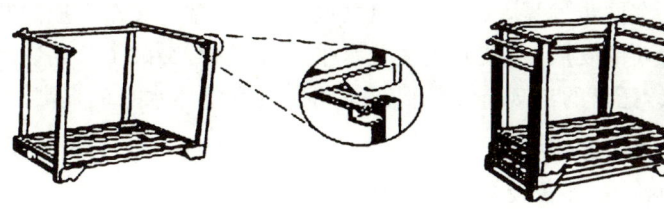

图 1-18　堆叠式货架

四、货架的分类代号

《货架分类及代号》(WB/T 1043—2012)规定了货架的分类代号方法。按照货架的功能分类,分类代号用三位字母表示,首位字母"H"表示货架,后两位字母以其名称的拼音前两个字母(大写)表示(表 1-1)。

表 1-1　　　　　　　　　　货架的分类和代号

类别	托盘式货架	搁板式货架	驶入式货架	悬臂式货架	重力式货架	压入式货架	移动式货架	阁楼式货架	流利式货架	抽屉式货架	旋转式货架
代号	HTP	HGB	HSR	HXB	HZL	HYR	HYD	HGL	HLL	HCT	HXZ
读音	托盘	搁板	驶入	悬臂	重力	压入	移动	阁楼	流利	抽屉	旋转

性能参数表示方式:跨度、进深、高度、每层承载的折算系数均为 1/100。

货架基本命名原则:分类—跨度×进深×高度—层数—承载,如图 1-19 所示。

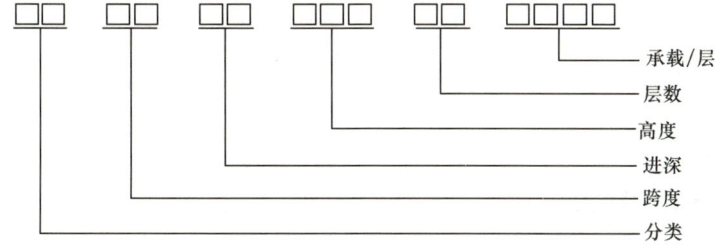

图 1-19　货架的表示方式

例:HGB—18×6×25—5—3 表示搁板式货架,跨度为 1 800 mm,进深为 600 mm,高度为 2 500 mm,层数为 5 层,每层承载为 300 kg(阁楼式货架及平台货架楼面承载以 kg/m² 表示)。

第三节　集货出入库设备认知

一、托盘

托盘又称为栈板,根据材质的不同,可分为木质、钢质、塑料、纸质及复合等多种托盘。托盘是一种重要的集装器具,是在物流领域中适应装卸机械化而发展起来的一种常用集装器具。托盘与叉车同步发展,叉车与托盘共同使用,托盘与叉车形成的装卸搬运系统大大地促进了装卸活动的发展,使装卸机械化水平大幅提高,突破了长期以来在运输过程中的装卸瓶颈。所以,托盘的出现有效地促进了物流过程整体水平的提高。

(一)托盘的种类及构造

按托盘的结构特点,托盘大致可以划分为以下五大类。

1. 平托盘

平托盘是在承载面和支撑面之间夹以纵梁,构成可集装物料,可使用叉车或搬运车等进行作业的货盘。它是托盘中使用量最大的一种,可以说是托盘中的通用性托盘,根据台面、叉车插入方式和制作的材料可以分为不同种类。

(1)按台面分为单面型、单面使用型、双面使用型和翼型四种。

(2)按叉车插入方式分为单向插入型、双向插入型、四向插入型三种。单向插入型只能从一个方向进叉,操作时较为困难。四向插入型可从四个方向进叉,因而操作较为灵活。

(3)按制作的材料分为木质平托盘、钢质平托盘、塑料平托盘和高密度合成板托盘。

①木质平托盘(图1-20)制造方便,便于维修,本体也较轻,是使用广泛的平托盘。

②钢质平托盘(图1-21)用角钢等异型钢材焊接制成,和木质平托盘一样,也有单面型、双面使用型等形式。钢质平托盘最大的特点是强度高,不易损坏和变形,维修工作量较小。

③塑料平托盘(图1-22)一般分为双面使用型、双向插入型、四向插入型三种,由于塑料强度有限,故很少有翼型的。塑料平托盘最主要的特点是本体质量轻,耐腐蚀性强,便于各种颜色分类区别,但承载能力不如钢质、木质平托盘。

④高密度合成板平托盘采用各类废弃物经高温高压压制而成的再生环保材料制成,具有抗高压、承重性能好、成本低等优点,适合各类货物的运输,尤其是重货成批运输,也是替代木质平托盘的最佳选择。

图1-20　木质平托盘

图1-21　钢质平托盘

图1-22　塑料平托盘

2. 柱式托盘

柱式托盘是在平托盘基础上发展起来的,其特点是在不压货物的情况下可进行码垛(一般为四层),多用于包装物料、棒料管材等的集装。如图1-23所示的柱式托盘,还可以用为可移动的货架、货位;不用时,还可叠套存放,节约空间。柱式托盘的柱子部用钢材制成,按柱子固定与否分为柱式和可卸柱式两种。柱式托盘的主要作用:一是防止托盘上所置货物在运输、装卸等过程中发生坍塌;二是利用柱子支撑,不用担心压坏下层托盘上的货物。

图1-23　柱式托盘

3. 箱式托盘

箱式托盘是在平托盘基础上发展起来的,多用于散件或散状物料的集装。如图1-24所示的金属箱式托盘可用于热加工车间集装热料。箱式托盘的下部可叉装,上部可吊装,并可进行码垛(一般为四层)。其主要特点：一是防护能力强,可有效防止塌垛,防止货损；二是由于四周有护板、护栏,因而托盘的装运范围较大,不但能装运可码垛的整齐形状包装货物,也可装运各种异形、不能稳定码垛的货物。

4. 网箱托盘

网箱托盘用于存放形状不规则的货物。如图1-25所示的网箱托盘可使用托盘搬运车、叉车、起重机等作业,可相互堆叠四层,空箱可折叠。

图1-24　金属箱式托盘

图1-25　网箱托盘

5. 特种专用托盘

现在各国采用的特种专用托盘种类不计其数,它们都在某些特殊领域发挥作用。

①航空托盘。航空货运或行李托运托盘,一般采用铝合金制造。为适应各种飞机货舱及舱门的限制,一般制成平托盘。

②平板玻璃集装托盘,又称为平板玻璃集装架。这种托盘能支撑和固定立式平板玻璃,在装运时,平板玻璃沿着汽车行驶方向放置,以保持托盘货载的稳定性。

③油桶专用托盘。专门装运标准油桶的异型平托盘,托盘为双面使用型,两个面皆有稳固油桶的波形槽或侧挡板,油桶卧放于托盘上面。由于波形槽或侧挡板的作用,油桶不会发生滚动位移,还可多层码垛,解决了桶形物难堆高码垛的困难,也方便了储存。

④货架式托盘。这是一种框架形托盘,框架正面尺寸比平托盘略宽,以保证托盘能放入架内,架的深度比托盘宽度窄,以保证托盘能搭放在架上。架子下部有四个支脚,形成叉车进叉的空间。

⑤长尺寸托盘。这是一种专门用于装放长尺寸材料的托盘,这种托盘叠高后便形成了组装式长尺寸货架。

⑥轮胎专用托盘。轮胎本身有一定的耐水性、耐腐蚀性,因而在物流过程中无须密闭,且本身相对较轻,装放于集装箱中不能充分发挥箱子的载重能力。

(二)托盘标准化

托盘标准化包括托盘尺寸规格标准化,托盘制造材料标准化,各种材质托盘质量标准化,托盘检测方法及鉴定技术标准化,托盘作业标准化,托盘集装单元化和托盘作业一贯化,托盘国内、国际共用化,托盘与物流设施、设备、运输车辆、集装箱等尺寸协调合理化等内容。

托盘标准化是物流托盘化的前提和基础,没有托盘标准化,就不可能实现物流托盘化,也就没有快速、高效、低成本的现代物流。

关于托盘标准,我国主要有《联运通用平托盘 主要尺寸及公差》(GB/T 2934—2007)、《托盘术语》(GB/T 3716—2000)、《托盘单元货载》(GB/T 16470—2008)、《塑料平托盘》(GB/T 15234—1994)、《联运通用平托盘 性能要求和试验选择》(GB/T 4995—2014)等。

全世界主要的工业国家都有自己的标准托盘,但所用尺寸各国不同。

每个国家都希望自己国内已普遍使用的托盘规格成为国际标准,以便在国际经济交流中更为有利。国际标准组织无法统一,只能接受既成事实,做到相对统一。ISO 标准(ISO 6780—1988)原来有 4 种托盘标准规格,即 1 200 mm×800 mm,1 200 mm×1 000 mm,1 219 mm×1 016 mm,1 140 mm×1 140 mm。2003 年通过了新方案,增加了 1 100 mm×1 100 mm 和 1 067 mm×1 067 mm 两种规格,变为 6 种标准规格。修订的《洲际物料输送用平托盘主要尺寸和公差》(ISO 6780—2003)替代了 ISO 6780—1988。

《联运通用平托盘主要尺寸及公差》(GB/T 2934—2007)修订时充分考虑了在我国 1 200 mm×1 000 mm 规格托盘使用最为普遍,以及 1 100 mm×1 100 mm 规格托盘生产量及占有率提升幅度较大的现状,最终确定 1 200 mm×1 000 mm 和 1 100 mm×1 100 mm 两种托盘规格,且特别注明 1 200 mm×1 000 mm 为优先推荐规格。

(三)托盘的使用

1. 托盘的载重量

每个托盘的载重量应小于或等于 2 t。为了保证运输安全,承载货物的重心高度不应超过托盘宽度的三分之二。根据货物的类型、托盘承载货物的质量和托盘的尺寸,合理确定货物在托盘上的码放方式。托盘的承载表面积利用率一般应不低于 80%。

2. 托盘货物的码放方式

托盘货物的码放方式有如下要求:(1)硬质直方体货物单层或多层交错码放,拉伸或收缩包装;(2)纸质或纤维质类货物单层或多层交错码放,用捆扎带十字封合;(3)密封的金属容器等圆柱体货物单层或多层码放,用木质货盖加固;(4)需进行防潮、防水等防护的纸质品、纺织品货物单层或多层交错码放,拉伸或收缩包装或增加角支撑、货物盖隔板等加固结构;(5)易碎类货物单层或多层码放,增加木质支撑隔板结构;(6)金属瓶类圆柱体容器或货物单层垂直码放,增加货框及板条加固结构。

3. 托盘承载货物的防护与加固

托盘承载的货物进行固定后仍不能满足运输要求的,应该根据需要选择防护加固附件。防护加固附件由纸张、木材、塑料、金属或者其他材料制成。托盘承载货物的固定方式主要有捆扎、胶合束缚、拉伸包装,并可相互配合使用。

4.托盘的作业情况

托盘基本上是配合叉车使用的,平均每台叉车配备 800~1 000 片托盘。对于生产企业来说,托盘的使用范围仅限于从企业的仓库到运输环节之间的搬运。对于物流企业来说,托盘也仅限于企业内部调配使用。

二、托盘搬运车

(一)手动托盘搬运车

手动托盘搬运车(图 1-26)俗称"地牛",是在小范围内搬运托盘的小型搬运设备。这种设备通常是在仓库内部货位之间搬运托盘,调整托盘与运输工具之间的装卸位置,或在运输工具内部搬运托盘使之就位。其工作原理是先降低托盘叉的高度,使之低于托盘底座高度,插入托盘叉后,再抬高叉座,将托盘抬起,利用搬运车的轮子移动托盘,到达目的地后,再降低叉座高度,从托盘叉入口中抽出托盘叉。

图 1-26　手动托盘搬运车

(二)电动托盘搬运车

当平面搬运距离在 30 m 左右时,使用电动托盘搬运车是最佳选择,其行驶速度通过手柄上的无级变速开关控制,可跟随操作人员步行速度的快慢,在降低人员疲劳度的同时,保证操作的安全性。如主要搬运距离为 30~70 m 时,可以采用带折叠式踏板的电动托盘搬运车,驾驶员站立驾驶,最大速度可提高近 60%。

(三)物流台车

物流台车(图 1-27)是在平托盘、柱式托盘或网箱托盘的底部装上脚轮而制成的,既便于机械化搬运,又宜于短距离的人力移动。物流台车适用于企业工序间的物流搬运,也可在工厂或配送中心装上货物运到商店,直接作为商品货架的一部分。

(四)固定平台搬运车和牵引车

(1)固定平台搬运车是室内经常使用的短距离的搬运车辆。一般情况下,采用蓄电池或电动机作为动力进行驱动,有三轮和四轮两种形式。它是具有较大承载平台的搬运车。相对于承载卡车而言,具有装卸方便、承载平台离地低、结构简单、价格低、作业灵活(轴距与轮距较小)等优点,一般用于企业内车间与车间、车间与仓库之间的运输。根据动力不同分为内燃型和电瓶型(图 1-28、图 1-29)。

图 1-27　物流台车

图 1-28　内燃型固定平台搬运车

图 1-29　电瓶型固定平台搬运车

(2)牵引车是具有牵引一组无动力台车能力的搬运车辆。牵引车作业时,台车的物料装卸时间与牵引车的运输时间可交叉进行,且可牵引一组台车,从而提高工作效率。

电动牵引车(图1-30)是环保型牵引车辆,具有低噪声、无污染、造型新颖、体积小巧、转向轻便灵活、操作舒适安全、性能稳定可靠、维护保养方便等优点。它可在一般路面上和狭窄通道中短途牵引作业。

(五)推顶车

推顶车在其前端或后端装有缓冲板,用以推顶其他车辆,如图1-31所示。

图 1-30 电动牵引车　　　　　　图 1-31 推顶车

三、托盘堆高车

(一)手动液压升降平台车

手动液压升降平台车(图1-32)是以手压或脚踏为动力,通过液压驱动使承载平台进行升降运动的手推平台车,可调整货物作业时的高度差,降低操作人员的劳动强度。

(二)手推液压堆高车

手推液压堆高车是利用人力推拉运行的简易式插腿式叉车。其起升机构有手摇机械式、手动液压式(图1-33)和电动液压式三种,适用于工厂车间、仓库内效率要求不高,但需要有一定堆垛、装卸高度的场所。

图 1-32 手动液压升降平台车　　　1-33 手动液压式堆高车

(三)电动堆高车

电动堆高车是以蓄电池电力作为能源,以电机作为动力源的一种仓储设备。主要的结构包括电瓶、电动机、液压泵、油缸、活塞杆、货叉、链条、控制器等。其主要的功能是提升重物至所需的高度。一般用在仓库、车间等需要物流搬运的场所,配合托盘使用,可极大地提高仓储的效率,所以电动堆高车又被称为电动托盘堆高车。电动堆高车可分为全电动堆高车和半电动堆高车。

四、叉车

(一)叉车的结构组成

1. 动力形式

微课:叉车

叉车种类繁多,但无论哪种类型的叉车,基本上都由动力装置、底盘、工作装置和电气设备四大部分组成。叉车动力装置的作用是供给叉车工作装置装卸货物和轮胎底盘运行所需的动力,一般装于叉车的后部,兼起平衡配重作用。叉车的动力形式主要有内燃动力、电力、双动力三种,相应地分为内燃叉车、电动叉车和双动力叉车。内燃叉车是以内燃机为动力提供作业所需能量的叉车。根据所用燃料的不同,内燃叉车又可分为以柴油、汽油、液化石油气、双燃料(汽油/液化石油气或柴油/液化石油气)为动力的叉车。电动叉车俗称电瓶叉车,是以蓄电池供给能量、直流串激电动机驱动的叉车。双动力叉车是同时具有内燃动力、电力两种动力驱动的叉车。在选择叉车的动力形式时,主要从性能、使用维护、环保和经济性等方面权衡,但首先必须满足叉车工作的要求。叉车各种动力形式的比较见表 1-2。

表 1-2　　　　叉车各种动力形式的比较

动力形式	内燃机			电动机	
	柴油机	汽油机		蓄电池	拖线
		汽油	液化石油气		
作业效率	高	高	较高	较低	低
启动性能	差	较好	较好	好	好
行驶速度	高	高	高	低	低
合理作业距离	长	长	较长	较短	短
运营费用	低	较高	较低	高	低
防止空气污染性能	较差	差	较好	好	最好
噪声	大	较大	较大	小	小
适用范围	大中起重量室外场地	中小起重量室外场地	中小起重量室内外场地	中小起重量室内外场地	中小起重量室内场地

2. 工作原理

内燃叉车的动力装置是内燃机,工作原理是由内燃机产生的动力通过离合器、变速器、传动轴、驱动器传递到叉车的驱动轮上,驱动叉车完成各项作业。内燃叉车适用于室外作业,路面不平或爬坡度较大以及作业繁忙、搬运距离较长的场所。一般起重量在中等吨位以上时,宜优先采用内燃叉车。

电动叉车的动力装置是蓄电池和直流串激电动机,工作原理是由蓄电池向直流串激电动机供电,由直流串激电动机直接驱动叉车的驱动轮。电动叉车主要用于通道较窄、搬运距离不长、路面好、起重量较小、车速不要求太快的仓库和车间中。在易燃品仓库或要求空气洁净的地方,只能使用电动叉车。冷冻仓库中内燃机启动困难,也适宜采用电动叉车。

(二) 叉车的主要性能

(1) 装卸性表示叉车的起重能力和装卸能力。装卸性对叉车的生产率有直接影响。叉车的起重量大、载荷中心距大、工作速度高,则装卸性好。

(2) 牵引性表示叉车行驶和加速、牵引力和爬坡能力等方面的性能,行驶和加速快、牵引力和爬坡度大,则牵引性好。

(3) 制动性表示叉车在行驶中根据要求降低车速及停车的能力,通常以在一定行驶速度下制动时的制动距离来加以衡量。叉车的制动距离一般由试验测定,必要时可通过计算确定。影响叉车制动距离的主要因素是叉车的行驶速度,制动距离越短则制动性越好。

(4) 机动性表示叉车在最小面积内转弯的能力和通过狭窄、曲折通道的能力。衡量叉车机动性的指标主要有最小转弯半径、直角交叉通道宽度和直角堆垛通道宽度。最小转弯半径越小、直角交叉通道宽度和直角堆垛通道宽度越小,则叉车的机动性越好。

(5) 通过性表示叉车克服道路障碍而通过各种不良路面的能力。叉车的外形尺寸小、轮压小、离地间隙大、驱动轮牵引力大,则叉车的通过性好。

(6) 操纵性表示叉车操作的轻便性和舒适性。如果需要加于各操作手柄、踏板及转向盘上的力小,司机座椅与各操作件之间的位置布置得当,则操纵性好。

(7) 稳定性表示叉车在行驶和作业过程中,抵抗纵向和横向倾翻的能力。稳定性是保证叉车安全作业的必要条件。叉车的稳定性分为纵向稳定性和横向稳定性。在使用中,司机必须遵守操作规程,不得超重、超载荷中心距、超速作业。货物举得越高,受到水平力作用时叉车越易倾翻。因转弯时离心力与车速的平方成正比,所以不得超速转弯,以免翻倒。此外,稳定性还和叉车的支撑形式有关,三支点叉车的横向稳定性比四支点叉车差。

(8) 经济性表示叉车的造价和营运费用,包括动力消耗、生产率、使用方便和耐用程度等。

(三) 叉车的类型

叉车能够机械地把水平方向的搬运和垂直方向的起升紧密结合起来,有效地完成各种装卸搬运作业,用途广泛。叉车按其结构和用途不同,分为平衡重式、插腿式、前移式(以上三种均为正叉式)、侧叉式、高位拣选叉车以及其他特种叉车等。

1. 平衡重式叉车

平衡重式叉车(图 1-34)是应用较广泛的叉车,它的特点是货叉伸出在车身的正前方,货物重心落在车轮轮廓之外。为了平衡货物质量产生的倾覆力矩,保持叉车的纵向稳定性,在车体尾部配有平衡重。平衡重式叉车要依靠叉车前后移动才能叉卸货物。

2. 插腿式叉车

插腿式叉车(图 1-35)的特点是前方带有小轮子的支腿能与货叉一起伸入货板叉货,然后由货叉提升货物。由于货物重心位于前、后车轮所包围的底面之内,叉车的稳定性好。插腿式叉车一般采用蓄电池作为能源,起重量在 2 t 以下。

图1-34 平衡重式叉车

图1-35 插腿式叉车

3. 前移式叉车

前移式叉车(图1-36)的货叉可沿叉车纵向前后移动。叉卸货物时,货叉伸出,叉卸货物后或带货运行时,货叉退回到接近车体的位置,因此叉车行驶时的稳定性较好。另外,叉车在运行时门架后移,使货物重心位于前、后车轮之间,运行稳定,具有不需要平衡重,自重轻,降低直角交叉通道宽度和直角堆垛通道宽度要求等优点,适宜在车间、仓库内工作。

前移式叉车可分为门架前移式(图1-37)和货叉前移式(图1-38)两种。门架前移式叉车的货叉和门架一起移近货垛时,门架可能前伸的距离要受到外界空间对门架高度的限制,因此只能对货垛的前排货物进行作业。货叉前移式叉车的门架不动,货叉借助于伸缩机构单独前伸。如果地面上具有一定的空间允许插腿插入,叉车能够超越前排货物,对后一排货物进行作业。

图1-36 前移式叉车

前移式叉车一般采用蓄电池作为能源,起重量在3 t以下。它的优点是车身小,质量轻,转弯半径小,机动性好;缺点是行驶速度低。它主要用于室内搬运作业,但也能在室外作业。

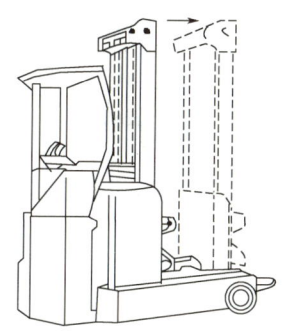
图1-37 门架前移式叉车

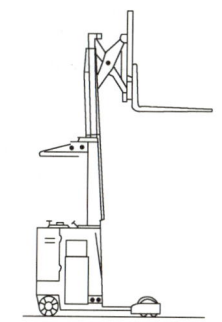
图1-38 货叉前移式叉车

4. 侧叉式叉车

侧叉式叉车(图1-39)主要用于搬运大件货物。门架和货叉位于车体中间的一侧,货叉不仅可以上下运动,还可以前后伸缩。叉货时,先用千斤顶支撑地面,门架向外推出,叉货后,货叉起升,门架后退,然后下降货叉,货物即自动放置在叉车一侧的前后车台上。将千斤顶收起后,叉车即可行驶。由于货物沿叉车的纵向放置,因而可降低大件货物对道路宽度的要求。同时,由于货物重心位于车轮支撑底面之内,故叉车行驶时稳定性好,速度快,司机视野比平衡重式叉车好。但限于侧叉式叉车的门架和货叉只能向一侧伸出,当需要在另一侧叉卸货物时,必须将叉车驶出车道,掉头以后才能进行作业。侧叉式叉车多以柴油机为驱动力,起重量为 2.5~54.5 t。

图 1-39 侧叉式叉车

5. 高位拣选叉车

高位拣选叉车(图 1-40)是操作台上的操作者可与装卸装置一起上下运动,并拣选储存在两侧货架内物品的叉车。此类叉车适用于多品种、少量出入库的特选式高层货架仓库。起升高度一般为 4~6 m,最高可达 13 m,大大提高了仓库的空间利用率。为保证安全,操作台起升时,只能微动运行。

6. 其他特种叉车

为了满足各种用途的需要,叉车还有很多其他类型。下面的两种属于正叉平衡重式,但其工作装置的结构和性能与普通叉车不同。

(1) 三节门架叉车。普通叉车的门架是由内、外两节门架组成的,当要求叉车的起升高度很高(4~5 m 及以上)时,可采用三节门架叉车(图 1-41)。

它的特点是门架全伸时,起升高度比两节门架叉车高;门架全缩时,叉车的全高比两节门架的低。

图 1-40 高位拣选叉车

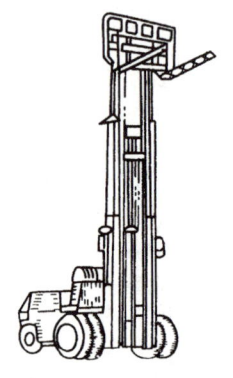

图 1-41 三节门架叉车

(2) 自由起升叉车。自由起升叉车适宜在低矮的场所(如船舱、车厢)内进行装卸或堆垛作业。能够全自由起升的叉车,当叉架起升到内门架的顶端时,内门架仍不上升,因此它可以在叉车总高度不变的情况下将货物堆码到与叉车大致相等的高度[图 1-42(a)]。部分自由起升能提高叉车的通过性,只要门道的净空高度不低于门架全缩时的叉车总高度,叉车就可以通过。如图 1-42(b)所示为叉车利用部分自由起升高度通过低净空门道的情况。

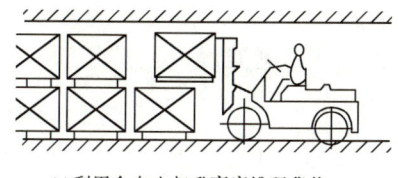
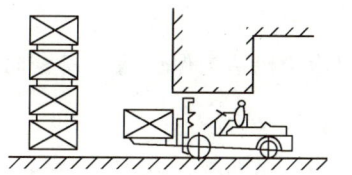

(a)利用全自由起升高度堆码货物　　(b)利用部分自由起升高度通过低净空门道

图 1-42　自由起升叉车作业

第四节　线路与站台认知

线路是物流网络中重要的组成部分,线路可与仓库相连,或进入仓库内部。线路与仓库的连接点称为站台,也称为月台、码头,是仓库进货、出货的必经之处。线路与站台是仓库正常运行的基本保证条件,是仓库高效率工作不可忽视的部位。

一、线路

物流线路有铁路线路和汽车线路等。

(一)铁路线路

铁路线路分为正线、站线、段管线、岔线及特别用途线。有的仓库配有铁路专用线路,如火车货站仓库、国储库、大型物流基地、物流配送中心等。

1. 正线

连接车站并贯穿或直接与区间连接的线路称为正线。正线可以分为区间正线和站内正线:连接车站的部分为区间正线;贯穿或直接伸入车站的部分为站内正线(一般供列车通过之用)。

2. 站线

(1)到发线:供旅客列车和货物列车到发的线路。

(2)调车线和牵出线:专为列车的解体、编组使用的线路。

(3)货物线:货物装卸所使用的线路。

(4)其他线:办理其他各种作业的线路,如机走线、机待线、迂回线、禁溜线、加冰线、整备线等。

3. 段管线

由机务段、电务段、车辆段、工务段等专用并管辖的线路称为段管线。

4. 岔线

在区间或站内与铁路接轨,通往内、外单位(厂矿企业、砂石场、港湾、码头、货物仓库)的专用线路称为岔线。岔线直接为厂矿企业服务。有的岔线连接大的厂矿,为了取送车的方便,也设了车站,车站间还需要办理闭塞。但这些车站仅为取送车服务,均不算入营业车站。

5. 特别用途线

特别用途线包括为保证行车安全而设置的安全线、避难线。

(二)汽车线路

不通铁路线路的物流仓库,主要靠汽车线路与外界相连。

二、限界

为了确保机车车辆在铁路线路上运行安全,防止机车车辆撞击线路附近的建筑和其他设备,规定铁路建筑、设备及机车车辆均不得超过一定的轮廓尺寸线,这种轮廓尺寸线就称为限界。铁路基本限界可分为机车车辆限界和建筑限界两种(图1-43)。

(一)机车车辆限界

机车车辆限界是机车车辆的垂直与水平的外形轮廓尺寸。它规定了机车车辆不同部位的宽度、高度的最大尺寸和底部零件至轨面的最小距离。它是一个与线路中心线相垂直的横断面,其轮廓尺寸就如一个无形的门,为此机车车辆停在水平直线上、沿车身所有一切突出部分和悬挂部分(无论空重状态)均在轮廓线内。

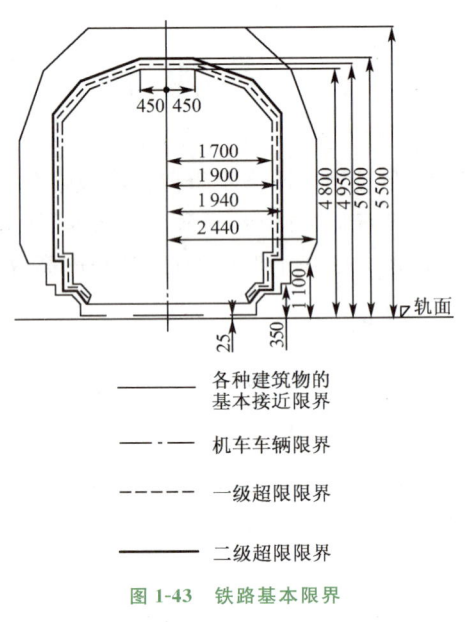

图1-43 铁路基本限界

当机车车辆在满载状态下运行时,也不会因产生摇晃、偏移等现象而与线路上其他设备相接触,以保证行车安全。

机车车辆限界部分尺寸说明:

(1)机车车辆的中部最大高度,限界规定为4 800 mm,因此机车车辆顶部的任何装置,如高烟囱、防火罩或天窗等,均应保持在4 800 mm以内,防止机车车辆顶部与桥梁、隧道上部相撞。

(2)机车车辆在钢轨水平面上部1 250~3 600 mm范围内,其宽度规定为3 400 mm,但为了安装路签授受机及悬挂列车侧灯,允许左右各加宽100 mm。

(3)在钢轨水平面上部1 250 mm高度以下,机车车辆宽度应逐渐缩减,因为在这个范围内,建筑和设备较多,如站台、道岔转辙器、电气装置等,为防止与这些设备接触,所以规定不同的限界要求。

(4)距钢轨水平面350 mm,是机车脚蹬板及客车车梯距轨面的限界。

(5)机车车辆限界的半宽为1 700 mm。

(6)距钢轨水平面250 mm,是轴箱底部距轨面的限界。

(7)距线路中心线1 600 mm,是蒸汽机车左右汽缸外侧距线路中心线的限界。

(8)距线路中心线 1 450 mm,是机车车辆同一车轴两轴箱外侧距线路中心线的限界。

(9)距线路中心线 1 290 mm,是机车车辆下部距线路中心线的限界。

(10)距钢轨水平面 110 mm,是机车车辆排除故障器距轨面的限界。

(二)建筑限界(建筑接近限界)

建筑限界是一个和线路中心线垂直的横断面,它规定了保证机车车辆安全通行的横断面的最小尺寸。建筑限界是每一条线路所必须保有的最小安全空间的横断面。凡靠近铁路线路的建筑及设备,其任何部分(和机车车辆有相互作用的设备如车辆减速器、路签授受机、接触电网、脱轨器除外)都不得侵入限界之内。

三、站台

站台的作用是车辆停靠处、装卸货物处、暂存处。利用站台能方便地将货物装进车辆中或者从车辆中取出,实现物流网络中线与节点的限界转运。

站台的装卸系统一般为半自动模式,即装卸过程中要辅以必要的人工操作,但操作量控制在一个合理的范围之内。

(一)站台的主要形式

1. 高站台

高站台与车厢底部处于同一高度,如图 1-44 所示,有利于作业车辆进行水平装卸作业,使装卸合理化。目前新建仓库的站台一般建成高站台(又称为高平台)。

2. 低站台

低站台与仓库地面处于同一高度,利于站台和仓库之间的搬运,利于叉车作业,利于移动式装卸运输机械设备组成临时运输

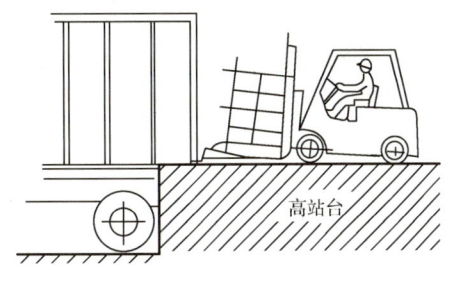

图 1-44 高站台作业

作业线。但是,低站台与车辆之间的装卸作业不如高站台方便。

3. 站台的高度、宽度的确定

为了作业方便与安全起见,应尽量克服车厢与站台之间的高度差。

站台的高度一般为 1.4~1.6 m,其宽度要保证两人带货能相向通行和保证库门打开时不碰到车辆,一般不小于 2.5 m,站台作业的设备的宽度也不要大于 0.8 m。由于各种货车车厢底板高度没有统一标准,对站台高度的要求不同(表 1-3),所以一般都把站台沿其长度方向修成一定坡度,利用坡度变化来适应不同的车辆,也可以装备卡车升降平台(图 1-45)、站台升降平台(图 1-46)、车尾升降平台(装置于车尾部的特殊平台,适于无站台设施的物流中心或零售点的装卸使用)、可移动式楔块、手动简易"过桥"等来协调站台与货车装载平面的高度差,方便装卸作业。可移动式楔块(图 1-47)可以放置于卡车或拖

车的车轮处固定,以便避免装卸货物期间因车轮意外滚动而造成危险。

 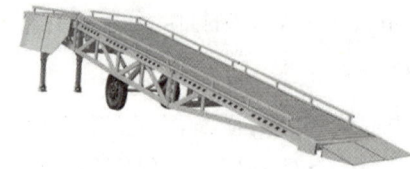 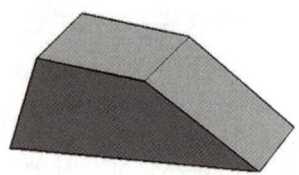

图1-45　卡车升降平台　　　　图1-46　站台升降平台　　　　图1-47　可移动式楔块

表1-3　　　　　　　　不同车辆适合的站台高度

车　　型	站台高度/m
平板车	1.32
长途挂车	1.22
市区卡车	1.17
集装箱拖车	1.40
冷藏车	1.32
作业拖车	0.91
载重车	1.17

(二)进货和出货站台的位置安排

为了使货物能顺畅地进、出仓库,进货和出货站台的相对位置很重要,可以视仓库的物流情况决定进货和出货站台的安排。一般来说,有以下几种情况。

1. 进货口、出货口共用站台(图1-48)

这种设计可以提高空间利用率和设备利用率,但在进、出货的高峰期容易造成进、出货相互牵绊,不利于管理。所以,在管理上一般安排进货作业和出货作业错开。

2. 进货口、出货口独立但相邻(图1-49)

此种安排的进货作业和出货作业空间分隔,便于管理,设备仍然可以共用。这种安排方式适宜库房空间适中,进货和出货常易互相干扰的情况。

3. 进货口、出货口分别使用站台(图1-50)

仓库的进货口和出货口不相邻,进、出货作业空间独立,设备也是专用的。这种安排使进、出货迅速顺畅,但空间利用率及设备利用率降低。

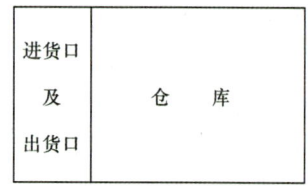 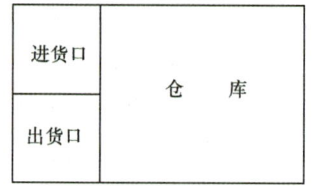 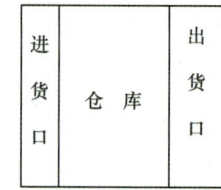

图1-48　进货口、出货口混合　　图1-49　进货口、出货口独立但相邻　　图1-50　进货口、出货口不相邻

4. 多个进货口及出货口（图1-51）

若厂房空间足够、货物进出量大且作业频繁,则可规划多个进货口及出货口以满足需求。

（三）站台停车方式

车辆的停放方式有三种,即平行式、垂直式和斜列式（锯齿形）。具体选用哪一种停放方式,应根据场地的实际情况及车辆的管理、进出车的要求等确定,但应满足一次进出车位的要求,并做到占地面积小、疏散方便、保证安全。

故此站台停车方式一般有四种：平行停靠仓库站台、锯齿形仓库站台、垂直停靠仓库站台和港池型仓库站台。其中,锯齿形仓库站台[图1-52(a)]的倾角有15°、20°、25°三种,车辆回旋纵深较浅,占用仓库内部空间较大；垂直停靠仓库站台[图1-52(b)]占用仓库内部空间较小,车辆回旋纵深较深,外部空间要求较大。

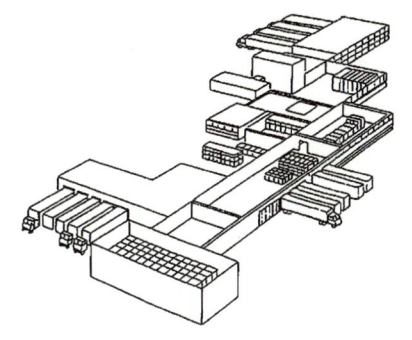

图1-51 多个进货口及出货口

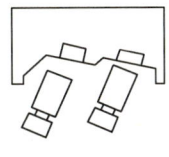 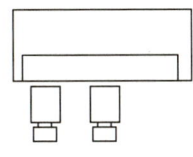

(a)锯齿形仓库站台　　(b)垂直停靠仓库站台

图1-52 锯齿形和垂直停靠仓库站台

四、站台周边的设计形式

进、出货空间的设计除考虑效率及空间的利用外,安全性的考虑也是决定因素之一,尤其是车辆与站台之间的连接设计。为了防止大风吹入仓库内部,雨水进入货柜或仓库,以及避免库内空调冷、暖气外泄等,停车站台的设计形式有以下三种选择。

（一）内围式站台[图1-53(a)]

进、出货车辆在围墙内,安全性好,大风和雨水不容易进入货柜或仓库,也能避免库内空调冷、暖气外泄而造成能源浪费。

（二）平式站台[图1-53(b)]

站台在仓库内,能源浪费的情况通常能避免,是目前应用较广泛的一种形式。

（三）开放式站台[图1-53(c)]

站台全部突出于仓库,在站台装货和卸货时不受遮掩,库内空调冷、暖气更容易外泄。

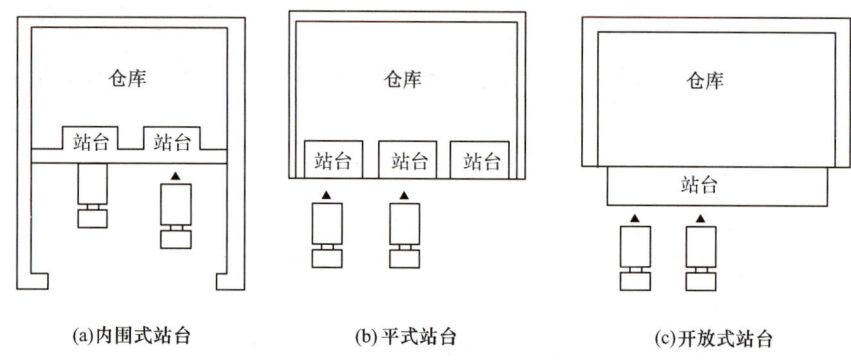

(a)内围式站台　　　　　(b)平式站台　　　　　(c)开放式站台

图 1-53　停车站台的设计形式

实训任务

分小组通过对京东物流、苏宁物流、顺丰等企业仓库站台等相关资料进行收集,学习仓库站台设计知识。

本章我们接触的物流设施与设备名称主要有仓库、货架、托盘、叉车、站台(码头、月台)等。

仓库是对物品(或物资)进行集中、整理、保管和分发等工作的,储存物品的建筑物和场所,是进行仓储活动的主体设施。

货架是仓库中专门用于存放成件物品的保管设备。传统式货架主要有层格式货架、抽屉式货架、橱柜式货架、U形架、悬臂架、栅架、鞍架、轮胎专用货架等。新型货架主要有旋转式货架、移动式货架、托盘式货架、驶入式货架、阁楼式货架、重力式货架等。

托盘是在物流领域中适应装卸机械化而发展起来的一种常用的、重要的集装器具。按结构特点大致可以划分为平托盘、柱式托盘、箱式托盘、网箱托盘和特种专用托盘五大类。

仓储设备主要有手动和电动托盘搬运车、物流台车、固定平台搬运车和牵引车、推顶车、托盘堆高车、叉车等。叉车有平衡重式、插腿式、前移式(以上三种均为正叉式)、侧叉式、高位拣选叉车以及其他特种叉车等,电动叉车在仓库环境中应用广泛。

线路与站台是仓库正常运行的基本保证条件,是仓库高效率工作不可忽视的部位。站台高度与车厢底部高度在同一水平面上,有利于作业车辆进行水平装卸作业,使装卸合理化。卡车升降平台、站台升降平台、车尾升降平台等便于调节车厢底部高度与站台高度的协调性,货物进、出仓库的位置安排和站台周边的设计形式对于仓库的进货、出货管理很重要。

思考与练习

1. 物流领域主要从哪些方面来进行仓库的分类?
2. 仓库应该具备哪些功能?
3. 描述仓库的性能参数有哪些?
4. 仓储货架的作用及功能有哪些?
5. 简述货架的分类方法,试着说出 10 种以上常用货架的名称。
6. 驶入式货架和驶出式货架有何相同与不同之处?
7. 压入式货架和重力式货架有何相同与不同之处?
8. 试着说出 4 种以上常用托盘的名称。
9. 托盘的标准化具有什么意义?
10. 托盘的使用要注意的主要问题有哪些?
11. 水平移动托盘和垂直提升托盘可以选用哪些设备?
12. 简述叉车的主要性能。
13. 简述电动叉车的适用条件。
14. 常见的叉车有哪几种?请说出 6 种以上的叉车名称。
15. 站台的高度与车厢底部之间的矛盾如何解决?如果车厢底部低于仓库站台,有哪些设备可以选用?
16. 站台周边的设计形式有哪几种?

第二章 自动化立体仓库设施与设备

【任务引入】

观看本书配套视频——工业 4.0 技术下的京东物流自动化立体仓库。

第一节 自动化立体仓库基本知识认知

自动化立体仓库，又称为立库、高层货架仓库、自动化仓库系统，是采用高层货架存放货物，用计算机系统进行管理和控制，以巷道堆垛机为主，结合入库与出库周边设备来进行自动化仓储作业的一种仓库。有的自动化立体仓库可以直接与生产系统相连。

自动化仓库系统是在不直接进行人工处理的情况下能自动存储和取出物料的系统。这个定义涵盖了不同复杂程度及规格的极为广泛多样的系统。

自动化立体仓库一般采用几层、十几层乃至几十层的货架来储存单元货物，由于这类仓库能充分利用空间储存货物，故常形象地将其称为"立体仓库"。

一、自动化立体仓库的组成

自动化立体仓库主要由货架、传输设备、存储设备、堆垛机、控制系统、通信系统、计算机管理监控系统等部分组成。自动化立体仓库能够按照指令自动完成货物的存取，并能对库存货物进行自动管理，完全实现自动化作业，如图 2-1 所示。

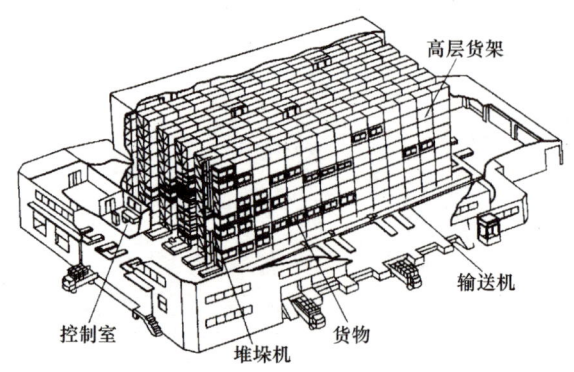

图 2-1 单元货格式自动化立体仓库

阅读案例

内蒙古蒙牛乳业泰安有限公司乳制品自动化立体仓库，是蒙牛乳业公司委托太原刚玉物流工程有限公司设计制造的第三座自动化立体仓库。该库后端与泰安有限公司乳制品生产线相衔接，与出库区相连接，库内主要存放成品纯鲜奶和成品瓶酸奶。库区面积为8 323 m^2，货架总高度分别为21.00 m、19.35 m、17.70 m、16.05 m、14.40 m和12.75 m。托盘尺寸为1 200 mm×1 000 mm。库内货位总数为19 632个，其中，常温储存区货位数为14 964个，低温储存区货位数为4 668个。入库能力为150盘/小时，出库能力为300盘/小时。出入库系统采用联机自动。

入库区由66台链式输送机、3台双工位高速穿梭车组成。链式输送机负责将生产线码垛区完成的整盘货物转入各入库口。双工位高速穿梭车负责生产线端输送机输出的货物向各巷道入库口的分配、转动及空托盘回送。

储存区包括高层货架和17台巷道堆垛机。高层货架采用双托盘货位，完成货物的存储功能。巷道堆垛机按照指令完成从入库输送机到目标货位的取货、搬运、存货及从目标货位到出库输送机的取货、搬运、出货任务。

托盘（外调）回流区分别设在常温储存区和低温储存区内部，由12台出库输送机、14台入库输送机、巷道堆垛机和货架组成，分别完成空托盘回收、存储、回送，以及外调货物、剩余产品、退库产品的入库、回送等工作。

出库区设置在出库口外端，分为货物暂存区和装车区，由34台出库输送机、叉车和运输车辆组成。叉车司机通过电子看板、无线扫描终端利用叉车完成装车作业，反馈发送信息。

维修区设在穿梭车轨道外一侧，在某台穿梭车更换配件或处理故障时，其他穿梭车仍旧可以正常工作。

计算机控制室设在二楼，负责出入库登记管理和联机控制。

二、自动化立体仓库的功能

（1）一个自动化立体仓库拥有的货位数可以达到30万个，可储存30万个托盘，以平均每托盘储存货物1 t计算，则一个自动化立体仓库可同时储存30万t货物。

（2）自动化立体仓库的出入库及库内搬运作业全部实现由计算机控制的机电一体化作业。

（3）自动化立体仓库可以扩展到分类、计量、包装、分拣、配送等多种功能。

三、自动化立体仓库的分类

（1）按照高度分为低层立体仓库、中层立体仓库和高层立体仓库。低层立体仓库高度在5 m以下，中层立体仓库的高度为5～10 m，高层立体仓库的高度在10 m以上。

（2）按照操作对象分为托盘单元式自动仓库、箱盒单元式自动仓库、拣选式高层货架自动仓库、单元/拣选式自动仓库、高架叉车自动仓库等。其中，采用托盘集装单元方式来保管物料的自动仓库，被国内企业较为广泛地采用。

（3）按照储存物品的特性分为常温自动化立体仓库、低温自动化立体仓库、防爆型自动化立体仓库等。

（4）按照货架构造形式分为单元货架式仓库、贯通式仓库、水平旋转式仓库和垂直旋转式仓库。

（5）按照所起的作用分为生产性仓库和流通性仓库。

四、自动化立体仓库的适用条件和特点

自动化立体仓库适用于仓库货物的出入库作业频率较高,且货物流动比较稳定的情况。

（一）自动化立体仓库的优点

自动化立体仓库有以下优点：(1)大大提高了仓库的单位面积利用率；(2)提高了劳动生产率,降低了劳动强度；(3)减少了货物处理和信息处理过程的差错；(4)合理有效地进行库存控制；(5)能较好地满足特殊仓储环境的需要；(6)提高了作业质量,保证货物在整个仓储过程中安全运行；(7)便于实现系统的整体优化。

（二）自动化立体仓库的缺点

自动化立体仓库有以下缺点：(1)结构复杂,配套设备多,需要的基建和设备投资很大,仓库的建筑地面应有足够的承载能力；(2)货架安装精度要求高,施工难度大,周期长；(3)对货物包装要求严格,而且必须注意设备的保管和保养；(4)储存货物的品种受到一定的限制,对长、大、笨重货物以及要求特殊保管条件的货物,必须单独设立储存系统；(5)对仓库管理和技术人员要求较高,必须经过专门培训才能胜任；(6)只有与采购管理系统、配送管理系统、销售管理系统等相结合,才能充分发挥其经济效益。因此,自动化立体仓库一旦建成,系统的更新改造比较困难。

第二节 仓库的基建及公用工程设施

自动化立体仓库基本设施包括土建及公用工程设施、机械设施和电气与电子设施。这些设施相互联系,相互制约,在使用维护和管理中应该分别采取相应的措施。

一、仓库建筑

自动化立体仓库中的所有设备和仓库中存放的货物都放在规定的范围内,库存容量和货架规格是仓库设计的主要依据。我国的南方与北方的地质地貌情况不同,仓库的土建部分要根据实际情况因地制宜,减少不必要的人、财、物的浪费。仓库的建设同时还要遵守国家的相关法律法规的规定。

仓库建筑一般由地基、地坪、墙体、屋顶和门窗组成。因为仓库的类型和规模不同,储存物品的保管要求、安装的设备、使用的建筑材料、投资的情况等也不尽相同,所以为了保证仓库建筑质量,保证储存物品的作业操作安全,必须针对具体情况和条件,严格按仓库建筑的各项技术准则进行建造和施工。

(一)地坪

地坪的作用主要是承受货物、货架以及人和机械设备等的载荷,因此,地坪必须有足够的强度以保证安全使用。根据使用的建筑材料可分为三合土、沥青、砖石、混凝土以及土质地坪等。对地坪的基本要求是平坦坚实,耐摩擦和冲击,表面光洁不起灰尘。地坪的承载能力应视堆放物品的性质、当地地质条件和使用的建筑材料确定,一般载荷量为 $5\sim10\ \text{t/m}^2$。

(二)墙体

墙体是仓库建筑的主要组成部分,起着承重、围护和分隔等作用。墙体一般可分为内墙和外墙;按承重与否可分为承重墙和不承重墙。对于起不同作用的墙体可以根据不同的要求,选择不同的结构和材料。对于承重外墙,因为其表面接触外界,受外界气温变化以及风吹、雨淋、日晒等大气侵蚀的影响,所以除要求其满足具有承重能力的条件外,还需要考虑保温、隔热、防潮等围护要求,以减少外部温度和湿度变化对库存物品的影响。

(三)屋顶

屋顶的作用是抵御雨雪、避免日晒等自然因素的影响,它由承载和覆盖两部分构成。承载部分除承担自身质量外,还要承担风、雪的载荷;覆盖部分主要是抵御雨雪、风沙的侵袭,同时也起保温、隔热、防潮的作用。对屋顶的一般要求是防水、保温、隔热,并具有一定的防火性能,符合自重轻、坚固耐用的要求等。

(四)门窗

门窗是仓库围护结构的组成部分,要求具有防水、保温、防火、防盗等性能。其中,窗户的主要作用是通风和采光,因此窗户的形状、尺寸、位置和数量应能保证满足库内采光和通风的需要,而且要求开闭方便,关闭严密;库门主要是供人员和搬运车辆通行,同时作业完毕后要关闭,以保持库内正常温度、湿度,保证物品存放安全,因此对库门要求开闭方便,关闭严密,库门的数量、尺寸应考虑仓库的大小、吞吐量的多少、运输工具的类型与规格、储存物品的形状等因素。

立体仓库的建筑高度一般在 5 m 以上,最高的立体仓库可达 40 m,常用立体仓库高度为 7~25 m。仓库的建筑结构一般采用钢筋混凝土结构,也可采用钢结构。按仓库的建筑结构与货架的连接形式,仓库建筑分为整体式和分离式。整体式仓库是库房与货架合一的仓库结构形式,货架顶部支撑建筑屋架,在货架边侧安装墙围,货架与建筑呈一整体,特点是建筑费用低、抗震,尤其适用于高度在 15 m 以上的大型仓库;分离式仓库是库房与货架分离的仓库结构形式,货架单独安装在仓库建筑内,如图 2-2 所示。

图 2-2 货架与仓库建筑分离

二、消防系统

自动化立体仓库的库房比较大,货物和设备较多且密度大,由于仓库的管理和操作人员较少,故自动化立体仓库的消防系统大都采用自动消防系统。

微课:自动化立体仓库的消防系统

火灾自动报警消防系统由以下两个分支系统组成:火灾自动报警系统,即对火灾初期的探知和报警;自动消防系统,即对火灾的及时扑灭和有效防护。前者是后者启动工作的信号源,后者是前者的执行单元,是前者功能的延续和完善。二者紧密配合,互为因果,组成一个功能完善的火灾自动报警消防系统。

(一)火灾自动报警系统

火灾自动报警系统由触发装置、火灾报警装置以及具有其他辅助功能的装置组成,它在火灾初期,将燃烧产生的烟雾、热量、火焰等物理量,通过火灾探测器变成电信号,传输到火灾报警控制器,并同时显示火灾发生的部位、时间等,使人们能够及时发现火灾,并及时采取有效措施,扑灭初期火源,最大限度地减少因火灾造成的生命和财产损失,是人们同火灾做斗争的有力工具。

(二)自动消防系统

自动消防系统由消防控制室、消防控制设备、自动消防设备等部分组成。消防控制设备安装于消防控制室内,接收来自火灾自动报警系统的火警信号,发出联动控制指令,启动安装在火灾现场的自动消防设备,进行灭火和防护。所以,消防控制设备是自动消防系统的核心部分。

与火灾自动报警系统配合的自动消防系统,又称为固定灭火系统,分为自动喷水灭火系统、卤代烷灭火系统、泡沫灭火系统、干粉灭火系统等。此外,它还包括排烟风机、排烟口、防火门、防烟门、防烟垂壁等消防设备的联动系统等。

自动喷水灭火系统是按适当的间距和高度,装配一定数量喷头的供水灭火系统。该系统安装在建筑物或工艺设备上,发生火灾时可自动喷水灭火,具有工作性能稳定、灭火效率高、维护简便、使用期长等优点,可用于一切可用水灭火的场所。对于火灾危险性大、发生火灾会造成重大经济损失和人员伤亡、扑救困难的建筑物,均可采用这种系统。自动喷水灭火系统又可细分为湿式、干式、预作用、雨淋、喷雾、水幕六种喷水灭火系统。以下主要介绍前两种。

(1)湿式喷水灭火系统。它是指不管有无报警信号,报警阀上部和下部管路中始终充满水的灭火系统。

(2)干式喷水灭火系统。灭火系统无报警信号时,在报警阀上部管路中充有压缩空气,闭式喷头接收报警信号后,报警阀自动打开,来自气压水罐中的压力水,先将上部管路中的气体从已打开的喷头处排出,然后才喷水灭火,这种系统称为干式喷水灭火系统。干式喷水灭火系统比湿式喷水灭火系统作用慢,影响控火速度,管理也较复杂。

三、照明系统

为了保证仓库内的管理、操作和维护人员进行正常的生产活动,在自动化立体仓库外围的工作区和辅助区必须有一套良好的照明系统。自动化立体仓库的照明系统由日常照明、维修照明、应急照明三部分组成。但是对于存储感光材料的立体黑暗库来说，照明系统要特殊考虑。

四、通风及采暖系统

仓库的通风和采暖要求是根据所存物品的条件而确定的。自动化立体仓库内部的环境温度一般在 5~45 ℃即可。通风及采暖系统的主要设备包括屋顶上及侧面的风机、顶部和侧面的通风窗、中央空调、暖气等，对散发有害气体的仓库可设离心通风机将有害气体排出室外。

五、动力系统

自动化立体仓库一般需要动力电源，配电系统多采用三相四线供电，中性点可直接接地。动力电压为交流电压 380 V/220 V，50 Hz，根据所有设备用电量的总和确定用电容量。配电系统的主要设备有动力配电箱、电力电缆、控制电缆、电缆桥架等。

六、其他设施

其他设施包括给排水设施、避雷接地设施和环境保护设施等。

给水设施主要保证消防、工作用水。排水设施主要保证工作废水、清洁废水、雨水系统的水的排出。

自动化立体仓库可高达 40 m，属于高层建筑，应防直击雷。直击雷防护是保护建筑物本身不受雷电损害，以及减弱雷击时产生的巨大的雷电流沿着建筑物泄入大地时对建筑物内部空间产生的各种影响。建筑物防直击雷可采用避雷针、避雷带、避雷网、引下线、均压环、等电位、接地体等方式。自动化立体仓库设置避雷网防直击雷，专设引下线不应少于 2 根，间距不应大于 30 m。电器设备不带电的金属外壳及穿线用的钢管、电缆桥架等均应可靠接零；工作零线、保护零线均应与变压器中性点有可靠的连接；为了防止静电积累，所有金属管道应可靠接地。

在环境保护方面，根据《中华人民共和国环境保护法》等有关法规，对生产过程中产生的污物、噪声采取必要的措施。

第三节　自动化立体仓库的机电设备

自动化立体仓库的机械设备主要包括高层货架、巷道堆垛机、搬运输送设备等。自动化立体仓库的电气与电子设备主要包括检测装置、信息识别装置、控制装置、计算机管理设备、数据通信设备、图像监视设备、大屏幕显示等。

微课：自动化立体仓库的机械设备

一、高层货架类型

高层货架是自动化立体仓库的主体,每两排合成一组,每两组货架中间设有一条巷道,供巷道堆垛机和叉车行驶作业。每排货架分为若干纵列和横排,构成货架的货位,用于存放托盘或货箱。巷道堆垛机穿行于货架之间的巷道中,自动对准货位存取货物,通过周边搬运系统完成自动存取作业。

(一)按建筑形式分类

高层货架按建筑形式分为整体式和分离式。

(二)按建造材料分类

高层货架是自动化立体仓库的主要构筑物,一般用钢材或钢筋混凝土制成。钢筋混凝土货架的突出优点是防火性能好,抗腐蚀能力强,维护保养简单。钢货架的优点是构件尺寸小,仓库空间利用率高,制作方便,安装建设周期短。钢材制成的高层货架根据制造和安装方法的不同,可以分为焊接式和装配式;根据横梁形式的不同,可以分为连续梁式和悬臂梁式。

(三)按负载能力分类

高层货架依其负载能力可分为轻负载式和单元负载式。一般来说,单元负载式的常用荷重为 1 000 kg,以托盘为存取单位;轻负载式的荷重在 50~100 kg,以固定容器为存取单位。

1. 轻负载式高层货架(图 2-3)

轻负载式高层货架的高度为 5~10 m,以塑料篮容器为存取单位,存取质量为 50~100 kg,一般以质量轻、小的货物为储存对象,如电子零件、精密机器零件、汽车零件、药品及化妆品等。

2. 单元负载式高层货架(图 2-4)

单元负载式高层货架的高度可达 40 m,储位数可达 10 万余个托盘单元,适用于大型的仓库。而一般使用最普遍的以高 6~15 m 为主,储位数为 100~1 000 个托盘单元。随着仓储自动化技术的不断进步,存取时间愈来愈短,以 100 个托盘单元存取为例,平均存取时间为 70 s/托盘,故每小时可达 50 个栈板。

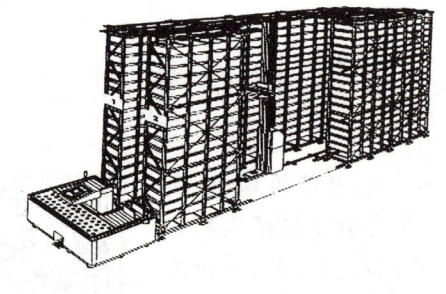

图 2-3 轻负载式高层货架

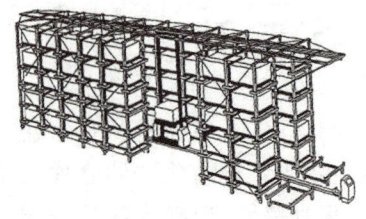

图 2-4 单元负载式高层货架

单元负载式高层货架入库、出库的配置方式有单向式、复合行程式、侧入式、移转车式。

(1)单向式:流动整齐,但是在入库、储存、出库之后无法避免存取机的回程空载[图 2-5(a)]。

(2)复合行程式:以复合行程来提高存取效率,但列数多时,入库口较混乱。因此有的将入库、出库分为双列,左列入库,右列出库[图 2-5(b)]。

(3)侧入式:可由侧边出入库的多存取机、多通道配置方式,以多机运转方式来提高出入库的能力[图 2-5(c)]。

(4)移转车式:把移转车用在多通道的单一存取机上。这是在库存种类多、出入库频率低的情况下采取的方案[图 2-5(d)]。

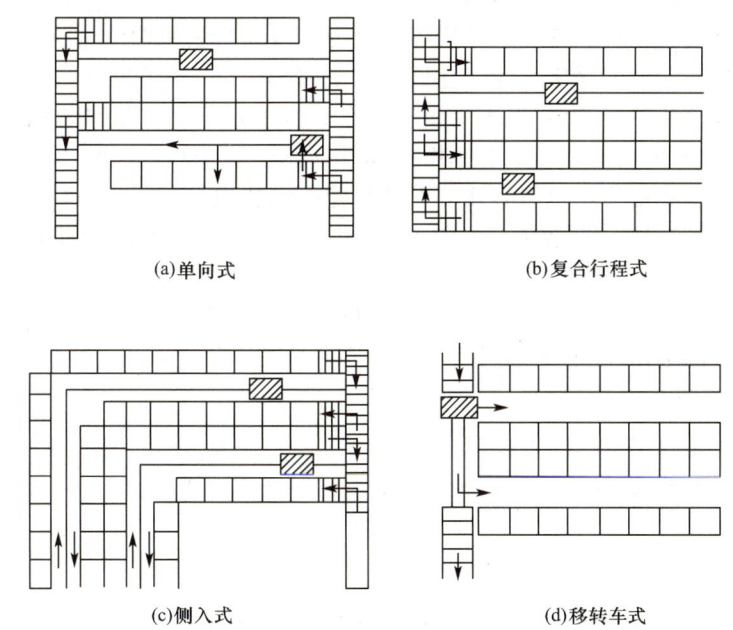

(a)单向式　　(b)复合行程式

(c)侧入式　　(d)移转车式

图 2-5　单元负载式高层货架入库、出库的配置方式

二、巷道堆垛机

巷道堆垛机是整个自动化立体仓库的核心设备,通过手动操作、半自动操作或全自动操作实现把货物从自动化立体仓库的一处搬运到另一处。

(一)巷道堆垛机的分类

巷道堆垛机的分类方式有很多种,主要分类形式如下。

(1)按照结构不同,巷道堆垛机可以分为单立柱巷道堆垛机和双立柱巷道堆垛机。

(2)按照有无导轨,巷道堆垛机可以分为有轨巷道堆垛机和无轨巷道堆垛机。有轨巷道堆垛机是指堆垛机沿着巷道内的轨道运行;无轨巷道堆垛机又称为高架叉车。在自动化立体仓库中,主要的作业设备为有轨巷道堆垛机、无轨巷道堆垛机和普通叉车。

(3)按照高度不同,巷道堆垛机可以分为低层型、中层型和高层型。低层型巷道堆垛机一般起升高度在 5 m 以下,主要用于分体式高层货架仓库及简易立体仓库;中层型巷道堆垛机一般起升高度为 5~15 m;高层型巷道堆垛机一般起升高度在 15 m 以上,主要用于一体式的高层货架仓库。

（4）按照驱动方式不同,巷道堆垛机可以分为上部驱动、下部驱动和上下部结合驱动。

（5）按照起升传动形式不同,巷道堆垛机可以分为钢丝绳传动和链条传动。控制方式有手动、半手动、单机自动和联机自动等。单机自动时,操作采用触摸屏人机操作界面,操作界面全部有中文提示。控制系统配置完善的安全保护装置,与机械保护装置结合,可保护系统万无一失。

（6）按照载荷量,巷道堆垛机可以分为轻型、中型和重型。

（7）按照应用巷道数量,巷道堆垛机可以分为直道型（一个巷道一台）、转弯型（两个或三个巷道一台）、转轨型（三个以上巷道一台）。

（8）按照运行轨迹不同,巷道堆垛机可以分为直线运行型和曲线运行型。

①直线运行型巷道堆垛机只能在巷道内直线轨道上运行,不能自行转换巷道。它只能通过其他输送设备转换巷道,如堆垛机转运车。直线运行型巷道堆垛机可以实现高速运行,能够满足出入库频率较高的仓库作业,应用广泛。

②曲线运行型巷道堆垛机能够在环形或其他曲线轨道上运行,即可以走曲线,不通过其他输送设备便可以从一个巷道自行转移到另一个巷道。此种堆垛机通常叫作转轨堆垛机。

（9）按照自动化程度不同,巷道堆垛机可以分为手动、半自动、自动。手动和半自动巷道堆垛机上有司机室,自动巷道堆垛机不带有司机室,采用自动控制装置进行控制,可以进行自动寻址、自动装卸货物。

（二）巷道堆垛机的结构

巷道堆垛机由机架、水平行走机构、提升机构、载货台、货叉、电气控制系统及安全保护装置构成。

1. 机架

机架是整个巷道堆垛机的载体,承载了巷道堆垛机的全部质量。它包括上横梁、下横梁、立柱,这三部分把机架组成一体。机架有单立柱和双立柱两种形式。在相同情况下,单立柱用于质量较小、速度较慢的场合,因为它的振动比较大,刚性不是很好；双立柱则用于质量较大、速度要求高的场合。机架下面有地轨,行走轮起到支撑和导向作用。机架上面有载货台、控制台、起升机构和货叉等。

2. 水平行走机构

水平行走机构是用于将巷道堆垛机移动到一定地方的装置,它由电机驱动。按照驱动部位的不同,水平行走机构可以分为地面驱动式、顶部驱动式和中部驱动式等。地面驱动式安装简单,定位较为准确。

3. 提升机构

提升机构就是将载货台提升到一定高度的装置,另外它还负责货叉的微升、微降。提升机构的提升方式有钢丝绳提升、链条提升。提升机构由电动机、制动器、减速机、卷筒或链轮以及柔性件组成,常用的柔性件有钢丝绳和起重链等。

4. 载货台

载货台是一个承载机构,用于安装货叉。同时,载货台上有导轮,用于固定载货台,使其不发生倾斜;将钢丝绳或链条连接到载货台上,用于提升载货台。

5. 货叉

货叉直接安装在载货台上,分为上叉、中叉、下叉,用途是当货物到达相应高度时将货物送进货格,其由电动机等组成。

6. 电气控制系统

电气控制系统主要有电力拖动、控制、检测和安全保护功能。在电力拖动方面,目前国内多用交流变频调速、交流变极调速和可控硅直流调速,涡流调速已很少使用。对巷道堆垛机的控制一般采用可编程控制器、单片机、单板机和计算机等。巷道堆垛机必须具有自动认址、货位虚实等检测能力。电力拖动系统要同时满足快速、平稳和准确三个方面的要求。巷道堆垛机的结构设计除需要满足强度要求外,还必须具有足够的刚性,并且满足精度要求。

7. 安全保护装置

安全保护装置是巷道堆垛机的重要组成部分,是为了防止突发的事故而设置的,一般包括终端限位保护、连锁保护、正位检测控制、载货台断绳保护、断电保护等。

(三)主要类型的巷道堆垛机介绍

巷道堆垛机的分类、特点和用途见表2-1。

表2-1　　　　　　　　　巷道堆垛机的分类、特点和用途

项目	类型	特点	用途
按结构分类	单立柱巷道堆垛机	1.机架结构是由一根立柱、上横梁和下横梁组成的矩形框架 2.结构刚度比双立柱巷道堆垛机差	适用于起重量在2 t以下、起升高度在16 m以下的仓库
	双立柱巷道堆垛机	1.机架结构是由两根立柱、上横梁和下横梁组成的矩形框架 2.结构刚度比较好 3.起重量比单立柱巷道堆垛机大	1.适用于各种起升高度的仓库 2.一般起重量可达5 t,必要时还可以更大 3.可用于高速运行
按支撑方式分类	地面支承型巷道堆垛机	1.支承在地面铺设的轨道上,用下部的车轮支承和驱动 2.上部导轮用来防止巷道堆垛机倾倒 3.机械装置集中布置在下横梁,易保养和维修	1.适用于各种高度的立体仓库 2.适用于起重量较大的仓库 3.应用广泛
	悬挂型巷道堆垛机	1.在悬挂于仓库屋架下弦装设的轨道下翼沿上运行 2.在货架下部两侧铺设下导轨,防止巷道堆垛机摆动	1.适用于起重量和起升高度较小的小型立体仓库 2.使用较少 3.便于转巷道
	货架支承型巷道堆垛机	1.支承在货架顶部铺设的轨道上 2.在货架下部两侧铺设下导轨,防止巷道堆垛机摆动 3.货架应具有较大的强度和刚度	1.适用于起重量和起升高度较小的小型立体仓库 2.使用较少
按用途分类	单元型巷道堆垛机	1.以托盘单元或货箱单元进行出入库作业 2.自动控制时,巷道堆垛机上无司机	1.适用于各种控制方式,应用较广 2.可用于"货到人"式拣选作业
	拣选型巷道堆垛机	1.在巷道堆垛机上的操作人员从货架内的托盘单元或货物单元中取少量货物,进行出库作业 2.巷道堆垛机上装有司机室	1.一般为手动或半自动控制 2.可用于"人到货"式拣选作业

1. 单立柱巷道堆垛机（图2-6）

单立柱结构的巷道堆垛机机架由一根立柱、上横梁和下横梁组成。立柱多采用较大的H型钢或焊接制作，立柱上附加导轨。整机质量较轻，消耗材料少，因此制造成本相对较低，但刚性稍差。该设备的参数如下：

主要性能：仓库高度6～24 m，最大40 m；

运行速度：标准型80 m/min，高速型200 m/min；

起升高度：标准型H_{max}=20 m/min，高速型H_{max}=50 m/min；

货叉伸缩速度：标准型V_{max}=12 m/min，高速型V_{max}=50 m/min。

2. 双立柱巷道堆垛机

双立柱结构的巷道堆垛机机架由两根立柱、上横梁和下横梁组成。立柱形式有方管和圆管。方管兼作起升导轨，圆管需要附加起升导轨。如图2-7所示为有轨式双立柱巷道堆垛机。

图2-6　单立柱巷道堆垛机

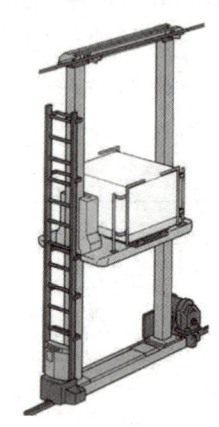
图2-7　有轨式双立柱巷道堆垛机

3. 高架叉车

高架叉车是一种变形叉车。高架叉车在巷道内运行，向运行方向两侧进行堆垛作业时，车体无须直角转向，而使前部的门架或货叉做直角转向及侧移，这样作业通道大大减少。此外，高架叉车的起升高度比普通叉车要高，从而大大提高了仓库空间利用率。高架叉车又称为无轨堆垛机、三向堆垛叉车，与有轨堆垛机相比，可多巷道共用一台。对于作业不太频繁或临时保管、高度不太大的仓库以及为提高仓库存储能力把现有仓库改造成中、低层货架的仓库而言，这种高架叉车尤为适用。高架叉车的起升高度一般在6 m左右，最高可达13 m。

高架叉车分类：

（1）托盘单元型：由货叉进行托盘货物的堆垛作业。如图2-8所示，司机室地面固定，起升高度较低，因而司机视野较差。如图2-9所示，司机室和货叉一同升降，司机视野好。

（2）拣选型：如图2-10所示，无货叉作业机构，司机室随作业货叉升降，由司机向两侧高层货架内的物料进行拣选作业。起升高度较高,司机视野好。

由高架叉车和高层货架为主组成的仓库,称为高架叉车仓库。

图 2-8　高架叉车 1
（托盘单元型）

图 2-9　高架叉车 2
（托盘单元型）

图 2-10　高架叉车（拣选型）

4. 桥式堆垛起重机

桥式堆垛起重机是在桥式起重机的基础上结合叉车的特点发展起来的。在从起重小车悬垂下来的刚性立柱上有可升降的货叉,立柱可绕垂直中心线转动,因此货架间需要的巷道宽度比叉车作业时所需要的小。这种起重机支承在两侧高架轨道上运行,除一般单元货物外还可堆运长物件。

桥式堆垛起重机(图 2-11)主要由桥架、大车运行机构、小车运行机构、电气设备等部分组成。司机室有单独的起升机构,保证司机有良好的视野,同时安装有安全装置,保证了司机的安全。起重机还装有多种安全装置,保证了起重机的安全工作。

图 2-11　桥式堆垛起重机

三、周边搬运系统、控制系统与装卸码垛机器人

周边搬运系统包括搬运输送设备、自动导向车、机器人、叉车、台车、托盘等。其作用是配合巷道堆垛机完成货物搬运、分拣等作业,还可以临时取代其他主要搬运系统,使自动存取系统维持工作,完成货物出入库作业。

自动化立体仓库的控制形式有手动控制、随机自动控制、远距离自动控制和计算机自动控制四种。

微课：自动化立体仓库的周边设备（上）

（一）穿梭车

穿梭车(rail guide vehicle,RGV)通过导轨或地链来约束和引导小车运行。它有两套传动机构,即输送机构、运动机构,从而实现物料的多工位连接输送。穿梭车的约束导轨有单轨和双轨两种。如图 2-12 所示为单轨往复穿梭车,如图 2-13 所示为双轨往复穿梭车。

图2-12 单轨往复穿梭车

图2-13 双轨往复穿梭车

(二)辊道式输送机

辊道式输送机是广泛使用的一种输送机,有无动力和动力两种。

(1)无动力辊道式输送机:让输送机呈一定坡度,使货物靠自身重力从高端移动到低端。一般输送托盘时,倾斜度为2.5%~3.5%。输送纸箱:质量为10~20 kg时,倾斜度为3%~5%;质量为0.5~1 kg时,倾斜度为10%~13%。

(2)动力辊道式输送机:应用广泛,由一系列排列整齐的有一定间隔的辊子组成,又称为辊子输送机。一般3~4个辊子同时支撑一件货物,即辊子的间距应为货物支撑面长度的1/4~1/3。其传动方式有带传动、链传动等。

图2-14 辊道式输送机实现货物自动出入库

如图2-14所示的辊道式输送机可实现货物自动出入库。

(三)链式输送机

链式输送机是利用链条牵引、承载,或由链条上安装的板条、金属网、辊道等承载物料的输送机。链式输送机的种类很多,我们按照被输送物料与链条间的相互关系和链条的布置将链式输送机大致分成四类。

图2-15 装载式链条输送机

(1)装载式链条输送机:此类机种是将链条以导轨为依托,把物料以承托的方式进行输送。它的输送载体通常都是辊子链条。该类机种也是应用较为广泛的链式输送机,如图2-15所示的装载式链条输送机可以运载托盘集装的货物,在自动化立体仓库的周边搬运系统中很常见。

(2)平顶式板链输送机:也是以承托方式对物料进行输送,但使用的链条都是本身具有平面顶板的输送链条。它们可以是铰卷式平顶链,也可以是其他结构的链条装配上平顶板的输送链。其因结构有一定的特殊性,所以自成一类,多应用于啤酒、饮料、化妆品等行业的灌装生产线。

(3)悬挂链输送机:将众多工装吊具按等间距用特制输送链条连接,安装于悬空架设的导轨上,动力部件驱动链条使工装吊具沿导轨移动,从而完成输送作业的输送机。

(4)链式提升机:以垂直方向输送货物为目的的一种链式输送机。其优点在于占用空间小,输送效率高。但它对输送物料的形态及体积都有限制,多以件货为主。

(四)自动导引搬运车

自动导引搬运车(automatic guided vehicle,AGV)是装备有电磁或光学等自动导引装置,能够沿规定的导引路径行驶,具有安全保护以及各种移载功能的运输小车,是自动化物流系统中的关键设备之一。AGV 是在计算机和无线局域网络的控制下,经电磁、激光等导向装置引导并沿程序设定路径运行完成作业的无人驾驶自动小车。AGV 采用电池驱动,为现代制造业物流和自动化立体仓库提供了一种高度柔性化和自动化的运输方式。

AGV 的主要技术参数包括额定载重量、自重、车体尺寸、停位精度、最小转弯半径、运行速度、电池电压、工作周期等。AGV 的载重量为 100~3 000 kg,运行速度为 40~60 m/min,停位精度为±10 mm。

1. AGV 的基本结构组成

AGV 主要由车体、蓄电和充电装置、驱动装置、转向装置、车上控制器、通信装置、安全保护装置、移载装置、信息传输与处理装置等组成,如图 2-16 所示。

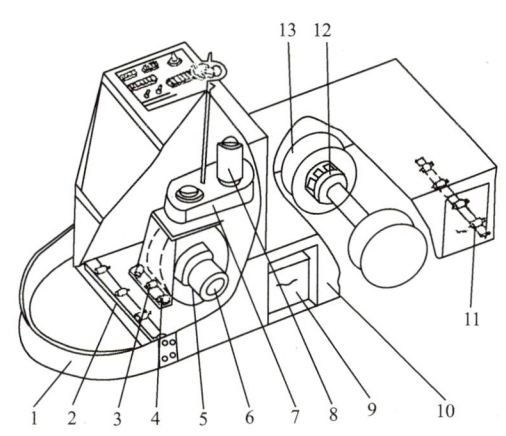

图 2-16　AGV 的结构示意图

1—安全挡圈;2,11—认址线圈;3—失灵控制线圈;4—导向探测线圈;5—驱动轴;6—驱动电机;
7—转向机构;8—导向伺服电机;9—蓄电池箱;10—车架;12—制动用电磁离合器;13—车轮

(1)车体:由车架和相应的机械装置组成,是 AGV 的基础部分,其他总成部件的安装基础。

(2)蓄电和充电装置:AGV 常以 24V 或 48V 直流蓄电池为动力。蓄电池供电一般应保证连续工作 8 h 以上。

(3)驱动装置:由车轮、减速器、制动器、驱动电机及速度控制器等部分组成,是控制 AGV 正常运行的装置。其运行指令由计算机或人工控制器发出,接通驱动电机及速度控制器电源。其运行速度、方向、制动的调节分别由计算机控制。为了安全,在断电时制动器能靠机械实现制动。

AGV 按驱动形式可分为三种类型：单轮驱动模式、差速驱动模式和全方向驱动模式。

（4）转向装置：接收导引系统的方向信息，通过转向装置实现转向动作。

（5）车上控制器：接收控制中心的指令并执行，同时将本身的状态（如位置、速度等）及时反馈给控制中心。

（6）通信装置：实现 AGV 与地面控制站及地面监控设备之间的信息交换。

（7）安全保护装置：安全系统包括对 AGV 本身的保护、对人或其他设备的保护等方面。多重安全保护通过主动安全保护装置、被动安全保护装置实现。

（8）移载装置：与所搬运货物直接接触，实现货物转载的装置。

（9）信息传输与处理装置：监控 AGV 所处的地面状态，并与地面控制站实时进行信息传递。

2. AGV 的分类

（1）按照装卸物料方式的不同，可分为料斗式、辊道输送式、链条输送式、垂直升降式、叉车式。

（2）按照导引原理的不同，可分为外导式和自导式。

① 外导式（固定路径导引）：在运行路线上设置导向信息媒介，如导线、色带等，由 AGV 上的导向传感器检测接收导向信息（如频率、磁场强度、光强度等），再将此信息经实时处理后用以控制车辆沿运行线路正确地运行。

AGV 电磁导引的基本原理：如图 2-17 所示，在 AGV 的运行路线下面埋设导向电线，通以 3～10 kHz 的低压、低频电流，该交流电信号沿电线周围产生磁场，AGV 上装设的信号检测器可以检测到磁场的强弱并通过检测回路以电压的形式表示出来。当导向轮偏离导向电线后，信号检测器测出电压差信号，此信号通过放大器放大后控制导向电机工作，然后导向电机再通过减速器控制导向轮回位，这样，就会使 AGV 的导向轮始终跟踪预定的导引路径。

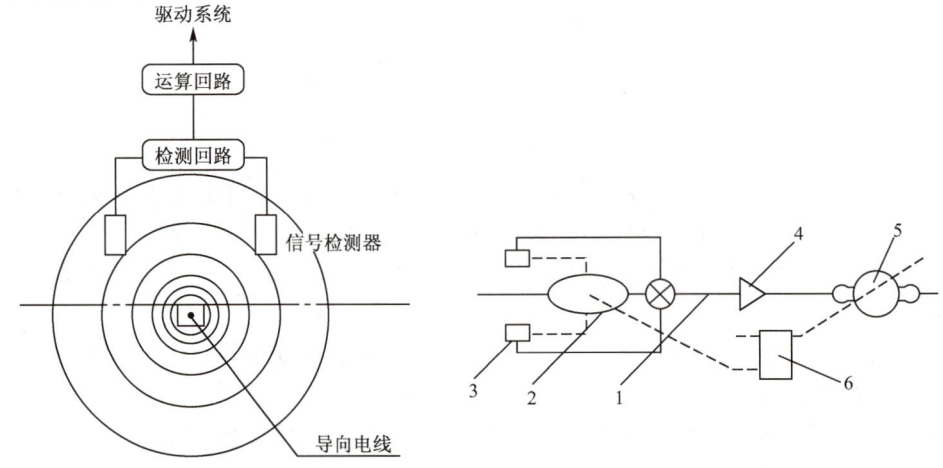

图 2-17　AGV 电磁导引的基本原理示意图

1—导向电线；2—导向轮；3—信号检测器；4—放大器；5—导向电机；6—减速器

AGV 光学导引的基本原理:利用地面颜色与色带颜色的反差,在明亮的地面上用黑色色带,在黑暗的地面上用白色色带。AGV 下面装有光源,用以照射色带。由色带反射回来的光线由光学检测器(传感器)接收,经过检测回路和运算回路进行计算,将计算结果传至驱动回路,由驱动回路控制驱动系统工作。当 AGV 偏离导引路径时,传感器检测到的亮度不同,经过运算回路计算出相应的偏差值,然后由控制回路对 AGV 的运行状态进行及时修正,使其调回到导引路径上来。因此,AGV 能够始终沿着色带的导引轨迹运行。如图 2-18 所示为 AGV 光学导引的基本原理。

②自导式(自由路径导引):采用坐标定位原理,在 AGV 上预先设定运行作业路线的坐标信息,并在运行时,实时地检测出实际的位置坐标,在对两者比较、判断后控制车辆导向运行。在 AGV 控制器上储存着区域布置的尺寸坐标,可以通过识别车体当前方位,自动地选择行驶路径。

AGV 激光导引的基本原理:利用激光的准直性和不发散性对 AGV 所处的位置进行精确定位来指导运行。如图 2-19 所示为 AGV 激光导引的基本原理,旋转激光头是安装在 AGV 顶部的一台设备,每隔数十毫秒旋转一周,发出的激光束是经过调制的。在收到经特制的反射板反射光时,经过解调,即可得到有效的信号。计算机即时读入收到反射信号时激光器的旋转角度。在 AGV 的工作场所预先安置了具有一定间隔的反射板。行进中的 AGV 通过车载的旋转激光头发射激光,在激光器扫描一周后,照到反射板,激光原路返回,可以得到一系列反射板的反射角,经过计算,即可得到激光旋转中心的坐标。通过车载计算机计算,得到 AGV 所在位置,从而按规划的路径将货物送至目的地。

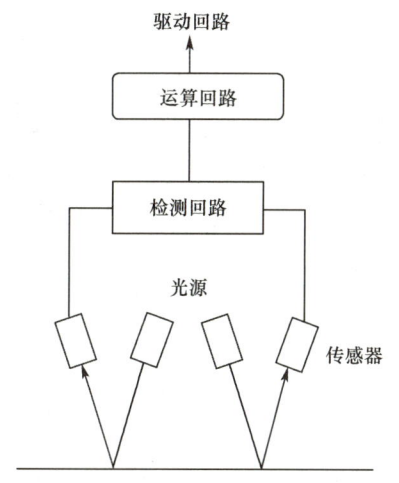

图 2-18　AGV 光学导引的基本原理示意图

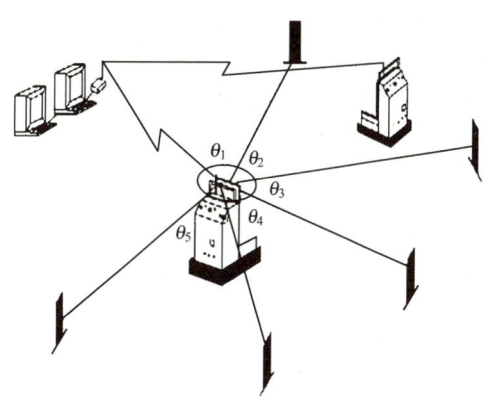

图 2-19　AGV 激光导引的基本原理示意图

3. AGV 系统的控制方式

AGV 系统(AGVS)由三级控制方式构成,即中央控制计算机、地面控制器(系统)和车上控制器。

(1)中央控制计算机是整个系统的控制指挥中心,它与各区域内的地面控制器进行通信,地面控制器接受中央控制计算机的管理。

(2)地面控制器负责对区域内的业务情况进行监控管理,如监视现场设备的状况、统计 AGV 利用率、小车交通管制、跟踪装载、制定目标地址、实时存储小车的地址并将 AGV 的位置与装载物的类型、数量传输给区域主计算机。AGV 地面控制系统即 AGV 上位控制系统,是 AGV 系统的核心。其主要功能是对 AGV 系统中的多台 AGV 进行任务管理、车辆管理、交通管理、通信管理等。

(3)车上控制器解释并执行从地面控制器传送来的指令,实时记录 AGV 的位置,并监控车上的安全装置。

(五)码垛机与码垛机器人

自动化立体仓库系统中大量使用码垛机或码垛机器人完成码垛、拆垛的工作(图 2-20 和图 2-21)。

图 2-20 码垛机

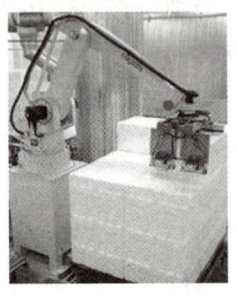

图 2-21 码垛机器人

微课:自动化立体仓库的周边设备(下)

1. 机器人自动装箱、码垛工作站

机器人自动装箱、码垛工作站是一种集成化的系统,它包括工业机器人、控制器、编程器、机器人手爪、自动拆/叠盘机、托盘输送及定位设备和码垛模式软件。它还配置自动称重、贴标签和检测及通信系统,并与生产控制系统相连接,以形成一个完整的集成化包装生产线。机器人自动装箱、码垛工作站可应用于建材、家电、电子、化纤、汽车、食品等行业。机器人自动装箱、码垛工作站的具体应用有下面几种。

(1)生产线末端码垛的简单工作站:这种柔性码垛系统从输送线上下料并将工件码垛、加层垫等,紧跟着有一输送线将码好的托盘送走。

(2)码垛/拆垛工作站:这种柔性码垛系统可将三垛不同货物码成一垛,机器人还可抓取托盘和层垫,一垛码满后由输送线自动输出。

(3)生产线中码垛:工件在输送线定位点被抓取并放到两个不同托盘上,层垫也被机器人抓取。托盘和满垛通过线体自动输出或输入。

(4)生产线末端码垛的复杂工作站:工件来自三条不同线体,它们被抓取并放到三个不同托盘上,层垫也被机器人抓取。托盘和满垛通过线体自动输出或输入。

2. 机器人的主要技术参数

(1)抓取质量或工件质量:又叫负荷能力,指机器人在正常工作时所能抓取的质量。

当机器人的工作速度可以调整时,抓取质量随着速度的增大而减小。为安全起见,应指明安全运行速度和高速时的抓取质量。

(2)速度:目前机器人的最大运行速度在1 500 mm/s以下,最大回转速度在120°/s以下。

(3)自由度:机器人的各个运动部件在三维空间坐标轴上所具有的独立运动的可能状态,每个可能状态为一个自由度。机器人的自由度越多,其动作越灵活,适应性越强。一般情况下,机器人具有3~5个自由度,目前,机器人的最大自由度的数量为6个。

(4)重复定位精度:机器人的重复定位精度是衡量机器人工作质量的一个重要指标,指机器人的手部进行重复工作时能够放在同一位置的准确程度。它与机器人的位置控制方式、运动部件的制造精度、抓取的质量和运动速度有密切的关系。目前机器人的重复定位精度可达±0.1 mm。

(5)工件移动范围:指被抓取的物体(工件)的移动范围。

(6)工件类型与工件尺寸:工件类型有托盘集装件、箱体、板材、袋料、罐、纸类包装等。自动化立体仓库的工件类型一般以托盘集装件和箱体为主。

(六)自动分拣机

分拣是指将货物按品种、出入库先后顺序进行分门别类堆放的作业。这项工作可以通过人工的方式进行,也可以用自动化设备进行处理。自动分拣机能连续、大批量地分拣货物,分拣误差率极低,分拣作业基本实现无人化。

1. 自动分拣系统的组成

自动分拣系统种类繁多,一般由控制装置、分类装置、输送装置及分拣道口组成。以上四部分装置通过计算机网络连接在一起,配合人工控制及相应的人工处理环节构成一个完整的自动分拣系统。

(1)控制装置的作用是识别、接收和处理分拣信号,根据分拣信号的要求指示分类装置按商品品种、商品送达地点或货主的类别对商品进行自动分类。这些分拣需求可以通过不同方式(如条形码扫描、色码扫描、键盘输入、质量检测、语音识别、高度检测及形状识别等)输入分拣控制系统,再根据这些分拣信号判断某一种商品该进入哪一个分拣道口。

(2)分类装置的作用是根据控制装置发出的分拣指示,当具有相同分拣信号的商品经过该装置时,该装置发挥作用,改变商品在输送装置上的运行方向进入其他输送机或进入分拣道口。分类装置的种类很多,一般有推出式、浮出式、倾斜式和分支式等,不同的装置对分拣商品的包装材料、包装质量、包装物底面的平滑程度等有不完全相同的要求。

(3)输送装置的主要组成部分是传送带或输送机,其主要作用是使待分拣商品鱼贯通过控制装置、分类装置,一般要连接若干分拣道口,使分好类的商品滑下主输送机(或主传送带)以便进行后续作业。

(4)分拣道口是已分拣商品脱离主输送机(或主传送带)进入集货区域的通道,一般由钢带、皮带、滚筒等组成滑道,使商品从主输送装置滑向集货站台,在那里由工作人员将该道口的所有商品集中后,或是入库储存,或是组配装车并进行配送作业。

下面以钢带式分拣机为例进行说明。钢带式分拣机的输送带为钢带,按钢带的设置形式可分为斜钢带分拣机和平钢带分拣机。平钢带分拣机的主要组成如图2-22所示。

分拣原理：货物进入编码带时，分拣人员阅读编码带上的货物地址，在编码键盘上输入地址代码，携带地址代码信息的货物被输送到过渡板上排队等待，当计算机发出上货信号时，计算机控制消磁、充磁装置对钢带上的遗留信息进行消磁，再将该货物的地址代码信息以磁编码的形式记录在紧挨货物前沿的平钢带输送机上，成为自携地址信息，从而保持和货物同步运动的关系。在分拣机每一个小格滑槽的前面有个磁编码信息读出装置，能阅读和货物同步运行的信息，当所读信息就是该滑槽的代码时，计算机就控制导向挡板快速地运动到钢带上方，导向挡板和钢带运动方向呈35°左右的夹角，顺利地将货物导入滑槽，完成分拣任务。货物在滑槽内等待出货口处操作人员取走，当货物集聚至滑槽的顶部时，满量检出器读出，计算机会控制缓冲存储器，使货物暂时停在过渡板处，以防货物堆集，直至滑槽内的货物减少。

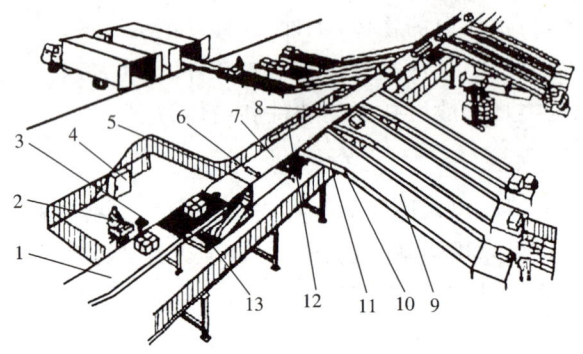

图2-22　平钢带分拣机的主要组成

1—编码带；2—编码键盘；3—监视器；4—控制柜；5—货物检测器；6—消磁、充磁装置；7—平钢带输送机；
8—导向挡板；9—滑槽；10—满量检出器；11—过渡板；12—磁编码信息读出装置；13—缓冲存储器

2. 自动分拣系统的种类

自动分拣系统有超过10种不同形式，基本分为直线型分拣系统和环型分拣系统两种类型。直线型分拣系统主要包括滑块式分拣机、滚筒式分拣机等；环型分拣系统主要包括翻盘式分拣机、交叉带式分拣机等。

常见的自动分拣机有：

（1）气缸侧推式辊柱分拣机：如图2-23所示，设备由辊柱式输送机、辊柱式滑道、侧推气缸等组成。货物从A口进入，到达欲分拣的位置B时，被侧推气缸推动滑入辊柱式滑道，完成分拣。

（2）辊柱式分拣机：辊柱式分拣机又叫辊道式、滚筒式分拣机，设备的分拣方式有链条带动式、落入式、滑块式等。

①链条带动式辊柱分拣机：如图2-24所示，货物由辊柱式输送机带动，当货物到达分拣位置时，链条机带动辊柱式分拣机将货物拖至分拣机上，完成分拣。

②落入式辊柱分拣机：如图2-25所示，货物从主输送线移动到分拣位置时，机器突然抬起来，货物靠自重落入分流线的滑槽中。

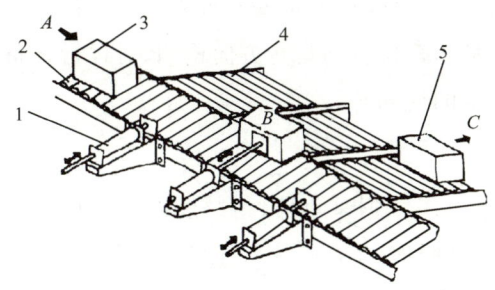 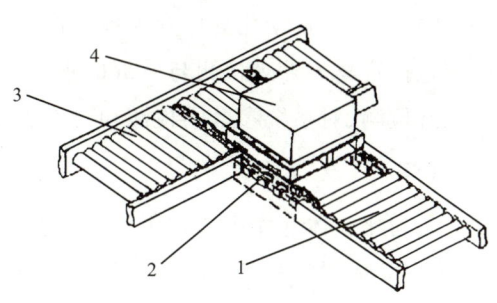

图 2-23 气缸侧推式辊柱分拣机
1—侧推气缸；2—辊柱式输送机；
3、5—货物；4—辊柱式滑道

图 2-24 链条带动式辊柱分拣机
1—辊柱式分拣机；2—链条机；
3—辊柱式输送机；4—货物

③滑块式辊柱分拣机：如图 2-26 所示，滑块式辊柱分拣机在输送机的滑道上装有可沿杆长方向滑动的滑块，滑块的驱动力一般是电磁力，若干移动的滑块引导货物由主输送机进入分流输送机。滑块式辊柱分拣机能够迅速、安全、轻柔、准确地分选各类物品，可以根据质量、体积、形状等进行分选，从整个工厂的流水线到配送中心大多采用滑块式辊柱分拣机。

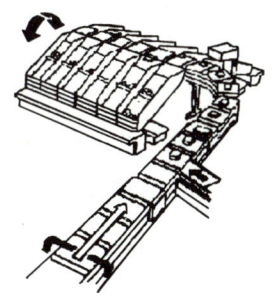 

图 2-25 落入式辊柱分拣机

图 2-26 滑块式辊柱分拣机

3. 自动分拣机的主要技术参数

(1) 主机器分拣效率。
(2) 运行速度。
(3) 分拣物品尺寸及质量范围。
(4) 分拣格口数量及格口的容量。
(5) 供件席位数量。
(6) 分拣差错率。
(7) 分拣机功率及驱动方式。

四、电气与电子设施

(一) 检测装置

微课：自动化立体仓库
中的电气与电子设施

自动化立体仓库中的检测装置主要用于检测仓储装备的各种物理参数、仓库环境中的化学参数、对自动化立体仓库各种作业设备的控制,以保证系统安全可靠运行。检测的内容包括货物的外观检测与质量检测、设备及货物运行位置与运行方向检测、对运行设备的状态检测、对系统参数的检测和对设备故障情况的检测等。

(二)信息识别装置

自动化立体仓库中的常用信息识别装置有条形码数据采集器、射频发射器和接收器等,主要完成对货物品名、类别、货号、数量、等级、目的地、生产厂家甚至货位地址的识别。

(三)控制装置

自动化立体仓库中常用的控制装置有普通开关、继电器、微处理器、单片机、可编程控制器、工控机等。如巷道堆垛机的控制要求包括位置控制、速度控制、货叉控制、方向控制等。

(四)计算机管理设备

计算机管理设备系统是自动化立体仓库的指挥中心,指挥着仓库中各设备的运行,完成整个仓库的账目管理、作业管理、与上级系统的通信、仓库管理信息系统的部分任务等。自动化立体仓库的计算机管理一般包括如下内容:接收并保管入库的货物;授权发放货物;确保库存记录准确;盘库;规划库房布局等。

(五)数据通信设备

自动化立体仓库中的各设备为了完成规定的工作和任务,各系统之间、各设备之间有大量的信息需要交换。信息传递的媒介有电缆、光纤、远红外光、电磁波等。

(六)图像监视设备

一般采用高分辨率、低照度变焦摄像设备对自动化立体仓库中的人身、设备安全进行观察,对主要操作点进行集中监视,以提高管理水平。自动化立体仓库中的图像监视设备是重要的设备。

(七)大屏幕显示

在中央控制室,管理人员通过屏幕或模拟显示屏观察现场的操作情况和设备运行情况,便于及时管理、指挥库内现场。

第四节 自动化立体仓库的控制系统

一、自动化立体仓库的信息管理系统

自动化立体仓库的信息管理系统主要包括计算机监控系统、数据库系统、网络系统。

微课:自动化立体仓库控制系统

计算机监控系统涉及管理计算机、监控计算机、控制具体设备执行的可编程控制器等。数据库系统完成底层数据的存储,网络系统则完成复杂信息的传送和交换。

自动化立体仓库的作业流程(图 2-27)一般是入库、库内搬运、货物存放、取货、货物出库,整个工作在计算机系统的控制下进行。计算机系统一般为三级管理控制系统,上位机与局域网相连,下位机与可编程控制器相连,通过无线和有线方式传递数据。

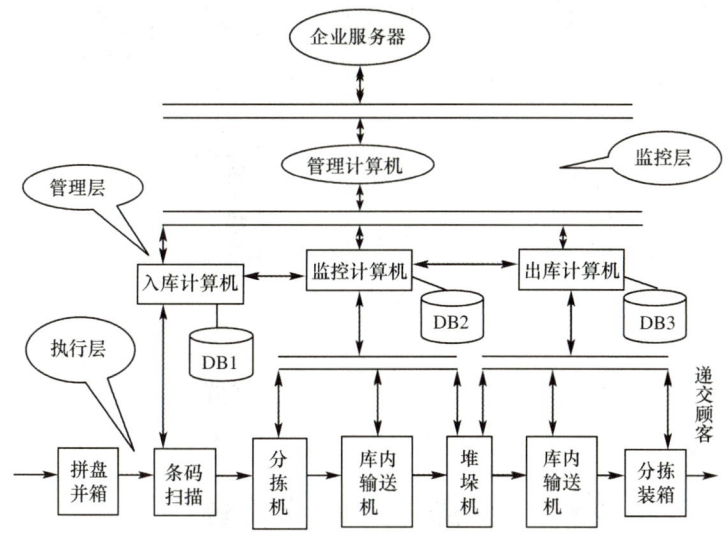

图 2-27　自动化立体仓库的作业流程

计算机监控系统主要控制分拣机的运行速度,控制分拣导入机械的启动及运行的时间,控制 AGV、穿梭车、输送机的运送速度和完成拼盘并箱作业的码垛机或码垛机器人的速度及作业量。

二、典型的自动化立体仓库控制系统结构

(一)集中控制系统结构

如图 2-28 所示为仓库集中控制系统结构。主计算机通过在系统结构中心控制室的控制器,控制监控 CRT 系统,执行仓库管理事务,如发出存货控制、货物入库、载运指令,同时执行仓库设备和储存货物的管理。CRT 系统可以采用以下方案:

(1)CRT 动态仿真微机实时监控系统控制室内的大屏幕 CRT 动画,将立体仓库设备的运行状态、位置实时地反映在计算机屏幕上。

(2)目前,在视频监控领域,CRT 投影电视墙系统淘汰了以往的用多个无关联的小监视器做视频监视显示终端的老系统。

(二)分布式控制系统结构

如图 2-29 所示为仓库分布式控制系统结构。主计算机通过控制器分别控制着输送机控制器、堆垛机控制器、AGV 控制器;各控制器分别管理着设备(输送机、堆垛机、AGV 等)。

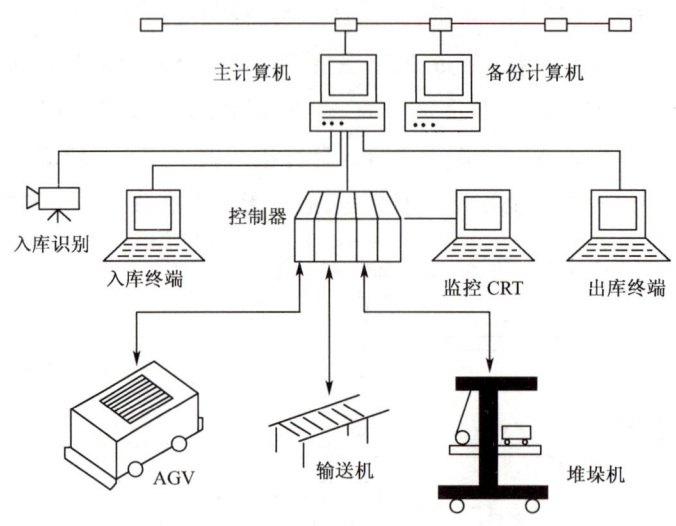

图 2-28　仓库集中控制系统结构

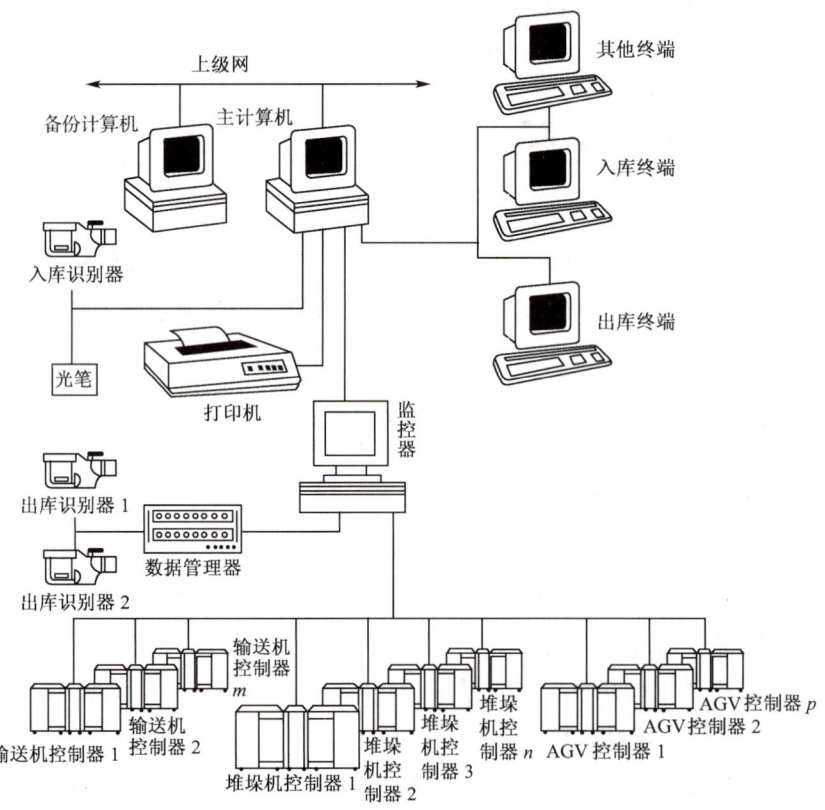

图 2-29　仓库分布式控制系统结构

实训任务

在工业 4.0 实训系统上完成物流仓储自动化实验系统操作。

关键概念提要

自动化立体仓库又称为立库、高层货架仓库(简称"高架仓库")、自动化仓库系统。自动化立体仓库是采用高层货架存放货物,用计算机系统进行管理和控制,以巷道堆垛机为主,结合入库与出库周边设备来进行自动化仓储作业的一种仓库。

自动化立体仓库主要由货架、传输设备、存储设备、堆垛机、控制系统、通信系统、计算机管理监控系统等部分组成。

按照立体仓库的高度分为低层立体仓库、中层立体仓库和高层立体仓库。

按照操作对象分为托盘单元式自动仓库、箱盒单元式自动仓库、拣选式高层货架自动仓库、单元/拣选式自动仓库、高架叉车自动仓库等。

按照储存物品的特性分为常温自动化立体仓库、低温自动化立体仓库、防爆型自动化立体仓库等。

按货架构造形式分为单元货架式仓库、贯通式仓库、水平旋转式仓库和垂直旋转式仓库。

按所起的作用分为生产性仓库和流通性仓库。

自动化立体仓库中的所有设备和存放的货物都放在库房内,库房一般由地基、地坪、墙体、屋顶和门窗组成。地坪的作用主要是承受货物、货架以及人和机械设备等的载荷,一般载荷量为 $5\sim10\ t/m^2$。自动化立体仓库可高达 40 m 左右,属于高层建筑,应防直击雷。环境温度不低于 4 ℃ 且不高于 70 ℃ 的场所采用湿式喷水灭火系统。

自动化立体仓库一般需要动力电源,配电系统多采用三相四线供电,中性点可直接接地。动力电压为交流电压 380V/220 V,50 Hz。

自动化立体仓库机械设备主要有高层货架、巷道堆垛机、穿梭车、输送机、自动导引搬运车、码垛机器人、自动分拣机等。

自动化立体仓库的信息管理系统主要包括计算机监控系统、数据库系统、网络系统。

计算机监控系统主要控制分拣机的运行速度,控制分拣导入机械的启动及运行的时间,控制 AGV、穿梭车、输送机的运送速度和完成拼盘并箱作业的码垛机或码垛机器人的速度及作业量。

典型的自动化立体仓库控制系统结构有集中控制系统结构和分布式控制系统结构两种。

思考与练习

1. 简述自动化立体仓库系统的组成。
2. 自动化立体仓库基本设施有哪些要求?
3. 自动化立体仓库的机械设备有哪些?各有何作用?
4. 自动化立体仓库建筑与货架的关系如何?
5. 简述自动化立体仓库的高层货架的种类及适用条件。
6. 简述巷道堆垛机的结构组成。
7. 简述主要类型的巷道堆垛机的特点与应用范围。
8. 按照导引原理的不同,AGV有哪些类型?
9. 码垛机与码垛机器人的作用是否完全一样?
10. 计算机系统如何控制自动化立体仓库的工作流程?
11. 自动化立体仓库控制系统结构有哪些形式?
12. 简述自动化立体仓库集中控制系统的工作原理及特点。
13. 简述自动化立体仓库分布式控制系统的工作原理及特点。

阅读案例

【案例1】

内蒙古蒙牛乳业泰安有限公司乳制品自动化立体仓库是蒙牛乳业公司委托太原刚玉物流工程有限公司设计制造的第三座自动化立体仓库。该库后端与泰安公司乳制品生产线相衔接,与出库区相联接,库内主要存放成品纯鲜奶和成品瓶酸奶。库区面积8 323平方米,货架总高度分别为:21米、19.35米、17.7米、16.05米、14.4米和12.75米。货架规模:常温区有14 964个;低温区有4 668个。托盘尺寸1 200×1 000毫米,库内货位总数19 632个。其中,常温区货位数14 964个;低温区货位数46 687个。入库能力150盘/小时,出库能力300盘/小时。出入库系统采用联机自动。

入库区由66台链式输送机、3台双工位高速穿梭车组成,负责将生产线码垛区完成的整盘货物转入各入库口。双工位穿梭车则负责生产线端输送机输出的货物向各巷道入库口的分配、转动及空托盘回送。

储存区包括高层货架和17台巷道堆垛机。高层货架采用双托盘货位,完成货物的存储功能。巷道堆垛机则按照指令完成从入库输送机到目标的取货、搬运、存货及从目标货位到出货输送机的取货、搬运、出货任务。

托盘(外调)回流区分别设在常温储存区和低温储存区内部,由12台出库口输送机、14台入库口输送机、巷道堆垛机和货架组成,分别完成空托盘回收、存储、回送、外调货物入库,剩余产品和退库产品入库、回送等工作。

出库区设置在出库口外端,分为货物暂存区和装车区,由34台出库输送机、叉车和运输车辆组成。叉车司机通过电子看板、RF终端扫描完成装车作业,反馈发送信息。

维修区设在穿梭车轨道外侧,在某台穿梭车更换配件或处理故障时,其他穿梭车仍旧可以正常工作。

计算机控制室设在二楼,用于出入库登记、出入库高度管理和联机控制。

【案例思考】

1. 看了本案例后,指出你所熟悉的设备名称。
2. 该自动化立体仓库还使用了哪些仓库设备?

【案例2】

京东上海无人仓——"亚洲一号"

京东早在2012年起就打算投入百亿元人民币,在国内的北京、广州、武汉、重庆等10多个城市建设物流中心,意图打造亚洲范围内建筑规模最大和自动化程度最高、覆盖全国的现代化物流体系。

京东商城"亚洲一号"物流仓储运营中心上海项目(一期)在上海嘉定区奠基。作为"亚洲一号"首发城市的上海项目(一期)总占地面积120亩,总建筑面积超过10万平方米。项目采用自动存取系统(AS/RS)、自动输送设备、高速自动分拣系统等自动化设备,打造自动化的电子商务订单处理中心,该项目将使京东华东区订单处理能力大幅提升。

经过2年多的建设,京东上海的"亚洲一号"于2014年10月正式投入使用。硬件方面,上海"亚洲一号"拥有自动化立体仓库、自动分拣机等先进设备;软件方面,仓库管理、控制、分拣和配送信息系统等均由京东公司开发并拥有自主知识产权,整个系统均由京东公司总集成,90%以上操作已实现自动化。

自动入库运输机,可实现托盘货物的自动出、入库。

堆垛机(欧洲进口),可实现托盘货物的自动存货、取货和补货,运行速度达180米/分钟。

立体仓库拣货区,实现自动补货,拣选货物后自动输送。

自动分拣机,自动供包,分拣处理能力超过20 000件/小时,分拣准确率超过99.99%。

第三章

在库养护管理设备

第一节 通风系统及通风机

一、通风系统

通风是借助换气稀释或通风排除等手段,控制空气污染物的传播与危害,实现室内外空气环境质量保障的一种建筑环境控制技术。通风系统就是实现通风这一功能,包括进风口、排风口、送风管道、风机、降温及采暖系统、过滤器、控制系统以及其他附属设备在内的一整套装置。

(一)通风系统的作用

(1)用室外的新鲜空气更新室内由于居住及生活过程而污染了的空气,以保持室内空气的洁净度达到某一最低标准的水平。

(2)增加体内散热及防止由皮肤潮湿引起的不舒适,此类通风可称为热舒适通风。

(3)当室内气温高于室外气温时,使建筑构件降温,此类通风可称为建筑的降温通风。

(二)通风系统的分类

按通风动力分类,通风系统可分为自然通风、机械通风。通风系统的分类、方式与作用见表3-1。

表 3-1　　　　　　　通风系统的分类、方式与作用

	自然通风	机械通风
定义	自然通风依靠室内外空气温度差所形成的热压和室外风力所形成的风压而使空气流动	机械通风依靠通风机所形成的通风系统内外压力差而使空气沿一定方向流动

续表

	自然通风	机械通风
图例	排气窗	负压风机
方式	定期开门、开窗,形成空气自然流动,进行通风换气	进气式通风系统、排气式通风系统、联合式通风系统、空气调节通风系统
作用	自然通风经济、有效,但是受自然条件限制(风力、风向、季节、室外空气湿度、室外空气质量等因素影响)	不受外界气象条件变化和室内湿度变化影响,有自动调节装置,可以保证室内空气在一定的时间内维持一定的温度与湿度

二、通风机

通风机是依靠输入的机械能,提高气体压力并排送气体的机械,它是一种从动的流体机械。排气压力低于 1.5×10^4 Pa。通风机广泛用于工厂、矿井、隧道、冷却塔、车辆、船舶和建筑物的通风、排尘和冷却,锅炉和工业炉窑的通风和引风,空气调节设备和家用电器设备中的冷却和通风,谷物的烘干和选送,风洞风源和气垫船的充气和推进等。

(一)通风机的类型

按气体流动方向的不同,通风机主要分为离心式、轴流式、斜流式和横流式等类型(表3-2)。

表3-2　　　　　　　　　　通风机的类型

名称	图例	说明
离心式通风机		离心式通风机主要由叶轮和机壳组成,小型通风机的叶轮直接装在电动机上;中、大型通风机通过联轴器或皮带轮与电动机连接。 离心式通风机动力机(主要是电动机)驱动叶轮在蜗形机壳内旋转,空气经吸气口从叶轮中心处吸入。由于叶片对气体的动力作用,气体压力和速度得以提高。气体在离心力作用下沿着叶道甩向机壳,从排气口排出。气体在叶轮内的流动主要是在径向平面内,故又称为径流通风机
轴流式通风机		轴流式通风机又叫局部通风机,是工矿企业常用的一种通风机。它的电动机和叶片都在一个圆筒里,外形就是一个筒形,用于局部通风,安装方便,通风换气效果明显。当叶轮旋转的时候,空气由集流器进入叶轮,在叶片的作用下,空气压力提高,并接近于沿轴向流动,由排气口排出。可以接风筒把风送到指定的区域

续表

名称	图例	说明
斜流式通风机		斜流式通风机可作为一般通风换气用,使用条件如下: 1.应用场所:一般工厂及建筑物的室内通风换气,既可用作输入气体,也可用作排出气体。 2.输送气体的种类:空气和其他不自然的、对人体无害的,对钢材无腐蚀性的气体。 3.气体内的杂质:气体内不允许有黏性物质,所含的尘土及硬质颗粒物不大于 150 mg/m³。 4.根据用户特殊需要还可以设计用磁电机传动,实现无级变速,变风量结构形式。 5.气体的温度:不超过 80 ℃。
横流式通风机		横流式通风机是具有前向多翼叶轮的小型高压离心通风机。气体从转子外缘的一侧进入叶轮,然后穿过叶轮内部从另一侧排出,气体在叶轮内两次受到叶片的力的作用。在相同性能的条件下,它的尺寸小、转速低。与其他类型低速通风机相比,它具有较高的效率。它的轴向宽度可任意选择而不影响气体的流动状态,气体在整个转子宽度上仍保持流动均匀。它的出口截面窄而长,适宜安装在各种扁平的设备中用来冷却或通风

(二)通风机的主要参数

通风机的主要参数有流量、压力、功率、效率、转速、噪声和振动等。

第二节 湿度控制方法与设备

空气湿度调节的目的一般是为了降低室内空气相对湿度,降低的方法主要有以下几种。

一、通风换气

通风换气是调节室内湿度环境的最简单有效的方法。室内湿度一般高于室外,通过通风换气引进湿度相对较低的室外空气对室内空气能起到稀释作用。

二、加热

在室内空气含湿量一定的情况下,通过加热提高室内温度自然就能起到降低室内空气相对湿度的作用。如能将通风换气与加热结合起来,则对于降低室内空气相对湿度最为有效。

三、吸湿

采用吸湿材料如氯化锂等吸收空气中的水分可降低空气含湿量,从而降低空气相对湿度。吸湿剂是能从空气中吸收湿气的任何一种物质,亦称干燥剂。常用的固体吸湿剂有硅胶、氧化铝、分子筛等,这些物质对水分有强烈的亲和性。活性氧化铝球干燥剂是一种具有多孔性、高分散度的固体物料,有很大的比表面积,既有良好的吸附性能,又有良好的耐压、耐磨损和耐热性能,因而被广泛地用作高效吸附剂、干燥剂。

四、冷却减湿和制冷减湿

冷却减湿采用降低空气的温度进而降低空气的湿度达到减湿的目的。

制冷减湿是通过制冷系统利用冷冻干燥的原理,将潮湿空气吸入,通过蒸发器降到露点温度以下,使空气中的水分冷凝成水珠,再通过冷冻压缩机冷凝热升温后变成干燥的空气排出,以此达到干燥空气的目的。工业除湿机主要应用于工厂车间、计算机房、实验室、计量室、图书室、档案室、印刷厂、电子厂、配电房、银行、物资储备仓库、食品及农作物仓库、地下工程、国防工程等对湿度有要求的场所。

第三节 空气幕设备

一、空气幕的结构

空气幕由空气处理设备、通风机、风管系统及空气分布器组成。该机安装在商场、剧院、宾馆、饭店、会议厅、冷藏库、手术室及住宅等门口上方。启动该机,能把室内外的空气隔开,起到既能令人出入方便,又能防止室内外冷热空气交换的作用,同时,又具有防尘、防污染、防蚊蝇之功效。该机可广泛用于电子、仪表、制药、食品、精密加工、化工、制鞋及服务、商业等行业。

二、空气幕的作用

(1)隔热功能。空气幕使得如餐厅、商店和娱乐场所这样顾客经常出入的地方不再需要不断开关门,能以60%~80%的效率来保持室内的空气温度,只会允许有微小的温度变化。

(2)防虫功能。可以发现大部分烦人有害的昆虫是无法通过空气幕的,这样可以更好、更轻松地保持室内的卫生。

(3)防尘功能。如果在门厅中安装空气幕,可以有效地屏蔽外面的灰尘,保持室内清洁。

(4)保鲜功能。空气幕能阻挡外面汽车散发的有害气体进入室内,如果跟制冷设备结合使用,可以有效解决空调冷、热气外流等问题。

(5)负离子功能。可以制造活性氧,促进新陈代谢,杀菌,制造清新空气,消烟除尘,预防静电等。

三、空气幕的送风形式

一般常用的空气幕的送风形式有上送式、侧送式和下送式。

(一)上送式空气幕

一般的大门空气幕其目的只是阻挡室外冷(热)空气,通常只设吹风口,不设回风口,让射流和地面接触后自由向室内扩散,这种大门空气幕称为简易空气幕。对于要求高的建筑,为了较好地组织气流,在大门上方设吹风口,地面设回风口,空气经过滤、加热等处理后循环使用,如图 3-1 所示。

图 3-1　上送式空气幕

(二)侧送式空气幕

空气幕安装在门洞侧面,分为单侧和双侧两种。对于工业建筑来说,当外门宽度小于 3 m 时,宜采用单侧送风,当外门宽度为 3~18 m 时,宜采用单侧或双侧送风,或由上向下送风。为了不阻挡气流,装有侧送式空气幕的大门严禁向内开启。

(三)下送式空气幕

空气幕安装在地面之下。由于下送式空气幕的射流最强区在门洞下部,因此抵挡冬季冷风从门洞下部侵入时的挡风效果最好,而且不受大门开启方向的影响。但是下送式空气幕的送风口在地面之下,容易被赃物堵塞,而且下送风的气流容易将衣裙扬起,不受人们欢迎。下送式空气幕已很少使用。

四、空气幕产品选用要点

空气幕选用主要控制参数为额定风量、噪声、出口风速、安装高度、安装形式等。

第四节　计量设备

计量设备是商品出入库的计量、点数,以及在库盘点、检查中经常使用的度量衡设备。

仓库中常用的计量设备以质量计量设备为多,流量计量设备用在特殊场合,属于专用计量设备。长度计量设备用于钢材、木材等尺寸计检,进一步换算为质量或容积,也在有限场合使用。

一、计量设备的特点

仓库中使用的各种计量设备都具有以下特点。

(1)稳定性:指计量设备的计量感应部分在受力后,会离开平衡位置,而在所受力撤销以后能够回到原来位置。

(2)灵敏性:指计量设备的灵敏度,即计量设备能感应出的最小荷重变化。

(3)正确性:指计量设备每次对不同物品的计量结果应该在误差所允许的范围内。

(4)不变性:指对同一物品连续称重,每次所计量的结果应该在误差所允许的范围内。

二、计量设备的分类

计量设备是利用机械原理或电测原理确定物质物理量大小的设备。仓库中使用的计量设备种类很多,从计量方法角度可以分为如下几类:

(1)质量计量设备包括各种磅秤、地下衡及轨道衡、电子秤等。

(2)流量计量设备包括流量计、液面液位计等。

(3)长度计量设备包括检尺器、自动长度计量仪等。

(4)个数计量设备包括自动计数器及自动计数显示设备等。

在以上四种设备中,质量计量设备是仓库中最常用到的计量设备。

在现代仓库中应用电子技术、光电技术、核技术的电子秤、自动计数装置、核计量装置等是计量设备的发展方向。

三、常见的质量计量设备

(一)地中衡及轨道衡

地中衡及轨道衡是对地面车辆、铁道车辆载货计重的衡器,静态轨道衡分为机械式、机电结合式及电子式,动态轨道衡分为机电结合式及电子式。

地中衡广泛应用于原料进厂和成品出厂的称重计量,对称重精确度和稳定性有较高的要求。地中衡大多安装于露天,坑道台面的设计和传感器的选用必须考虑环境和气候条件。如图3-2所示为电子式地中衡工作原理。

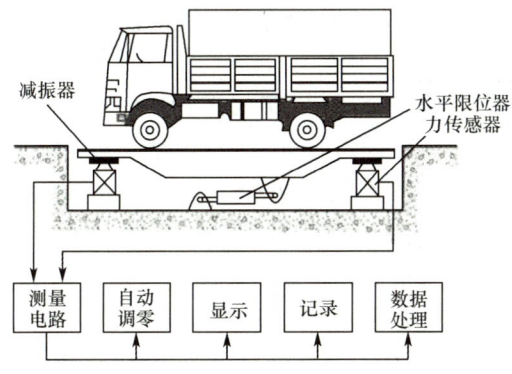

图3-2 电子式地中衡工作原理

机械式的静态轨道衡及地中衡需要人工进行控制操作,手抄数据,计重误差较大,且手抄也易失误,其计重的准确度为0.5%,可满足国内大批量货物计量对磅差的要求。

电子式及机电结合式的静态轨道衡及地中衡,其特点是带有数字自动显示并能自动打印质量数据,因而失误少、准确程度高,其准确度为0.1%~0.2%,可满足有色金属、合金钢、化工材料、粮食等计重的要求及进出口贸易的计重要求。静态轨道衡及地中衡,要求计量时车辆必须摘挂且停放不动,才能保证计量的准确。

电子式动态轨道衡可在车辆缓行中并在火车车皮不摘挂情况下自动计量,计量效率较高,但准确度较低,为0.5%。电子式动态轨道衡主要用于煤炭、矿石等量大低值的货物计量。

（二）电子秤

电子秤是电子衡器的一种，按用途不同有吊秤（图3-3）、配料秤、皮带秤、台秤等多种。在物流领域中，配合重机具在起吊货物时同时计重的吊秤使用较多，在生产企业物流中，配料秤使用较多。

电子秤主要由秤重传感器、放大系统和显示仪表三部分构成，其计量准确、结构简单、安装调试使用方便、体积小、质量轻、计量速度快，体现了物流领域计量设备的发展方向。

1. 无线高温电子吊秤

无线高温电子吊秤适用于冶金、铸造行业的高温环境。采用热态吊秤专用传感器，以保证在高温环境下能获得较好的准确性。秤体的腔体内，添加了隔热防护层，进一步阻挡热源的渗透。此外，还需要加装高温隔热板，有效阻挡热源辐射。

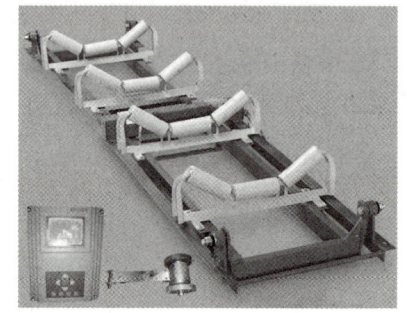

图3-3　电子吊秤

2. 电子皮带秤

电子皮带秤主要由称重部分、测速部分、积算部分、通信部分组成（图3-4）。称重桥架横梁中的称重传感器检测皮带上物料的质量信号，测速传感器检测皮带的运行信号，积算器将接收到的质量信号和速度信号进行放大、滤波、A/D转换后进入CPU进行积分运算，然后将物料的瞬时流量和累计质量在面板上显示出来，积算器具有可选的联网、通信、打印、DCS联机等功能。

图3-4　电子皮带秤

电子皮带秤工作原理：根据链码模拟实物进行皮带秤的校验，首先链码落下并转动，使得链码与皮带同步，根据PLC测得的皮带速度、设置的校验时间，PLC自动计算校验时间内的流量瞬时值、累计值。用皮带秤上显示的瞬时流量和累计质量与链码仪表上显示的数值进行比较，找出误差进行皮带秤的校正。

电子皮带秤使用方法：电子皮带秤称重桥架安装于输送机架上，当物料经过时，计量托辊检测到皮带上的物料质量通过杠杆作用于称重传感器，产生一个正比于皮带载荷的电压信号。测速传感器直接连在大直径测速滚筒上，提供一系列脉冲，每个脉冲表示一个皮带运动单元，脉冲的频率正比于皮带速度。称重仪表从称重传感器和测速传感器接收信号，通过积分运算得出瞬时流量和累积质量，并分别显示出来。

（三）小车架式称重系统

在起重机小车架上加装称重平台，起升机构安装在称重平台上，使其直接测出所吊物体的全部质量。称重平台采用多只专用传感器，传感器输出信号经匹配盒匹配后，经有线或无线传至驾驶室仪表，称重数据还可传至室外大屏幕显示器及远程数据管理服务器，实现企业的信息化管理。

（四）核探测仪（核子秤）

核探测仪是利用核辐射的射线对物料进行探测，电离室将透过的射线转换为电信号，由微机进行处理,可以显示、打印,用以计量质量,也可计量容积的设备,其工作状况如图 3-5 所示。核探测仪可以进行精密计量,其主要特点是在其他计量设备无法使用的场合,可以用核探测仪进行计量,例如高温物的计量、带辐射线物的计量、危险品的计量等。这种设备特别适合动态计量。在物流领域,可用于皮带管道输送煤炭的质量计量,也可用于散装水泥的计量;在生产物流领域,可用于配料计量、高温物计量等。

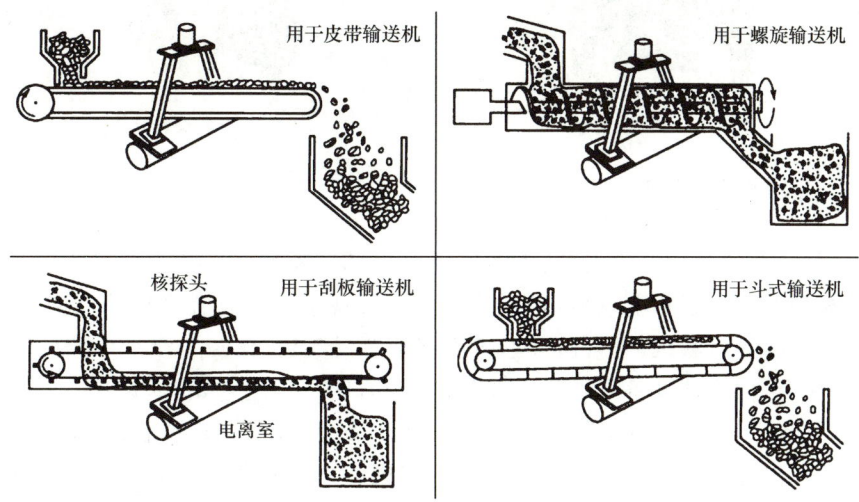

图 3-5　核探测仪工作状况示意图

四、常见的流量计量设备

我国目前常用流量计量设备有转子流量计、电磁流量计、计量泵等。

(一)转子流量计

转子流量计一般分为玻璃和金属转子流量计,金属转子流量计是工业上通常使用的。对于小管径腐蚀性介质通常使用玻璃转子流量计,由于玻璃材质具有易碎性,关键的控制点也有用全钛材等贵重金属为材质的转子流量计。

(二)电磁流量计

电磁流量计(图 3-6)在全球范围内已得到广泛应用,领域涉及污水处理、化工、医药、造纸、食品等行业。电磁流量计测量精度不受流体密度、黏度、温度、压力和电导率变化的影响,传感器感应电压信号与平均流速呈线性关系,因此测量精度高。测量管道内无阻流件,因此没有附加的压力损失;测量管道内无可动部件,因此传感器寿命极长。这都是其他流量计量设备无法相比的。

(三)计量泵

计量泵是一种可以满足各种严格的工艺流程需要,流量可以在 0～100％范围内无级调节,用来输送液体(特别是腐蚀性液体)的一种特殊容积泵,也称为定量泵、比例泵(图 3-7)。

计量泵是一种具有投加功能的计量设备,利用泵内柱塞的往复运动加压并计量流体。

图 3-6　电磁流量计

图 3-7　计量泵

五、出库数量显示装置

它是一种计数的计量设备,安装于多品种、少批量、多批次的拣选式货架上,每当取出一件货品,相应的显示装置上就显示出数量指示,可观察显示装置确认拣选数量、库存数量,如果和电子计算机联机,则可由计算机立即汇总、记录。在多品种、少批量、多批次、高速度的操作场合,用这种设备可以防止计数的混乱,防止出现差错,所以应用很广泛。在生产企业的物流中,可用于计量零部件、配件;在药品、化妆品、杂货、食品、衣物、文具、百货的流通中心、配送中心中,可有效辅助管理;在现代的旋转货架、移动货架、重力拣选货架上都可安装使用。

第五节　安防养护设备

一、通风除尘系统及设备

仓库、车间等封闭的空间内,很多生产过程会产生粉尘,存放的货物也会释放出一些气味,对处于该环境中的人会造成一定伤害。防治生产性粉尘的主要方法是采用通风除尘系统,将室内的恶劣空气排出室外。一般通风除尘系统主要由四部分组成,包括吸尘罩、除尘器、通风机、管道,如图 3-8 所示。

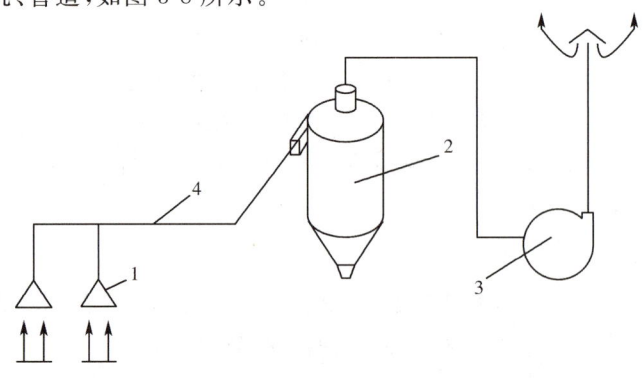

图 3-8　通风除尘系统
1—吸尘罩;2—除尘器;3—通风机;4—管道

吸尘罩、除尘器、通风机等设备构造及原理可参见第九章连续输送设备的气力输送机部分。

二、加湿器

目前家用加湿器市场的产品主要分为超声波型加湿器、直接蒸发型加湿器和热蒸发型加湿器,工作原理可参见第十二章气调设备部分。

三、臭氧灭菌机

臭氧技术是既古老又崭新的技术,1840年德国化学家发明了这一技术,1856年被用于水处理消毒行业。目前,臭氧已广泛用于水处理、空气净化、食品加工、医疗、医药、水产养殖等领域。臭氧可使用臭氧发生器制取,其生成原理是通过高压放电、电晕放电、电化学、光化学、原子辐射等方法,使空气中的部分氧气分解后聚合为臭氧,是氧的同素异形转变的一种过程。臭氧的分子式为 O_3。

臭氧是一种强氧化剂,灭菌过程属生物化学氧化反应。臭氧灭菌有以下三种形式。

(1)氧化分解细菌内部葡萄糖所需要的酶,使细菌灭活死亡。

(2)直接与细菌作用,破坏它们的细胞器和 DNA、RNA,使细菌的新陈代谢受到破坏,导致细菌死亡。

(3)透过细胞膜组织,侵入细胞内,作用于外膜的脂蛋白和内部的脂多糖,使细菌发生通透性畸变而溶解死亡。

臭氧灭菌机是使用臭氧发生器制取臭氧,利用臭氧作为消毒剂使用的一种机器。臭氧灭菌机主要用于食品、药品、化妆品等行业的加工车间和类似场所的空气灭菌和物体表面灭菌。臭氧灭菌机按安装形式可分为移动式、壁挂式、吊灯式、落地式等。臭氧灭菌机通常可分为内置式和外置式两种。

四、智能摆闸通道

(一)智能摆闸通道(图 3-9)的功能及特点

(1)具有故障自检和报警提示功能,方便用户维护及使用;

(2)通过主控板上的内置小按盘,可编程设备的运行状态;

(3)防夹、防碰伤功能,在摆臂复位的过程中遇阻时,在规定的时间内电动机自动停止工作,默认延时后再次复位(直到复位为止),且力度很小(≤2 kg);

(4)防冲功能,在没有接收到开闸信号时,摆臂自动锁死;

(5)摆臂同步可调(针对双摆情况);

(6)具有自动复位功能,开闸后,在规定的时间内未通行时,系统将自动取消用户此次通行的权限;

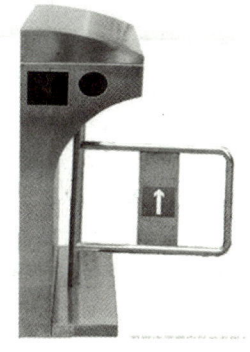

图 3-9 智能摆闸通道

(7)可自由调节常开或常闭,以满足不同场地的要求;

(8)可与多种读卡设备相挂接;

(9)单向摆、双向摆功能,可单向或双向控制人员进出;

(10)可直接通过管理计算机实现远程控制与管理;

(11)延时自动复位,系统默认为开启后10 s(可调)自动复位;

(12)断电摆臂自动摆开、上电自动闭合,符合消防要求。

(二)智能摆闸通道的可扩展功能

(1)声、光报警功能,含非法闯入报警,防夹报警等(加立柱);

(2)计数功能;

(3)红外复位功能(加立柱);

(4)机箱加长,摆臂加长等。

(三)智能摆闸通道的主要结构和配置

智能摆闸通道的主要结构和配置包括标准机箱1个、摆臂1个、控制板1套、方向指示板1个、变压器1个、电动机1个、机芯及传动部分1套。

适用范围包括车站、码头、旅游景点,工厂进出口通道管理,会展、游泳馆等验票通道管理,企事业单位进出口考勤、门禁、消费管理,特殊通道控制。

阅读案例

仓库安全监控系统

某综合库的物资库位于城市郊区,靠近公路,交通方便。整个仓库分为4个区:1个行政生活区,3个仓库存储区。行政生活区内包括仓库机关办公大楼、宿舍、家属楼、值班室等。仓库存储区内除了库房外,还有若干哨所及车场。3个仓库存储区布局相同,以其中一个为例。

仓库库区安全监控系统组成如图3-10所示,安全监控系统设备布置情况如下。

1.系统的前端由1台固定黑白摄像机,1台彩色万向高速半球摄像机,6台彩色变焦带自动云台摄像机,12个温度传感器,12个湿度传感器,12个烟雾传感器,12个声音传感器,6台壁挂式被动红外探测器,3组报警按钮,6个指纹识别器,6个联动照明灯,6组周边红外对射探测器组成。

2.在库区正门一侧设置1台固定黑白摄像机。采用SBC-300P型黑白摄像机,其水平分辨率为380 TVL,最低照度为0.1 Lux,信噪比大于48 dB,可适应多种光照条件的背光补偿,主要对大门进出的人员进行全天24小时监控。在夜晚昏暗的灯光下能够分清出入人员的外貌特征。

3.在库区内正对大门25 m处立1个竖杆,在其顶端设置1台AD616LS-1型彩色一体化摄像机,其水平分辨率为450 TVL,内置360°高速云台,16倍光学变焦镜头,128倍数字变焦,3种花样扫描,内置解码器。要求能对进出大门及其附近的车辆和人员的行踪进行监视。

4.在每个库房入口处安装一套门禁指纹识别系统,门内设开门按钮。内一侧墙壁设1台壁挂式被动红外探测器,正对门顶棚上方设1台万向SCC-101P型彩色摄像机,其水平分辨率为480 TVL,最低照度为1 Lux,色彩还原好,带背光补偿。另外库房内还分别设有2个温度传感器,2个湿度传感器,2个烟雾传感器,2个声音传感器。要求能对出入库房人员进行限制、监视,对库房内发生的失火、过湿、温度过高等紧急情况进行及时报警,并能监听库房内的声响。

第三章　在库养护管理设备

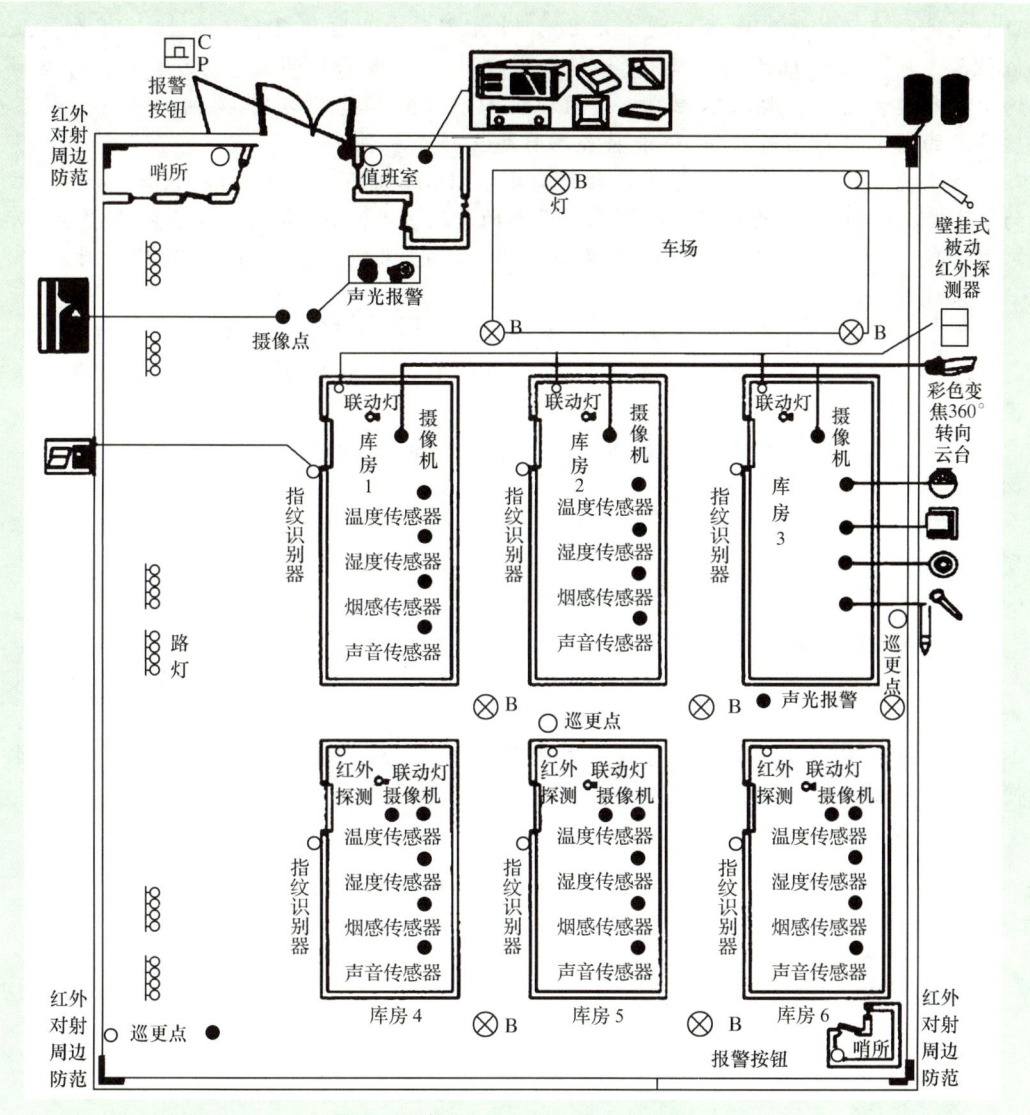

图 3-10　仓库库区安全监控系统示意图

5. 在库区西南角、中部、东部围墙中部各设一处巡更点,设置信息钮。要求能完成包括时间在内的多次记录。

6. 在前后两哨所中各设一组报警按钮,用以对紧急情况快速做出反应。

7. 在库区四周围墙共设 6 组 ABH-250 型红外对射探测器。一有非法侵入发生立即报警。

8. 值班室作为库区的监控中心,除了设有报警按钮外,还有数字硬盘录像机、控制键盘、报警打印机等监控设备。所有摄像机共 8 路的视频信号均进入硬盘录像主机,由主机进行分组切换显示和控制。各探头进入报警输入接口,警报发生时可将报警探头附近的摄像机画面调到主监视器上。彩色固定式摄像机的视频信号通过硬盘录像机的环通接口输入进行连续录像。1 台球型一体化摄像机的视频信号通过硬盘录像机的环通接口输入进行连续录像。1 台黑白摄像机的视频信号通过硬盘录像机的环通接口输入进行连续录像。图像监视采用2台14寸彩色专业监视器和1台14寸黑白专业监视器。所有摄像机的图像显示、切换和球型一体化摄像机的云台、变焦镜头的控制均由控制键盘实现。要求不但能直接监视出入门口的人员及车辆,且能对库区内的各监控点的情况进行实时监控,并能将各种数据上传至机关。

该系统设计根据《安全防范工程程序与要求》(GA/T 75—1994)进行设计,针对仓库的具体情况,采用先进的数字监控技术和成熟的监控设备器材,系统功能齐备,操作简单,可靠性高,维护方便。在器材搭配上,全部使用高性能、高可靠性和高性价比的器材。

系统能实现以下功能:

1. 人员可通过指纹识别系统进入仓库库房、主任和主管领导办公室、财务室等。
2. 系统管理员或主管工作人员可以对整个监控系统或某局部区域进行布撤防操作。
3. 当出现突发事件时,库内人员可利用分布于各处的报警按钮向监控中心和上级部门报警。
4. 整个系统在运行过程中如某处出现故障,监控中心可收到警报并快速查出故障发生位置。
5. 监控中心可以对各监视点进行实时监控。
6. 利用指纹识别系统对工作人员进行考勤管理。
7. 监控系统高级管理人员可以根据需要对指纹库及指纹使用权限进行增加或删减。
8. 系统管理人员以及仓库有关人员可通过主、负控制键盘对远端监控设备的工作情况进行控制。

【案例思考】

在仓库管理工作中必须树立安全意识,首先是设施装备设计方面要考虑到位;其次是工作制度设计要考虑周全。从本案例中,你还可以得到哪些启发?

实训任务

1. 参观考察附近场所的安全监控系统,了解其构成和主要技术参数。
2. 参观考察附近场所的智能摆闸通道,了解其构成和主要技术参数。

在库养护管理设备包括通风机、换气扇、除湿机、加湿器、臭氧灭菌机、安全防范工程系统等,对于仓库等物流设施及场所、财产的安全管理意义不可小觑。

思考与练习

1. 简述通风机的类型、工作原理及用途。
2. 除湿机和杀菌设备的作用有何不同?
3. 对市场上的风幕设备做个调查,考察其用途和特点。

第二篇

物流运输设施与设备

 知识和技能目标

1. 了解水路运输设施与设备的组成,了解货运船舶的类型及特点,掌握常见的水路运输设备,熟悉港内的作业方式及船舶的装载能力的确定。

2. 了解铁路系统的构成,掌握铁路站(场)的作业构成及设备。了解我国公路的等级、我国国道系统,熟悉汽车货运站(场)的功能与布局,掌握货运车辆的类型及性能参数。

 素质目标

通过了解中国物流运输行业发展现状和发展潜力,以及无人驾驶技术在运输领域中的应用,拓展对于物流智能技术的认知,增强民族自豪感,树立家国情怀。

青岛港矿石码头

青岛港矿石码头位于青岛港前湾北港区,于2001年10月竣工投产。规模为20万吨级矿石码头专用泊位1个,码头平台布置3台桥式抓斗卸船机,2条皮带输送机向堆场输送矿石,设计吞吐量为1 500万t/a。包括相应的引桥、引堤、陆域堆场、道路、装卸工艺及配套工程辅助设施,工程总投资约16.8亿元。

该码头长为420 m,由码头平台、系缆墩和人行桥组成,其中码头平台长为383.5 m,宽为37 m,平台上布置跨距为30 m的卸船机轨道,轨道布置在码头平台上面,轨道接头处采用鱼尾板连接,并对轨道进行了涂刷油漆防腐,平台上还设有休息间、备品备件库、公共厕所及边检岗亭,在划定的区域内存放抓斗和清仓机。码头平台高程设计为10.0 m,码头停泊水域底高程为-21.0 m,回旋水域底高程为-18.5 m。

码头通过栈桥、引堤与陆域堆场连接,栈桥和引堤净宽为13 m,其上架空布置2条皮带机料线、1条5 m宽车道及1条1.5 m宽人行道。引桥长为550.3 m,引堤长为106.6 m,顶面高程由引桥端部的10.0 m以8%坡度降至陆域的6.2 m。

码头配置了3台2 500 t/h桥式抓斗卸船机,单斗起重量为62 t,2条皮带输送机向堆场输送矿石,栈桥及引堤区域皮带输送机上安装皮带机罩。在卸船机和进入堆场的皮带输送机上设置了计量装置,对进港矿石进行计量。采用单斗装载机对船舶进行清仓作业,并在装载机挖斗下加装自制皮带清扫器。船舶平均在港停时为2.7 d,泊位利用率为52.7%。

码头平台及系缆墩均设置系船柱,码头平台前沿每隔26.5 m设置一个一鼓一板橡胶护舷和一个2 000 kN系船柱。

配套工程辅助设施有控制系统、给排水系统、供电系统、除尘系统等。该控制系统分为分散控制、集中控制管理系统。除尘系统采用以湿式除尘为主,辅以密封、加罩的隔离方式,选用的卸船机自带洒水除尘设施,采用高压水雾喷洒抑制矿尘,在码头面及皮带机转运站设置冲洗设施,根据需要进行冲洗,此外还配备了洒水车和清扫车对码头及堆场道路定时洒水和清扫。对码头面和皮带机转运站的冲洗含矿污水进行收集,通过栈桥排水沟排至厂区污水处理场。

皮带机架通廊立柱地角螺栓上套塑料帽防腐。通廊部分钢结构面板腐蚀严重,电缆桥架局部已经全部腐蚀。

桥机供电电压为10 kV,采用圆电缆供电方式。皮带动力部分采用6 kV中压柜,电机采用6 kV电动机,驱动方式为直接启动。

青岛港现场管理水平很高,码头环境较好,没有大的粉尘污染。

【案例思考】

1. 青岛港矿石码头长度、停泊船位、规模情况如何?
2. 请从案例找出码头使用的设备。

第四章

水路运输设施与设备

第一节 港口运输设备

在水路运输的基础设施中较为重要的是港口。港口是水路运输工具的聚集点,是交通运输的枢纽,是水路运输货物的集散地,它所担负的工作尤为繁杂。在一般情况下,港口所在地的规划建设部门要统一研究对附近海、河岸线的充分与合理使用,由航务工程部门负责港区码头的勘测设计和施工,而港口机械制造部门则对码头泊位进行"武装",配备上各种先进的装卸机械,使来港车船能在最短时间里将货物卸下或装上,以加速运输工具的周转。所以了解港口是我们学习水路运输时必备的一个知识环节。

一、港口基本知识

(一)港口的有关概念

1. 港口

港口是指具有船舶进出、靠泊,旅客上下,货物装卸、驳运、储存等功能,具有相应的码头设施,由一定范围的水域和陆域组成的区域。港口不仅是运输网络中水路运输的枢纽和货物的重要集散地,还是船舶与其他运输工具的衔接点。

2. 港区

港区是指当地政府机关规划的并由港务部门管理的区域(包括相应的陆地面积和水域面积),但是一般不包括所属小港、站、点。

3. 港界

港界是港口范围的边界。一般利用海岛、山脚、河岸突出部分、岸上显著建筑物,或者设置灯标、灯桩、浮筒等作为规定港界的标志。港界也有按照地理上的经度和纬度作为划分标准的。

4. 港口吞吐量

港口吞吐量是指报告期内经由水路进出港区范围并经过装卸的货物数量。该指标可反映港口规模及能力,在物流作业中,这是一个重要的考核指标。

5. 操作量

操作量是指报告期内装卸作业中,完成一个完整操作过程的货物数量。操作量可衡量港口工人工作量大小。在同样装卸自然吨情况下,操作量大意味着港口成本高。操作量在某种程度上也可反映港口的生产组织是否科学。

6. 装卸自然吨

装卸自然吨是指报告期内进出港区并经装卸的货物自然吨数量。一吨货物进出港口,经过多个操作过程,可算为多个操作量,但只能计算成一个装卸自然吨,因此其更能有效地反映港口实际工作成果。

7. 码头

码头是供船舶靠泊、货物装卸和旅客上下船舶的水上建筑物,是港口的主要组成部分。按码头的布置形式可分为顺岸式、突堤式、墩式等。墩式码头又分为与岸用引桥相连的孤立墩或与联桥相连的连续墩;突堤式码头又分为窄突堤(突堤是一个整体结构)和宽突堤(两侧为码头结构,当中用填土构成码头地面)。按码头的断面形式可分为直立式、斜坡式、半直立式和半斜坡式。按码头的结构形式可分为重力式、板桩式、高桩式、斜坡式、墩柱式和浮码头式等。如图4-1所示为天津港集装箱码头。

图 4-1 天津港集装箱码头

8. 泊位

拓展资料:2022年中国智慧港口行业洞察报告

泊位是供一艘船舶靠泊的一定长度的码头。泊位长度一般包括船舶的长度 L 和船与船之间的必要安全间隔 d。d 值的大小根据船舶大小而变化,一个万吨级泊位为 $15\sim20$ m。泊位的数量与大小是衡量一个港口或码头规模的重要标志。一座码头可能由一个或几个泊位组成,视其布置形式和位置而定。

(二)港口经营业务

港口经营业务是指港口经营人在港口区域内为船舶、旅客和货物提供港口设施或者服务的经营活动。其经营类型一般包括码头和其他港口设施的经营,港口旅客运输服务经营,在港区内从事货物的装卸、驳运、仓储的经营和港口拖轮经营。

随着国际多式联运的发展与综合运输链复杂性的增加,现代港口正朝全方位的增值服务的方向发展,成为商品流、资金流、技术流、信息流与人才流汇聚的中心。首先,港口正成为物流服务中心,具有货物装卸和转运功能,这是港口的最基本的功能。其次,港口具有商业功能,即在商品流通过程中,货物的集散、转运和一部分储存都发生在港口。再次,港口具有工业功能,随着港口的发展,临江工业、临海工业也发展起来。此外,港口还具有城市功能、旅游功能、信息功能、服务功能等。

二、港口设施与设备

(一)水面设施

(1)航道:供船舶通行的水道,有一定的宽度和深度,并配有航标以便船舶安全行驶。

(2)锚地:供船舶抛锚停泊之处。

(3)泊位:有足够水深,使船舶安全靠泊并能从事货物装卸的场所。

(4)防波堤:防止风浪和海流,可使港内水面平静。

(二)码头设施

码头设施包括系船设备、防冲设备、钢轨、车挡和埋设件、主作业平台、装卸设备、栈桥、爬梯和阶梯、护轮槛、系网环和护栏及其他附属设施。

(三)港区交通设备

港区交通设备包括港区道路、港口铁路、铁路专用线、码头铁路线、运输车辆、道路电子眼等。

(四)导航设施

(1)航道标志包括立标、发光标、灯塔、航道浮标等。

(2)信号设备包括信号台、海岸边信号、夜间信号等。

(3)照明设备包括照明灯、导航灯、船灯等。

(4)港务通信包括海岸电台、无线电通信等。

【知识拓展】

观看本书配套视频——干散货码头。

(五)装卸设施

1. 岸边集装箱起重机

岸边集装箱起重机是一种桥式起重机,是龙门起重机的一种形式,用于集装箱装卸船舶作业。岸边集装箱起重机的起重量大多为 40.5 t。集装箱起重机的起重量应包括集装箱质量和吊具质量,对于国际标准 40 ft 集装箱按其最大总质量取 30.5 t,目前使用的伸缩式吊具最大质量约为 10 t。

2. 装卸桥

装卸桥也是一种桥式起重机。装卸桥的桥架支撑在两边支腿上,起重机可在地面轨道上行走,小车则在桥架轨道上运行。装卸桥的跨度一般比较大,约为 40~90 m。装卸桥多用于装卸散货。

3. 门座起重机

门座起重机多用于港口装卸货物,常用起重量为 5~25 t,起升用吊钩或抓斗。

4. 轮胎起重机

轮胎起重机是装在专用的轮胎底盘上的旋转起重机。它有起升、旋转、变幅和运行四个工作结构,分别完成起升和水平搬运货物、调整臂架伸距及变换工作地点的动作。

5. 浮式起重机

浮式起重机是装在专用平底船上的臂架起重机,又称为起重船,它广泛应用于港口。

6. 带式输送机

带式输送机是连续输送机中效率较高、使用广泛的一种机型。在大宗散货港口装卸作业中,带式输送机已成为不可缺少的主要装卸输送设备。带式输送机有一个主要的特点,就是输送带既是承载构件又是牵引构件。

7. 斗式提升机

斗式提升机是在垂直或接近垂直的方向上连续提升粉粒状物料的输送机械。

8. 链斗卸船机

链斗卸船机是一种连续式卸船机械,它应用于内河驳船和海船卸散货(煤炭、砂石等)。由于内河驳船和海船的船舱有不同的结构特点,所以有适用于不同船型的链斗卸船机。

9. 螺旋式卸船机

螺旋式卸船机可用于卸散装谷物、化肥和水泥等。

10. 气力输送机

气力输送机是运用风力使管道形成气流来输送货物的设备。在港口,常用气力输送机卸散装粮谷、散装水泥等。

11. 叉式装卸车

叉式装卸车在作业时,能自行叉起货物,在卸货地点可自行堆码货物,且具有机动灵活的特点,因而在港口得到广泛的应用。叉式装卸车的起重量有多种:对一般件杂货的装卸起重量为3~5 t;对舱内、车内作业则宜用小型机械,起重量为1~2 t;对集装箱装卸则用大型机械,起重量可达 25 t。叉式装卸车的动力大多采用内燃机,也有采用蓄电池的,但多为小型叉式装卸车。

12. 牵引车

牵引车是拖带的机械,用于装卸时拖带载货的平板车进行水平搬运作业,用于辅助作业时拖带没有行走动力的移动式起重机,使机械在生产场所定位及出入机械库。牵引车的基本结构与汽车相似,但结构更为紧凑,外形较小,具有更好的机动性和灵活性。

13. 集装箱跨运车

集装箱跨运车是用于码头前沿和堆场水平搬运及堆码集装箱的专用机械。

14. 抓斗

抓斗是配在起重机上能自动抓取和卸下货物的专用工具。抓斗的种类很多:根据抓取的货物不同有散粮抓斗、煤炭抓斗和木材抓斗等;根据抓斗的操纵原理不同有单绳抓斗和双绳抓斗等。

15. 电磁吸盘

电磁吸盘由铸钢外壳和装在其内的线圈组成。电流通过挠性电缆输入线圈,通电后即产生磁力线,磁力线在外壳与磁性物料间形成闭合回路,于是物料即被电磁吸盘吸住。

线圈断电后,物料自行掉落。电磁吸盘以直流电为宜,因为直流电工作可靠,磁力损失及涡流损失小,电感影响也较小。

(六)库场设施

1. 仓库

仓库是专供通过港口的货物进行临时或短期存放保管的建筑物,是港口的重要组成部分之一。其主要作用是方便货物储存、集运,加速车船周转,提高港口通过能力和保证货运质量。港口仓库按其位置可分为前方仓库和后方仓库。前方仓库是设在码头前方第一线与船舶装卸作业直接相关的建筑物,其容量一般要与泊位通过能力相适应。后方仓库是与前方仓库相对而言的,位于港区的后方,距离码头泊位比较远。堆存时间较长的货物通常保管在后方仓库。为加速车船周转,避免港口堵塞,卸在前方仓库的货物,如超过堆存期限,物资部门仍未提货,港口即将其转到后方仓库堆存保管。后方仓库的容量,要根据货物集散的速度和港口所在地区的要求而定。

2. 货场

货场即在港口内堆存货物用的露天场地,同港区仓库性质一样,也是港口的重要组成部分之一。其主要作用也是方便货物储存、集运,加速车船周转,提高港口通过能力和保证货运质量。不许进库的货物都在货场存放。货场有件杂货场和散杂货场两类。件杂货场一般都需要进行铺砌,所用材料视货物种类和装卸设备类型而异,有混凝土、沥青混凝土、块石、碎石等多种。根据所在位置,货场也有前方和后方之分。场地要有一定的坡度,便于排水;要留有通道,便于车辆和装卸机械通行和消防作业。

3. 货棚

货棚是一种只有顶盖和支柱,四周一般不建围墙的储货建筑物,具有空敞开阔、通风优良的特点。货棚是通常用于存放活鲜物和不能日晒雨淋的货物,或临时进行货物分类、检查的场所。简易货棚建造容易,投资少,在我国南方内河港口运用较广。永久货棚一般同其他建筑物结合建造在一起,便于装卸货物或进行货物分类、检查。

4. 水上仓库

水上仓库又称为货趸,是在一些水位差较大的港口,为组织船舶和货物快装快卸,设于水上临时堆存货物的仓库。水上仓库通常为平板驳、趸船,舱面上有顶盖,所以可以存货,用作临时仓库。一般货趸的舱面、舱内都可用于临时堆存货物。

5. 谷仓

谷仓是贮存散装谷物的建筑物。谷物在仓内一般可以进行净化、干燥、灌包、计量和装车等工作。码头谷仓的结构形式主要有楼层仓和圆筒仓。

6. 冷藏库

冷藏库是指具有冷藏设备的仓库,是低温冷链物流系统中的重要组成部分。按其作用可分为分配冷藏库和加工冷藏库。分配冷藏库主要用于长期或短期储存易腐品或需要在低温下保管的货物,也兼营货物的挑选和分类业务,多设在转运、消费地区;加工冷藏库主要用于在低温下对货物进行加工,多设在生产地区。

7. 油库

油库是港口储存原油及成品油的设施,是油港的重要组成部分,主要由储存各种油品的储油罐、泵房、输油管道、加热设备、消防设备及计量系统等组成。为提高储油罐的利用率和保证油品质量,往往根据工艺流程将油品分为若干组,同组储油罐集中在一起。为了防止发生事故或火灾时原油外流,用土堤或防火墙围起来。

8. 地下储油罐

地下储油罐是设在地面以下,有利于战备隐蔽和生产安全的储油罐。其容量根据实际需要确定,一般为圆筒形,底呈球面形。按建筑材料可分为钢结构、钢筋混凝土结构、预应力钢筋混凝土结构等。

9. 危险品仓库

危险品仓库是储存易燃、易爆、剧毒等物品的建筑物。危险品仓库作业要求较高,主要包括:禁止共同储运的物品,不能同时在同一仓库中保存;仓库要适应危险品的允许最高温度和最大相对湿度的要求;与居住区、公共建筑、一般仓库码头、厂矿企业、铁路、公路之间要有一定的安全间距,其大小与危险品仓库类型、规模大小有关。危险品仓库的隔热、防腐、降温等是保证危险品安全的主要措施,所以这类仓库有其专门设施。

阅读资料

关于智慧港口

1. 基础设施与设备

港口基础设施与设备作为港口生产运营的基础,其建设水平也是智慧港口建设的根基。港口基础设施与设备的"智慧"主要体现在基础设施的全面感知、港口机械装备的自动化以及港口信息基础设施的完善程度。

2. 智慧港口关键技术

(1) 物联网技术

物联网是指通过射频识别(RFID)、红外感应器、全球定位系统、激光扫描器等信息传感设备,按约定的协议,把任何物品与互联网连接起来,进行信息交换和通信,以实现智能化识别、定位、跟踪、监控和管理的一种网络。物联网借助 RFID 技术、网络技术等实现对物的智能识别、定位、追踪、监控和管理,是实现智慧港口不可或缺的手段之一。

(2) 移动互联网

移动互联网是一种通过智能移动终端,采用移动无线通信方式,获取业务和服务的新业态,包含终端、软件和应用三个层面。利用移动终端,可以对港口业务和服务的相关信息做出即时响应,使港口业务的参与各方能够随时随地实时跟踪业务、货物状态,获取相关服务信息、接受指令并进行互动以及实现移动电子商务。

(3)自动化技术

基于物联网对基础信息的感知,结合计算机智能系统,运用自动化技术实现自动化、智能化操作的港口智能装备,促使港口运作更加智能和安全,甚至实现"无人化"。

(4)云计算

云计算提供的IT资源可以看成一种云服务。通过物联网收集到的巨大的港口数据量,云计算能够为这些数据提供有效的、海量的存储空间,并提高数据处理能力。利用云计算技术,港口可将以前孤立的信息系统联系起来,如将政府监管系统、码头业务系统、物流仓储系统等紧紧联系在港口云平台上,实现信息数据的互联互通和业务协同。

(5)大数据技术

大数据技术是智慧港口的核心技术,为智慧港口的建设提供了重要支撑,也是实现智慧决策的根本所在。利用大数据技术,对港口相关管理部门和信息系统所积累的大量行业数据、电子邮件、文本文件等半结构性数据和视频监控与传感器产生的非结构性数据进行分析处理和挖掘,发现其中所隐藏的规律和知识,打破数据孤岛,实现信息数据与港口业务的深度融合,提高业务预测的准确性、针对性,实现更贴近客户需求的个性化服务,以及实现决策智慧化、港口运营的智能化。

此外,智慧港口建设还涉及人工智能技术与区块链技术的应用。

第二节　水路运输运载工具

一、船舶基本知识

微课：货运船舶知识

(一)船舶的概念

船舶是指能航行或停泊于水域进行运输或作业的工具,是水路运输的主要货物运载工具,在国防、国民经济和海洋开发等方面都占有十分重要的地位。

(二)船舶的种类

1. 干散货船

干散货船又称为散装货船,是用于装载无包装的大宗货物的船舶。因为干散货船的货种单一,不需要进行成捆、成包、成箱的包装装载运输,且货物本身不怕挤压,便于装卸,所以都是单甲板船。又由于干散货船是用于装载无包装的大宗货物的船舶,所以一般不装起货设备。舱内不设支柱,但设有隔板,用以防止在风浪中运行时舱内货物发生错位。干散货船根据总载重量可分为4个级别。

(1)总载重量为 10 万吨级以上的干散货船,称为好望角型货船;
(2)总载重量为 6 万吨级的干散货船,称为巴拿马型货船;
(3)总载重量为 3.5 万~4 万吨级的干散货船,称为轻便型散装货船,吃水较浅,世界上各港口基本上都可以停靠;
(4)总载重量为 2 万~2.7 万吨级的干散货船,称为小型散装货船。

2. 杂货船

杂货船又称为普通货船、通用干货船或统货船,主要用于装载一般包装、袋装、箱装和桶装的件杂货,如图 4-2 所示。件杂货的批量较小,因而杂货船的吨位也较小,一般为双层甲板,并配备完善的起货设备。

杂货船的货舱和甲板分层较多,主要是为了便于分隔货物。新型的杂货船一般为多用途型,既能运载普通件杂货,又能运载散货、大件货、冷藏货和集装箱等。

图 4-2 杂货船

3. 冷藏船

图 4-3 冷藏船

冷藏并运输鱼、肉、果、蔬等货物的船舶,统称为冷藏船(图 4-3)。冷藏船最大的特点是其货舱实际上就是一个大型冷藏库,可保持适合货物久藏的温度。冷藏舱所需的冷源由设置在机舱内的大型制冷设备提供。为保证一定的制冷效果,冷藏舱的四壁、舱盖和柱子都装有隔热材料,以防止外界热量传入。为使船员能及时掌握并控制舱内的温度、湿度、二氧化碳含量等环境参数,冷藏舱内还装有各种远距离测量和记录装置。此外,为了有效地抑制各类微生物的繁殖和活动,舱内还设有臭氧发生器,使舱内空间在特定的持续时间内保持一定的臭氧浓度,以起到杀菌消毒的作用。

另外,由于不同种类的货物所要求的冷藏温度不同,因此冷藏船还可按不同的冷藏温度进行细分:专门运输水果、蔬菜的保温运输船;鱼、肉等货物,因需要在较低的温度下以冻结的状态进行运输,所以冷冻并运输这类货物的船舶称为冷冻船。

4. 木材船

木材船是专门用以装载木材或原木的船舶。这种船舱口大,舱内无梁柱及其他妨碍装卸的设备,船舱及甲板上均可装载木材。为防止甲板上的木材被海浪冲出船舷,在船舷两侧一般设置不低于 1 m 的舷墙。

5. 原油船

原油船是专门用于载运原油的船舶,简称"油船",由于原油运量巨大,其载重量可达五十多万吨,是船舶中的最大者。原油船的结构一般为单底,随着环保要求的提高,改向双壳、双底的形式演变。上层建筑设于船尾,甲板上无大的舱口,用泵和管道装卸原油。原油船设有加热设施,以便在低温时对原油加热,防止其凝固而影响装卸。超大型油船的吃水可达 25 m,往往无法靠岸装卸,而必须借助于水底管道来装卸原油。

6. 集装箱船

集装箱船又称为箱装船、货柜船或货箱船，是一种专门载运集装箱的船舶。其全部或大部分船舱用来装载集装箱，往往在甲板或舱盖上也可堆放集装箱。集装箱船的货舱口宽而长，货舱的尺寸按集装箱的要求规格化。其装卸效率高，大大缩短了停港时间。为获得更好的经济性，其航速一般高于其他载货船舶，最高可达 30 kn 以上。集装箱船可分为部分集装箱船、全集装箱船和可变换集装箱船。

(1) 部分集装箱船：仅以船舶的中央部位作为集装箱的专用舱位，其他舱位仍装运普通杂货。

(2) 全集装箱船：专门用以装运集装箱的船舶。它与一般杂货船不同，其货舱内有格栅式货架，装有垂直导轨，便于集装箱沿导轨放下，四角有格栅制约，可防倾倒。全集装箱船的舱内可堆放三至九层集装箱，甲板上还可堆放三至四层集装箱。

(3) 可变换集装箱船：其货舱内装载集装箱的结构为可拆装式的。因此，它既可装运集装箱，必要时又可装运普通杂货。

案例：超大型集装箱船"长韵"号

7. 成品油船

成品油船是专门载运柴油、汽油等石油制品的船舶，其结构与原油船相似，但吨位较小。鉴于其所装载的货物的特殊性，对防火、防爆的安全措施要求很高。

8. 滚装船

滚装船主要用来运送旅客、汽车和集装箱。这种船本身无须装卸设备，一般在船侧或船的首尾有开口斜坡连接码头。当装卸货物时，或者是汽车，或者是集装箱（装在拖车上的）直接进、出船舱。这种船的优点是不依赖码头上的装卸设备，装卸速度快，可加速船舶周转。

图 4-4 为"中华复兴"号邮轮型豪华客滚船，它是我国自主设计、自行建造的具有完全自主知识产权的客滚船，是目前亚洲吨位最大、装载能力最强的客滚船。船舶总重 4.5 万吨，船长 212 米，型宽 28.6 米。设有客房 461 间，载客定额为 1 689 人。船舶设有 3 层车辆舱，装载车道长度 3 070 米，限高 5 米，可装载 10 米的车辆 300 多辆。

图 4-4 "中华复兴"号邮轮型豪华客滚船

9. 液化气体运输船

图 4-5 液化气体运输船

液化气体运输船（图 4-5）是专门用于运输液化气体的船舶。其所运输的液化气体有液化石油气、液化天然气、氨水、乙烯、液氯等。这些液体货的沸点低，多为易燃、易爆的危险品，有的还有剧毒和强腐蚀性。因此液化气体运输船货舱结构复杂，造价高昂。

液化气体运输船按液化气体的贮存方式可分为如下三类。

(1) 压力式液化气体运输船:适用于近海短途运输少量的液化气体。它是在常温下,将气体加压至液化压力,把液化气体贮藏在高压容器中进行运输。采用这种运输方式,船体结构及操作技术都比较简单,但容器质量大,船舶的容量利用率低,不适用于运输大型高压容器。

(2) 低温压力式液化气体运输船:把液化气体的温度控制在 45 ℃以下,但高于液化气体的沸点,在这样的温度范围内,把气体加压至液态进行运输。采用这种方式运输,对液化气体的温度和压力都需要进行控制,舱内要隔热、绝缘,并且设置冷冻装置。

(3) 低温式液化气体运输船:在大气压力下,将气体冷却至液态温度以下进行运输,船上设有温度和压力控制装置。低温式液化气体运输船适用于大量运输液化气体,目前这种类型的液化气体运输船较多。

10. 载驳船

载驳船是专门载运货驳的船舶,又称为子母船。其运输方式与集装箱船运输方式相仿,因为货驳亦可视为能够浮于水面的集装箱。其运输过程是将货物先装载于统一规格的方形货驳(子船)上,再将货驳装于载驳船(母船)上,载驳船将货驳运抵目的港后,将货驳卸至水面,再由拖船分送至各自目的地。载驳船的特点是不需要码头和堆场,装卸效率高,便于海河联运。但由于造价高,货驳的集散组织复杂,其发展也受到了限制。

目前较常用的载驳船主要有如下两种。

(1) 拉西式载驳船(图 4-6):尾部有突出的悬尾,悬尾下方面临水面。上甲板两侧,在整个载货区域内设有门式起重机运行轨道,轨道一直延伸到船尾上。轨道上设置了起重量达 500 t 的门式起重机。装载时,货驳由推轮推入悬尾下的水面,然后由悬尾上的起重机吊起,并沿轨道送至固定舱位堆放。

(2) 西比式载驳船(图 4-7):多层全通甲板船,没有舱口,其尾部设有起重量为 2 000 t 的升降平台,其升降范围可从水面下一定深度达到各层甲板的高度,各层甲板上都设有轨道拖车系统。船尾部敞开,由一个滑门封住。西比式载驳船的标准尺寸为 29.7 m×10.7 m×3.2 m,载货后质量可达 1 000 t。装船时,升降平台降到水面下一定深度,顶推船将货驳推上平台并固定,然后升到各层甲板的高度,再用拖车沿轨道送至指定位置的支座上安放。

图 4-6 拉西式载驳船

图 4-7 西比式载驳船

> **阅读资料**
>
> ### 无人驾驶船舶
>
> 　　无人驾驶船舶，即不需要船舶驾驶员进行船舶驾驶，利用了自动控制、物联网、大数据等技术实现无人驾驶的船舶。
>
> 　　继无人机、无人驾驶汽车后，无人船也开始成为业内关注的焦点。无人船艇包括具有自主规划、自主航行、自主环境感知能力的全自主型无人船艇，以及非自主航行的遥控型无人船艇和按照内置程序航行并执行任务的半自主型无人船艇。无人船最早被应用于军事方面，早在第二次世界大战时期，无人遥控艇就开始被应用，但由于技术限制，并没有得到广泛的关注。随着技术的发展，军用无人艇的发展逐渐成熟，被广泛应用于执行侦察、监视、封锁、反潜、打击等军事任务。随后军用开始向民用渗透，直到2017年，罗尔斯·罗伊斯公司在哥本哈根港展示了世界上第一艘无人驾驶的商用船。商用无人船在科研调查、环境保护和货运方面有着广泛的应用，其中科研调查和环境保护正在处于普及阶段，国内外有诸多无人船生产企业参与其中，推出了不同种类的无人船。

（三）船舶的主要性能

船舶的主要性能有浮性、稳性、抗沉性、快速性、耐波性、操纵性和经济性等。

（四）船舶的主要技术特征

船舶的主要技术特征有船舶排水量、船舶主尺度、舱容和登记吨位、船体型线图、船舶总布置图、船体结构图等。

船体水线以下所排开水的质量，即为船舶的浮力，并应等于船舶总质量。船的自重等于空船排水量。船的自重加上装到船上的各种载荷的质量的总和（载重量）是变化的，等于船的总质量。

船舶载重量包括货物、燃油和润滑油、淡水、食物、人员和行李、备品及供应品等的质量。通常预定的设计载货量与按预定最大航程计算的油、水、食物等的质量之和，称为设计载重量。设计载重量时的排水量称为设计排水量或满载排水量。

船舶主尺度包括总长、设计水线长度、垂线间长、最大船宽、型宽、型深、满载（设计）吃水等。钢船主尺度的度量指量到船壳板内表面的尺寸；水泥船、木船等则指量到船体外表面的尺寸。

舱容是指货舱、燃油舱、水舱等的体积，它从容纳能力方面表征船舶的装载能力、续航能力，它影响船舶的营运能力。登记吨位是历史上遗留下来的用以衡量船舶装载能力的度量指标，作为买卖船舶、纳税、服务收费的依据之一。登记吨位和载重量分别反映船舱的容纳能力和承重能力，它们虽互有联系，但属不同的概念。

船体型线图表征船舶主体（包括舷墙和首楼、尾楼）的型表面的形状和尺寸，是设计和建造船舶的主要图纸之一。它由三组线图构成：横剖线图、半宽水线图和纵剖线图。三者分别由横剖面、水线面和纵剖面与船体型表面切割而成。

船舶总布置图是设计和建造船舶的主要图纸之一,它反映船的建筑特征、外形和尺寸、各种舱室的位置和内部布置、内部梯道的布置、甲板设备的布局等。总布置图由侧视图、各层甲板平面图和双层底舱划分图组成。

船体结构图反映船体各部分的结构情况,船体各相关部分的结构既相互独立又相互联系。船舶主体结构是保证船舶纵向和横向强度的关键,通常把它看成一个空心梁进行设计,并用船中横剖面结构图来反映它的部件尺寸和规格。

二、货物种类及在港内的作业方式

(一)货物种类与装运方式

从运输、储存条件和装卸工艺的角度考虑,货物主要可分为四大类:件杂货、干散货、液体货和集装箱货。

1. 件杂货

凡成件运输和保管的货物,不论有无包装,统称为件杂货。它们的形式、形状、大小及质量各不相同,种类繁多。包装货物常见的有袋装货物、捆装货物、箱装货物、桶装货物、篓装货物和罐装货物等;无包装的大宗零散件货物有金属及其制品、木材等;单个大件货有机械设备、金属构件等。件杂货单件质量小,影响装卸设备的生产率,因此可用网线、绳扣、货板等成组工具,提高装卸单元的质量,使零散的、单件的件杂货集小为大、集散成整,整体随货运转。成整体的货物组件一般每件重 1.5~3 t。

2. 干散货

干散货包括散装谷物、煤炭、矿石、散装水泥、矿物性建筑材料及化学性质比较稳定的块状或粒状货物。常见的散装谷物有小麦、玉米、大米、大豆等。煤炭是一种大宗散货,种类繁多。矿石种类也很多,大宗运输的有铁矿石、磷矿石、锰矿石等。矿物性建筑材料有沙、碎石、石材等。干散货通常是大宗的,因此常为其设置专用码头。

3. 液体货

液体货包括石油、石油产品、植物油和液化气体等,大量通过港口的原油和成品油属于易燃液体。易燃液体按闪点分级。闪点是液体挥发出的气体和空气的混合物,在正常的大气压力下遇到火星能闪起火花,但液体本身尚未燃烧的最低温度。原油闪点为 36~38 ℃,汽油小于 28 ℃,煤油为 28~45 ℃,柴油为 45~120 ℃。闪点低于 28 ℃ 为一级,高于 45 ℃ 为三级,中间为二级。在运输装卸易燃液体时要特别注意遵守相应的安全规则。

4. 集装箱货

国际贸易把货物分为 56 类,其中最佳装箱货约 32 类,主要是易损、易盗的高价商品,如酒类、药品、纺织品、电气产品、光学仪器、仪表、照相机、高级服装和冷藏品等。用集装箱把品种繁杂、单元小的件杂货集装成规格化重件,可大大提高装卸效率,缩短船舶在港时间,减少货损货差,节省包装费用,简化理货手续,便于多式联运,雨天装卸,从而大大降低货物运输成本。集装箱运输的发展引起了船型、装卸工艺、码头布置,乃至港口营运等一系列改革。集装箱运输实现了货物从生产厂门经过各运输环节直到用户门,中间不需要拆装的门到门运输。

(二)货物在港内的作业方式

货物通过港口一般要经过装卸、储存和短途运输三个环节,操作过程主要是根据一定装卸工艺完成一次货物的搬运作业过程,通常有五种形式。

(1)卸车装船,或卸船装车(船—车)。

(2)卸车入库,或出库装车(库—车)。

(3)卸船入库,或出库装船(库—船)。

(4)卸船装船(船—船)。

(5)库场间倒载搬运(库—库)。

装卸过程是指货物从进港到出港所进行的全部作业过程,由一个或多个操作过程所组成。

在一般的物流作业过程中,货物陆运进港,海运出港,其装卸过程一般由三种不同形式来完成:货物由车直接装船离港;货物在前方库场或二线库场储存一段时间再装船离港;先在二线库场储存,再经由前方库场装船离港。这三种形式的装卸过程分别为一个操作过程、两个操作过程和三个操作过程。货物在港内的作业方式还应包括船舱内作业,这往往是作业效率最低的环节。

经过操作过程的货物数量叫操作量,它的计算单位是操作吨,是反映装卸工作量的主要指标。1 t 货物从进港起到出港止,不管经过多少次操作,只算 1 t 装卸自然吨。

实训任务

(1)参观一个港口(码头),观察其库场设施、装卸设备配备情况,了解货物搬运作业过程,了解港口(码头)的发展情况以及其在当地经济发展中的地位。

(2)调研国内、本省或本市港口的现状,撰写港口调研报告。

(3)如本校有物流实训室港口沙盘,请在教师的带领下认识港口的基础设施与设备、布局、基本布局搭建等。

(4)进行中国智慧港口发展现状的调研,关注国内具有代表性的智慧港口的发展情况,搜集国家对于智慧港口的扶持政策等,完成调研报告和汇报材料的撰写。

关键概念提要

港口是指具有船舶进出、靠泊,旅客上下,货物装卸、驳运、储存等功能,具有相应的码头设施,由一定范围的水域和陆域组成的区域。码头是供船舶靠泊、货物装卸和旅客上下船舶的水上建筑物,是港口的主要组成部分。现代港口正朝全方位的增值服务的方向发展,成为商品流、资金流、技术流、信息流与人才流汇聚的中心。港口码头装卸设施主要有岸边集装箱起重机、门座起重机、轮胎起重机、浮式起重机、带式输送机、斗式提升机、链斗卸船机、螺旋式卸船机、气力输送机等。根据港口、码头的功能要求选用装卸搬运设备。库场设施主要包括仓库(冷藏库、油库、粮库等)、货场、货棚等。水上货物运输船舶的种类繁多,主要有干散货船、冷藏船、油轮(原油船、成品油船)、集装箱船、滚装船、液化气体运输船等。船舶的主要性能有浮性、稳性、抗沉性、快速性、耐波性、操纵性和经济性等。船舶的主要技术特征有船舶排水量、船舶主尺度、舱容和登记吨位、船体型线图、船舶总布置图、船体结构图等。

货物通过港口一般要经过装卸、储存和短途运输三个环节,操作过程主要是根据一定装卸工艺完成一次货物的搬运作业过程,通常有卸车装船(或卸船装车)、卸车入库(或出库装车)、卸船入库(或出库装船)、卸船装船、库场间倒载搬运等五种形式。

思考与练习

1. 试区别港口与码头的概念。
2. 列举6种以上港口使用的装卸设施名称,并说出其用途。
3. 列举6种以上水上货物运输船舶的名称,并说出其用途。
4. 试解释船舶的主要性能。
5. 船舶进港卸船要经过哪些装卸搬运过程?可能用到哪些设备?

阅读案例

上海振华重工(集团)股份有限公司

上海振华重工(集团)股份有限公司(ZPMC)是中国重型装备制造行业的知名企业,为国有控股A、B股上市公司,控股方为世界500强之一的中国交通建设公司。公司总部设在上海,于上海本地和南通、江阴、常州等地设有8个生产基地。占地总面积1万亩,总岸线10公里,特别是长江口的长兴基地有深水岸线5公里,承重码头3.7公里,是全国也是世界上较大的重型装备制造厂。员工和工人数量超过35 000人。公司拥有26艘6万~10万吨级整机运输船,可将大型产品跨海越洋运往全世界。

企业主产品分为三大类:(1)港口用大型集装箱机械和矿石煤炭等散货装卸机械。如遍布全世界73个国家主要集装箱码头的岸桥、场桥,产量已占世界市场75%以上份额。散货装卸设备如装卸船机、斗轮堆取料机、环保型链斗卸船机等也居本行业前列。(2)大型钢构钢桥梁。有年生产40万吨的能力。(3)海工产品。如巨型浮吊、铺管船和各种工程船、各种平台以及动力定位装置和齿条提升装置等。

上海振华重工港机通用装备有限公司(简称:港通公司)隶属于上海振华重工(集团)股份有限公司,是独立运作的全资子公司,公司主要经营产品有门座式起重机、装船机、卸船机、斗轮堆取料机、翻车机、桥式起重机、散货装卸系统设备以及其他类型的港机设备。港通公司总部设立在上海浦东新区,下辖ZPMC张家港基地及ZPMC长兴基地两个生产基地,年钢结构产能18万吨。其中长兴基地,厂区占地面积45.3万平方米,425米码头岸线,深水外海码头,具备港机设备整机装船发运的硬件能力,有8跨大型结构的生产车间约10.88万平方米,5跨装配车间,3喷3涂的涂装车间,配有2台450吨门机、1台120吨门机的总装区域,总装发运面积约15万平方米,具备同时调试13台大型设备的能力。

【案例思考】

1. 上海振华重工(集团)股份有限公司生产的码头、港口设备主要有哪些?
2. 上网搜索上海振华重工(集团)股份有限公司企业的信息,找出1~2件2012—2021年生产的设备。

第五章

陆路运输设施与设备

第一节 公路运输设备

一、公路运输概述

中国公路运输在整个交通运输中占有特殊地位。在中国东部铁路和水运都较发达的地区,公路起着辅助运输作用,承担短途运输;在西南和西北地区则担负着干线运输的任务。经过几十年的建设,我国初步形成了以北京为中心,沟通各省省会,连接枢纽站、港口和工矿区、农林牧生产基地的公路网。但公路网的分布,具有明显的地区差异性。

(一)我国公路的技术等级

《公路工程技术标准》(JTG B01—2014)是国家颁布的关于公路设计、修建和养护的技术准则,反映了我国公路建设的方针、政策和技术要求。在公路设计、修建和养护中,必须严格遵守。

公路技术等级划分的定量指标主要有交通量和计算行车速度。

交通量是指单位时间内(每小时或每昼夜)通过两地间某公路断面处来往的实际车辆数。我国的《公路工程技术标准》(JTG B01—2014)规定了各级公路的计算行车速度。

汽车在公路上实际行驶的平均速度称为平均技术速度。一般来说,平均技术速度要略低于计算行车速度。平均技术速度根据公路等级的高低而有所变化,大体上等于计算行车速度的 60%～90%。

我国公路分为两大类、五个等级:两大类指汽车专用公路和一般公路;五个等级指高速公路,一级、二级、三级、四级公路。

1. 汽车专用公路

汽车专用公路是专门供各类汽车、摩托车等快速机动车行驶的公路,一般不允许慢速机动车(如拖拉机)和非机动车及行人使用,它包括高速公路、一级公路和二级公路。高速公路的有效行车道至少在 4 条以上,全封闭、全立交,能适应按各种汽车(包括摩托车)折合成小客车的年平均昼夜交通量为2.5万辆以上,具有特别重要的政治、经济意义,专供汽车分道高速行驶并全部控制出入。一级汽车专用公路要求有4条有效行车道,基本封闭,能适应按各种汽车(包括摩托车)折合成小客车的年平均昼夜交通量为1.0万～2.5万辆,是连接重要政治、经济中心,通往重点工矿区、港口、机场,专供汽车分道快速行驶并部分控制出入的公路。二级汽车专用公路一般至少有2条有效行车道,基本封闭,能适应按各种汽车(包括摩托车)折合成中型载重汽车的年平均昼夜交通量为4 500～7 000辆,是连接政治、经济中心或大型工矿区、港口、机场等的专供汽车行驶的公路。

2. 一般公路

一般公路既可供汽车、摩托车使用,也可供慢速机动车(如拖拉机)、非机动车及行人使用。一般公路构成的交通称为混合交通,包括二级、三级、四级公路。二级公路的有效行车道宽度:平原微丘至少为9 m,山岭重丘至少为7 m。通行能力能适应按各种车辆折合成中型载重汽车的年平均昼夜交通量为2 000～5 000辆,是连接政治、经济中心或较大型工矿区、港口、机场等地的公路。三级公路的有效行车道宽度:平原微丘至少为7 m,山岭重丘至少为6 m。通行能力可适应按各种车辆折合成中型载重汽车的年平均昼夜交通量为2 000辆以下,是沟通县及重要乡镇的公路。四级公路的有效行车道宽度至少为3.5 m,通行能力能适应按各种车辆折合成中型载重汽车的年平均昼夜交通量为200辆以下,是沟通县、乡(镇)、村等的公路。

公路技术等级的选用,应根据交通量调查、预测交通量和公路网整体规划,从全局出发,结合公路的使用任务和性质综合确定。在设计公路时,我国规定:高速公路、一级公路设计年限为20年;二级公路为15年;三级公路为10年。四级公路一般不超过10年,可根据具体情况适当缩短。

(二)我国公路的行政等级

目前我国公路的行政等级主要分为国道、省道、县道、乡道和专用公路。

1. 国道

国道是指具有全国性政治、经济意义的主要干线公路,包括重要的国际公路、国防公路,连接首都与各省、自治区首府和直辖市的公路,连接各大经济中心、港站枢纽、商品生产基地和战略要地的公路。

2. 省道

省道是指具有全省(自治区、直辖市)政治、经济意义,以省会城市为中心,连接省内重要城市、交通枢纽、主要经济区的干线公路,以及不属于国道的省际重要公路。

3. 县道

县道是指具有全县政治、经济意义,连接县城和县内主要乡(镇)、主要商品生产和集散地的公路,以及不属于国道、省道的县际的公路。

4. 乡道

乡道是指直接或主要为乡(镇)内部经济、文化、行政服务的公路,以及乡(镇)与外部联系的公路。

5. 专用公路

专用公路是指专供或主要供某特定工厂、矿山、农场、林场、油田、电站、旅游区、军事要地等与外部连接的公路,它由专用部门或单位自行规划、建设、使用和维护。

二、公路运输设施与设备

(一)公路及其基本构成

公路是具有一定线形、宽度和强度,供各种机动车辆、非机动车辆和行人、牲畜通行的人工陆上道路,主要由路基、路面、桥梁、隧道、涵洞等基本构造物和其他辅助构造物及设施组成。

1. 路基

路基是路面的基础,它与路面共同承受车辆载荷的作用,同时抵御地表各种自然因素的危害。路基宽度与公路横向的路幅宽度相同,而路幅宽度为中间的路面宽度与两侧的路肩宽度之和。为了满足车辆和行人的通行要求,路基必须坚固和稳定。因此在公路选线时应考虑路基的坚固性,合理地设计路基的形状和尺寸,施工时应注意分层填筑、压实,特别是要处理好路基排水问题。

2. 路面

路面是在路基上用坚硬材料铺筑供汽车行驶的层状结构物,直接承受车辆的行驶作用力,一般分为面层、基层、垫层和土基。路面按面层材料的不同,可分为沥青路面、水泥混凝土路面、块料路面和粒料路面等;按技术条件及面层类型的不同,可分为高级、次高级、中级和低级路面。合理地选用和设计路面能显著地降低公路的造价。路面的选用一般应根据公路性质、任务、交通量以及充分利用当地材料和结合施工条件等因素确定。为了保证车辆一定的行驶速度和安全等,路面要具有一定的强度、平整度和必要的粗糙度,以便车辆在其表面能安全、迅速、舒适地行驶。

3. 桥梁、隧道与涵洞

当公路跨越河流、山谷,或与铁路、其他公路立体交叉时,需要修建桥梁或涵洞;当公路穿越山岭时,则需要修建隧道。按照有关技术规定,凡单孔跨径小于 5 m 或多孔跨径之和小于 8 m 的称为涵洞,大于这一规定值则称为桥梁。桥梁是为公路跨越河流、山谷或人工建筑物而修建的,有梁式桥、拱桥、吊桥、刚构桥和斜拉桥之分。涵洞是为了排泄地面水流或满足农田灌溉需要而设置的横穿路基的小型排水构造物。公路排水系统是为了排除地面水和地下水而设置的,由各种拦截、汇集、输送及排放等排水设施组成。公路的隧道一般设置在公路线形的平坡和直线部分,也可设在不设超高的大半径平曲线上。隧道内纵坡度应不小于 0.3%,不大于 3%,以利于隧道排水和行车安全。较长的公路隧道还需要设置照明、通风、消防及报警等其他设施。

4. 防护工程

防护工程是为了加固路基边坡,确保路基稳定而修建的结构物。

5. 交通服务设施

交通服务设施一般是指公路沿线设置的交通安全、养护管理、服务、环境保护等设施，如交通标志、交通标线、养护管理房屋和绿化美化设施等。

(二) 高速公路的发展

中国的高速公路发展从 20 世纪 80 年代末开始起步，自 1988 年中国大陆第一条高速公路——沪嘉高速公路全线通车到现在，中国的高速公路建设取得了举世瞩目的成就。2012 年，中国高速公路通车总里程为 9.5 万公里，位居世界第二。2013 年底，中国高速公路通车总里程突破 10 万 km，超过美国，成为当时世界上高速公路通车总里程最长的国家。2016 年，中国建成当时世界第一高的高速公路桥——北盘江大桥。2017 年，世界最长的沙漠高速公路——京新高速公路基本建成通车。2018 年，世界最长的跨海大桥——港珠澳大桥建成通车。2020 年，中国高速公路通车总里程达 16 万 km，位居世界第一。

(三) 高速公路的命名及其功能

1. 国家高速公路网路线的命名

国家高速公路网路线的命名应遵循公路命名的一般规则。

国家高速公路网路线名称按照路线起讫点的顺序，在起讫点地名中间加连接符"—"组成，全称为"××—××高速公路"。路线简称采用起讫点地名的首位汉字表示，也可以采用起讫点所在省(市)的简称表示，格式为"××高速"。

国家高速公路网路线名称及简称不可重复。如出现重复时，采用以行政区划名称的第二或第三位汉字替换等方式加以区别。

国家高速公路网的地区环线名称，全称为"××地区环线高速公路"，简称为"××环线高速"。如"杭州湾地区环线高速公路"，简称为"杭州湾环线高速"。

国家高速公路网的城市绕城环线名称以城市名称命名，全称为"××市绕城高速公路"，简称为"××绕城高速"。如"沈阳市绕城高速公路"，简称为"沈阳绕城高速"。

当两条以上路段起讫点相同时，则按照由东向西或由北向南的顺序，依次命名为"××—××高速公路东(中、西)线"或"××—××高速公路北(中、南)线"，简称为"××高速东(中、西)线"或"××高速北(中、南)线"。

路线地名应采用规定的汉字或罗马字母拼写表示。路线起讫点地名的表示，应取其所在地的主要行政区划的单一名称，一般为县级(含)以上行政区划名称。

南北纵向路线以路线北端为起点，以路线南端为终点；东西横向路线以路线东端为起点，以路线西端为终点。放射线的起点为北京。

全国高速公路详细内容可以查看高速网，《国家高速公路网规划》是我国高速公路建设的纲领性文件。

2. 高速公路的主体功能

(1) 封闭、全立交、严格控制出入。高速公路实行的是一种封闭型管理，各种车辆只能在具有互通式立交的匝道进出，从而界定了运营管理的责任。

(2) 汽车专用，限速通行。高速公路只供汽车专用，不允许行人、牲畜、非机动车和其他慢速车辆通行。同时,一般规定时速低于50 km的车辆不得上路,最高时速亦不宜超过120 km,从而保证了运营管理对象的唯一性。

(3)设中央分隔带,分道行驶。高速公路一般有4条以上车道,实行车道分离,渠化通行,隔绝了对向车辆的干扰,并通过路面交通标线分隔不同车速的车辆,较好地保证了高速公路的连续畅通,从而强调了运营管理的秩序。

(4)有完善的交通设施与服务设施。高速公路能满足司乘人员在路上的多种需求,除设有各种安全、通信、监控设施和标志进行无声服务外,还建有服务区,能够提供停车休息、餐饮、住宿、娱乐、救助、加油、修理等综合服务,同时,高速公路也是信息传递的多功能载体,从而决定了运营管理的服务性。

(四)高速公路的设施与设备

为了确保高速公路的安全与畅通,为驾驶人员提供快速、优质的信息服务,高速公路建设了各类基础性设施,安装了先进的通信、监控系统,可以快速、准确地监测道路交通状况,并通过可变情况板、交通信息广播电台及互联网实时发布交通信息。这些设施与设备可以概括为以下几大类。

1. 安全设施

(1)标志:如警告、限制、指示标志等。

(2)标线:用文字或图形来指示行车的安全设施。

(3)护栏:有刚性护栏、半刚性护栏、柔性护栏等。

(4)隔离设施:是对高速公路进行隔离封闭的人工构造物的统称,如金属网、常青绿篱等。

(5)照明及防眩设施:为保证夜间行车的安全所设置的照明灯、车灯灯光防眩板等。

(6)视线诱导设施:为保证司机视觉及心理上的安全感而设置的轮廓标等。

2. 交通管理设施

(1)高速公路入口控制。

(2)交通监控设施,如监测器监控、工业电视监控、通信联系的电话、巡逻监视等。

3. 服务性设施

(1)综合性服务站(包括停车场、加油站、修理所、餐厅、旅馆、邮局、休息室、厕所、小卖部等)。

(2)小型休息点(以加油为主,附设厕所、电话、小块绿地、小型停车场等)。

(3)停车场。

4. 环境美化设施

高速公路景观绿化设计是环境设计的一个重要组成部分。高速公路景观绿化设计包括互通立交区内部和服务设施的场地景观设计,中央隔离带的绿化设计,边坡及路线两侧的景观设计等。如中央隔离带绿化采用了两种种植单元的方案,即一般段的景观美化和重点路段的景观美化。

(五)汽车货运站的基本功能

汽车货运站是道路交通运输的基础设施之一,在国家经济建设中具有重要地位,其基本功能包括运输组织、中转和装卸储运、中介代理、通信信息服务、辅助服务等。

1. 运输组织功能

汽车货运站应具有对运输市场的组织管理和站内各机构、车辆、货流的组织管理功能。

2. 中转和装卸储运功能

通过各种运输方式运到汽车货运站的货物需要中转或送达用户,但货运站不可能将全部货物及时中转或送达用户,没有及时送出的货物需要在站内储存、堆放。另外,汽车货运站的仓库,不仅作为中转货物的储存地,更重要的是通过合同关系,出租给各企业存放成品和半成品。许多企业为了减少投资,降低成本,加快产品流通,自己不设仓库,而由货运站的仓库代为储存。

3. 中介代理功能

运输代理是指汽车货运站为其服务区域内的各有关单位或个体,代办各种货物运输业务,为货主和车主提供双向服务,选择最佳运输线路,合理组织多式联运,实行"一次承运,全程负责"。

4. 通信信息服务功能

汽车货运站作为交通运输信息中心,应采用先进的信息技术手段,建立一个反应敏锐、处理及时的信息系统,向有关各方提供准确、及时的信息服务。其信息系统应有以下几方面的功能:

(1)信息系统应能对货物的流量、流向、流时进行统计和计算处理,对货物的品种、包装、运输特性的变化进行信息存储和处理,为货物运输组织管理提供科学的依据。

(2)信息系统应能根据掌握的车流、货源信息,站场装卸、仓库堆存情况,货物运输距离、货物种类、批量大小,优化运输方案,合理安排货物的中转、堆存,及时调整和安排车辆的装卸等。

(3)信息系统应提供开放性服务,向相关各方提供货物流量、流向、流时及站场的装卸、堆存情况的信息。

(4)信息系统应向货主、车主等提供车货配载信息,为车主和货主牵线搭桥,促进运输市场的发展,提高实载率和里程利用率。

5. 辅助服务功能

汽车货运站除开展正常的货运生产外,还应提供与运输生产有关的服务。如为货主代办报关、报检、保险等业务,提供商情信息服务,开展商品的包装、加工处理等服务,代货主办理货物的销售、运输、结算等服务。另外,还应为货运车辆提供停放、清洗、加油、检测和维修服务,为货主和相关人员提供食、宿、娱乐等服务。

(六)汽车货运站的形式与特点

目前我国汽车运输的货运形式大致可分为整车货运、快速货运、零担货运、集装箱货运。与这四种运输方式对应的汽车货运站可分为整车货运站、零担货运站(含快速货运)、集装箱货运站和由上述两种或两种以上货运站组成的综合性货运站。

1. 整车货运站

整车货运站是指以货运商务作业机构为代表的汽车货运站,是调查并组织货源,办理货运商务作业的场所。商务作业包括托运、承运、受理业务、结算运费等各项工作。整车货运站主要经办大批货物运输,有些也兼营小批货物运输。

整车货运站的主要特点如下:

(1)汽车运输企业调查、组织货源、办理货运等商务作业的代表机构。

(2)承担货运车辆在站内的专用场地停放和保管任务。

(3)运输企业对运输货物一般不提供仓储设施,主要提供运力,从发货单位的仓库内装车,负责运输过程中的货物保管,直接运送到收货单位的仓库卸车。

(4)由于大批货物的装卸地点一般比较固定,所以适合于采用大型载货汽车和高生产率的装卸机械。

2. 零担货运站

专门经营零担货物运输的汽车货运站,称为零担货运站或简称为零担站,其主要特点如下:

(1)零担货物一般由托运单位及个人根据需要自行运到货运站,也可以联系后,由货运站指派业务人员上门办理托运手续。因此,货运计划性差,难以采用运输合同等方法将其纳入计划管理的轨道。

(2)站务作业工作量大而复杂。零担货运作业的内容及程序是受理托运、退运与变更、检货称重、验收入库、开票收费、装车与卸车、货物交接、货物中转、到达与交付等。这些站务作业是零担货运站的基础工作,工作量大而复杂。

(3)对车站的设施建设要求高。由于零担货运站是沟通零担货物运输网络的枢纽,货主多,货源广,货物品种繁多,质高价贵,时间性强,因此车站的建设必须满足零担货运的工艺要求,合理地设置零担货运站房、仓库、货棚、装卸场、停车场以及有关的生产辅助设施,且各组成部分的相互位置和面积,应符合方便货主、便于作业的目的。

(4)车站的设备和设施应满足零担货运的需要。由于零担货物具有数量小、批量多、包装不统一、到站分散等特点,加之零担货物普遍质高价贵,因此普通车型显然不适于用来运载零担货物,必须选择厢式车作为专用零担车辆,同时还应配置高生产率的站内装卸搬运机械设备。

3. 集装箱货运站

集装箱货运站主要承担集装箱的中转运输任务,所以又称为集装箱中转站。其主要工作任务如下:

(1)承担港口、火车站与货主之间的集装箱门到门运输与集装箱货物的拆箱、装箱、仓储和接运、送达任务。

(2)承担空、重集装箱的装卸、堆放和集装箱的检查、清洗、消毒、维修任务。

(3)承担车辆、设备的检查、清洗、维修和存放任务。

(4)为货主代办报关、报检等货运代理业务。

(七)汽车货运站的选址与布局

1.选址的原则

(1)应符合公路主枢纽总体布局规划和所在地区汽车货运站的发展规划。选址既要最大限度地满足货运市场需要,又要尽量减少车流、噪声及废气排放对环境的危害。地理位置应尽量远离学校、医院、住宅区等。

(2)汽车货运站应与城市综合运输网合理衔接,具有良好的与其他运输方式换装联运条件及发展前景。汽车货运站一般应设在城市公路出入口及城市对外交通干线、铁路货运站、货运码头附近。以中转货物为主的汽车货运站,既要靠近城市的工业区和仓库区,又要尽可能与铁路车站、水运码头有便捷的联系方式,以便组织联合运输。主要为城市生产、生活服务的汽车货运站及专业零担站,要考虑货物取送方便,宜布置在市场中心区边缘。

(3)在不减少汽车货运站功能,确保工艺布置符合货运的规律性,并满足环境卫生与交通运输要求的前提下,尽量利用现有设施,并留有发展余地,力求节约投资,并重视提高投资的经济效益。

(4)汽车货运站建设区域应具有良好的道路和通信条件,以及必要的水源、电源、消防及排污等设施。

2.选址的步骤

(1)资料收集与整理。收集城市、道路网、国土等有关规划和运输统计及站址内水文地质等有关资料,确定货运站的服务范围和功能,预测服务范围内各个辐射方向上的货运量和适站量及发展趋势,测算设计年度货运站的生产规模(年吞吐量)和占地面积。

(2)根据站址选择原则,提出若干个备选方案。充分研究有关资料,依据货运量和适站量预测及汽车货运站规模测算结果,根据布局和站址选择原则,参考有关规划,通过比较找出服务区域内所有满足要求并可能作为汽车货运站站址的场所作为备选站址。

(3)对备选站址进行现场勘察。具体落实站址条件,掌握第一手资料,做到心中有数。

(4)站址的确定。以获得最大综合经济效益(或最小综合费用)为目标,经方案比较或理论计算,在满足基本要求的所有备选站址中最终确定一个最优方案。

3.站内布局

根据汽车货运站的功能和生产规模统一布局,并结合货运业务的实际情况突出重点、分期实施。在布局中要优先考虑生产区域,分期实施的建设项目应考虑分期建设过程中相互的衔接要求,与现有设施的改造利用相结合,减少用地和节约投资。按货运业务不同,分区设置相应设施,生产设施、设备要符合生产工艺的要求。危险货物的储存与作业应在相对独立的专门区域内进行。站内道路统一规划,合理利用,并符合国家和当地政府现行的安全、消防、环保等有关规定。

三、公路运输车辆

(一)汽车的基本构造

汽车是公路运输中重要的货物运载工具,其类型较多,但无论何种类型的汽车,其总体构造均由发动机、底盘、车身和电气设备四个部分组成。

1. 发动机

发动机是汽车的动力装置，它是将某一种形式的能量转换为机械能的机器。目前绝大多数汽车采用往复活塞式内燃机作为动力装置，它是将燃料燃烧产生的热能转变为机械能的发动机，根据所用燃料的不同可分为汽油机和柴油机两大类。

汽油机的总体构成由两大机构、五大系统组成：两大机构是曲柄连杆机构和配气机构；五大系统是燃料供给系统、冷却系统、润滑系统、点火系统和启动系统。

柴油机在总体构造上没有点火系统，因此它由两大机构、四大系统组成。各子系统分别完成不同的功能，它们相互配合、相互协调共同完成了发动机能量转换的基本功能。

2. 底盘

汽车底盘的基本功能是接收发动机的动力，保证汽车按照驾驶员的意愿正常行驶。汽车底盘通常由传动系统、行驶系统、转向系统和制动系统四个部分组成。

3. 车身

汽车的车身既是驾驶员工作的场所，也是装载乘客和货物的场所。典型的货车车身由驾驶室和车厢两部分组成。

4. 电气设备

汽车的电气设备由电源和用电设备两大部分组成，包括蓄电池、发电机、启动系统、点火系统以及汽车的照明、信号装置和仪表等。现代汽车上还大量采用了各种微机控制系统和人工智能装置，如故障自诊、防盗、巡航控制、制动防抱死、车身高度调节等系统。

（二）货运车辆的类型及选择

在物流作业过程中，要实现合理化运输，很重要的一个步骤就是要选择一辆适合的货运车辆，这对物流作业的全过程起着举足轻重的作用。在货运车辆的选择过程中，首先我们需要了解货运车辆的类型及特征，根据物流作业的不同要求，制定不同的标准，进行最优车辆方案的选择。

1. 货运车辆的类型

货运车辆按用途和使用条件可分为普通货车和专用货车。普通货车是指具有栏板式车厢，用于运载普通货物的汽车；专用货车是指装配有专用设备，具备专用功能，承担专门运输任务的汽车，如汽车列车、厢式车、冷藏保温车、罐式车、自卸车等。

货车按其最大总质量可以分为以下四类：①微型货车：最大总质量不超过1.8 t；②轻型货车：最大总质量为1.8 t～6 t；③中型货车：最大总质量为6 t～14 t；④重型货车：最大总质量在14 t以上。

2. 货运车辆的选择

货运车辆的选择是指根据货物的种类、特点及运输批量等对车辆的类型和主要使用性能等进行合理选择。选配车辆必须遵循技术上先进、经济上合理、生产上适用、维修上方便的基本原则。货运车辆类型的选择主要应根据货物的特性、包装的类型和形状来确定。普通货车能够满足一般货物的运输需要，专用货车能够很好地满足特殊货物的运输需要，是保证运输质量、降低运输成本和提高运输效率的理想设备。

(1)车辆类型的选择

随着我国高速公路和现代物流业的不断发展,专用货车需求量呈逐年递增态势,以下是在物流领域中可以选配的常见车型。

①普通栏板式货车:具有整车重心低、载重量适中的特点,适合于装运百货和杂品。

②厢式车:在物流领域中,由于厢式车结构简单,利用率高,适应性强,是应用前景较广泛的一种车型。封闭式的车厢可使货物免受风吹、日晒、雨淋,将货物置于车厢内,能防止货物散失、丢失,安全性好。小型厢式载货汽车一般带有滑动式侧门和后开门,货物装卸作业非常方便。由于其小巧灵便,无论大街小巷均可驶入,可真正实现"门到门"的运输方式。

③自卸车:可自动后翻或侧翻使货物自动卸下,具有较大的动力和较强的通过能力,是矿山和建筑工地上物流运输的理想车型。

④罐式车:装有罐状容器,密封性强,一般用于运送危险品和粉状物料等。

⑤汽车列车:指一辆汽车(货车或牵引车)与一辆或一辆以上挂车的组合。牵引车为汽车列车的驱动车节,称为主车;被主车牵引的从动车节称为挂车。采用汽车列车运输是提高经济效益较有效且简单的技术手段。它具有快速、机动灵活、安全等优势,可方便地实现区段运输、甩挂运输、滚装运输。汽车列车主要有全挂汽车列车、半挂汽车列车、双挂汽车列车和特种汽车列车四种类型。

⑥冷藏保温车:指装有冷冻或保温设备的厢式货车,通过制冷装置为货物提供最适宜的温度和湿度条件,用来满足对温度和湿度有特殊要求的货物的运输需要。

⑦集装箱运输车:指专门用来运输集装箱的汽车,主要用于港口码头、铁路货场与集装箱堆场之间的运输。

(2)发动机的选择

发动机性能的好坏直接影响货运车辆的使用性能。表示发动机特性的曲线称为特性曲线,根据特性曲线可以合理地选用和评价发动机,并有效利用发动机使其性能得到充分发挥。发动机的特性曲线通常有转速特性、负荷特性、万有特性、排放特性和噪声特性曲线等,其中最常用的是发动机的转速特性曲线。

发动机的转速特性曲线是指发动机性能指标随发动机转速而变化的关系曲线。对于汽油机,节气门全开时的转速特性称为外特性,节气门部分开启时的转速特性称为部分特性;对于柴油机,油量调节机构固定在标定功率循环供油量位置时的转速特性称为外特性,油量调节机构固定在小于标定功率循环供油量某个位置时的转速特性称为部分特性。对于一台发动机而言,外特性曲线只有一条,表示发动机在使用中所能达到的最高性能,而部分特性曲线有无数条,表示发动机在某一工况时的性能。

(3)货运车辆使用性能选择

货运车辆的使用性能是指汽车能够适应使用条件而表现出最大工作效率的能力。它既是评价和选择汽车的主要标准,又是正确使用汽车的基本依据。

评价货运车辆使用性能的指标有很多,如动力性、燃油经济性、行驶安全性、制动性、操纵稳定性、舒适性、通过性、环保性、可靠性、维修适应性等,下面对几个主要性能指标加以阐述。

①动力性是货运车辆的主要使用性能之一。只有货运车辆的动力性好,才有可能提高平均行车速度。货运车辆的平均行车速度越高,单位时间内完成的货物周转量就越大,

运输生产率就越高。评价货运车辆动力性的指标有三方面:最高车速、加速能力和爬坡能力。

②货运车辆的燃油经济性是指货运车辆以最小的燃油消耗量完成单位运输工作的能力,它也是货运车辆的主要使用性能之一。我国及欧洲燃油经济性用 L/100 km 为单位,它表示在指定工况下每 100 km 行程货运车辆消耗燃油的升数,数值越大,表示货运车辆的燃油经济性越差,该指标可用于相同载重量的货运车辆燃油经济性评价。另外一个常用的考核指标是以 L/100 t·km 为单位,它表示每完成 100 t·km 的货物周转量所用燃油的升数,利用该指标可对不同载重量的货运车辆进行燃油经济性的比较和评价。显然,其数值越大,货运车辆的燃油经济性越差。

③货运车辆的行驶安全性包括主动安全性和被动安全性两大方面。主动安全性是指货运车辆本身防止或减少道路交通事故的能力,它主要与货运车辆的制动性、操纵稳定性、驾驶舒适性、视野和灯光等因素有关,此外,动力性中的加速能力也对行车安全有较大影响。被动安全性是指货运车辆发生交通事故后,货运车辆本身能够减轻人员受伤和货物受损的能力。

④为了保障货运车辆的行驶安全和使货运车辆的动力性得以充分发挥,货运车辆必须具有良好的制动性。货运车辆的制动性是指货运车辆按给定方向连续强制减速直到停车的能力。如果货运车辆的制动性不良,即使动力性再好,也不能得到正常发挥。因此,货运车辆的动力性和制动性是货运车辆高速行驶的两个关键性能或基本条件。货运车辆的制动性有三个方面的评价指标:制动效能、制动效能的恒定性和制动时的方向稳定性。

⑤在驾驶员不感到过分紧张和疲劳的条件下,货运车辆按照给定方向行驶的能力,以及对各种企图改变其行驶方向的外界干扰的抵抗能力,称为操纵稳定性。货运车辆的操纵稳定性包括两个方面:一方面是车辆按驾驶员所给定方向行驶的能力,称为操纵性;另一方面是货运车辆抵抗地面不平、坡道、大风等干扰因素保持稳定行驶的能力,称为稳定性。货运车辆的操纵稳定性不仅影响到货运车辆能否如意地驾驶,而且也是保证货运车辆高速行驶安全的一个主要性能。

⑥货运车辆行驶时,由于路面不平,会使乘坐者感到振动和冲击。减少振动和冲击的有效措施:一方面是改善路面质量,减少振动源;另一方面要求货运车辆对路面不平具有良好的隔振特性,这一性能称为行驶平顺性。由于货运车辆的行驶平顺性主要是根据乘坐者的舒适程度来评价的,所以也称为舒适性。另外,货运车辆的舒适性还包括噪声、空气调节和居住性等内容。

⑦货运车辆的通过性是指货运车辆以足够高的平均速度通过不良道路、无路地带和克服障碍的能力。

⑧货运车辆的环保性是指货运车辆运行时对周围环境产生不利影响程度的一种性能。货运车辆运行时对周围环境产生的危害主要有废气排放污染和噪声污染两大方面。汽油机的主要污染物成分是一氧化碳、碳氢化合物和氮氧化合物;柴油机的主要污染物成分是氮氧化合物和碳烟。为此,各国都制定了非常严格的货运车辆尾气排放标准,我国也不例外。在进行车辆选择时,必须选择符合环保性要求的货运车辆。

(4)货运车辆的质量指标选择

①整车装备质量:指货运车辆完全装备好的质量,包括发动机、底盘、车身、全部电气

设备和车辆正常行驶所需要的辅助设备的质量,以及随车工具、备用轮胎及备品等的质量之和。

②厂定最大总质量:指货运车辆满载时的总质量。

③最大装载质量:等于厂定最大总质量和整车装备质量之差,这是选择货运工具时一个直观的量化指标。

④最大轴载质量:指货运车辆单轴所承载的最大总质量。

在以上四个质量指标中,最大装载质量是人们所关心的主要使用指标,货运车辆装载时绝不允许超过车辆的额定最大装载质量。

(5)货运车辆的主要尺寸参数选择

①车长:垂直于车辆纵向对称平面并分别抵靠在货运车辆前、后最外端突出部位的两垂面间的距离。

②车宽:平行于车辆纵向对称平面并分别抵靠在货运车辆两侧固定突出部位(除后视镜、侧面标志灯、方位灯、转向指示灯等)的两平面之间的距离。

③车高:车辆支承平面与车辆最高突出部位相抵靠的水平面之间的距离。

为了有效利用车厢的面积和容积,在选择车辆时,其内部尺寸的选择应考虑与流通容器之间的配合关系。

阅读资料

自动驾驶货车

自动驾驶货车又称无人驾驶汽车,是一种通过电脑系统实现无人驾驶的智能汽车。无人驾驶汽车作为自动化载具,可以不需要人类操作即能感测其环境及导航。自动驾驶汽车依靠人工智能、视觉计算、雷达、监控装置和全球定位系统协同合作,让电脑可以在没有任何人类主动操作下,自动安全地操作机动车辆。

自动驾驶汽车使用视频摄像头、雷达传感器以及激光测距器来了解周围的交通状况,并通过一个详尽的地图(通过有人驾驶汽车采集的地图)对前方的道路进行导航。

现阶段无人驾驶汽车的人工智能主要细分技术包括计算机视觉与深度学习,同时以传感器以及高速芯片、GPU等为主的硬件发展也是无人驾驶领域研发的重要板块。无人驾驶是智能化的终极体现,集中运用了计算机、现代传感、信息融合、通信、人工智能及自动控制等技术,是典型的高新技术综合体。随着无人驾驶技术的不断提高,无人驾驶汽车行业市场规模将会快速增长。

无人驾驶的核心技术体系主要可分为感知、决策、执行三个层面。感知系统相当于人的眼睛、耳朵,负责感知周围的环境,并进行环境信息与车内信息的采集与处理,主要包括车载摄像头、激光雷达、毫米波雷达、超声波雷达等技术。决策系统相当于人的大脑,负责数据整合、路径规划、导航和判断决策,主要包括高精地图、车联网等核心技术。执行系统相当于人的小脑和四肢,负责汽车的加速、刹车和转向等驾驶动作,主要包括线控底盘等核心技术。

第二节　铁路运输设备

铁路运输是陆路运输的主要形式之一,在进行长距离、大批量运输中显现出巨大的优势。而铁路系统的构成,对铁路运输的安排和实现具有巨大的影响。在此,我们对现有的铁路系统进行分析,方便我们对铁路运输设施与设备加深认知。

一、铁路等级及主要技术标准

铁路等级是铁路的基本标准,应根据其在铁路网中的作用、性质、客货运量等确定。其中,我国的客货共线铁路一般分为四个等级,具体分级见表 5-1。

表 5-1　　　　我国的客货共线铁路等级

等　级	铁路在铁路网中的作用	近期年客货运量
Ⅰ级铁路	起骨干作用	≥20 Mt
Ⅱ级铁路	起联络、辅助作用	<20 Mt 且≥10 Mt
Ⅲ级铁路	为某一区域服务	<10 Mt 且≥5 Mt
Ⅳ级铁路	为某一区域服务	<5 Mt

铁路主要设计标准是设计铁路的基本标准,应根据国家要求的年输送能力和确定的铁路等级,考虑沿线资源分布和国家科技发展规划,并结合设计线的地形、地质、气象等自然条件,经过论证比选确定。

铁路主要技术标准包括正线数目、限制坡度、最小曲线半径、牵引种类、机车类型、机车交路、车站分布、闭塞类型、到发线有效长度等。这些标准是确定铁路能力大小的决定性因素,选用不同的标准对设计线的工程造价和运营质量有重大影响。

二、铁路系统的构成

(一)铁路线路

铁路线路是机车车辆和列车运行的基础,它直接承受机车车辆轮对传来的压力。为了保证机车车辆能按规定的最高速度安全、平稳和不间断地运行,使铁路运输部门能够高质量地完成客货运输任务,铁路线路必须经常保持完好状态。为了做好预防工作,在铁路线路上需要设置各类线路标志,其目的是便于线路的维修养护和满足司机、车长等工作时的需要。铁路线路是由路基、桥隧建筑物和轨道等组成的一个整体性工程。

1. 路基

路基是铁路线路承受轨道和列车载荷的基础结构物。按地形条件及线路平面和纵断面设计要求,路基横断面可以修成路堤、路堑和半路堑三种基本形式。

路基的宽度根据铁路等级、轨道类型、道床标准、路肩宽度和线路间距等因素确定。路基的形状有路拱和无路拱两种。非渗水的路基往往做成不同形式的路拱,以便排水。为保证路基的整体稳定性,路堤和路堑的边坡都应根据有关规定筑成一定的坡度。

为了消除或减轻地面水和地下水对路基的危害,使路基处于干燥状态,须采用地面水和地下水排水措施,将降落或渗入路基范围的地面水和地下水拦截、汇集、引导和排出路基范围外。这些排水设施有侧沟、排水沟、截水沟、渗（暗）沟等。

2. 桥隧建筑物

铁路通过江河、溪沟、谷地和山岭等天然障碍物或跨越公路、其他铁路线时需要修筑各种桥隧建筑物。桥隧建筑物包括桥梁、涵洞、隧道等。

3. 轨道

路基、桥隧建筑物修成之后,即可在上面铺设轨道。轨道是由钢轨、轨枕、连接零件、道床、防爬设备、道岔组成的。钢轨的作用主要是直接承受车轮的巨大压力并引导车轮的运行方向,其类型主要是以每米长度的质量表示,现行标准钢轨类型有 70 kg/m、60 kg/m、50 kg/m 等,钢轨的标准长度为 25.0 m、12.5 m。轨枕的作用主要是支承钢轨,将钢轨传来的压力传递给道床,并且还可以保持钢轨位置和轨距。轨枕目前主要有木枕和钢筋混凝土枕。木枕的特点是弹性好,质量轻,铺设、更换方便,但消耗木材,使用寿命短。钢筋混凝土枕的特点是使用寿命长,稳定性能高,养护工作量小等。轨枕的长度一般为 2.5 m。

连接零件可分为接头连接零件和中间连接零件。接头连接零件的作用是连接钢轨与钢轨间的接头,主要由鱼尾板、螺栓、螺帽、垫圈等组成,如图 5-1 所示。中间连接零件的主要作用是将钢轨紧扣在轨枕上,主要有木枕用和钢筋混凝土枕用两种类型,如图 5-2 所示为木枕用中间连接零件。

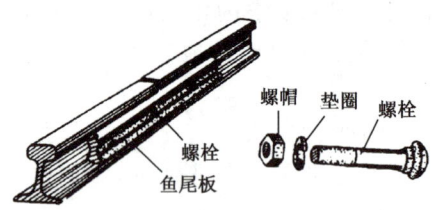

图 5-1　接头连接零件

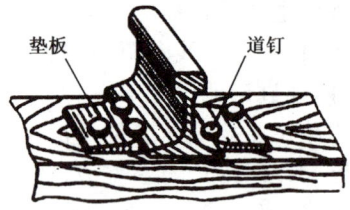

图 5-2　木枕用中间连接零件

道床的作用主要是支承轨枕,把从轨枕上传来的压力均匀地传给路基;固定轨枕的位置,阻止轨枕纵向和横向移动;缓和车轮对钢轨的冲击。一般使用材料是碎石、卵石、粗砂等,其中以碎石为最优。

可以看出,轨道的各部分均应有足够的强度和稳定性,才能保证机车车辆按规定的最高速度安全、平稳和不间断地运行。通过对轨道的主要组成部分的了解,我们认识到轨道是一个整体性工程结构,经常处于机车车辆运行的动力作用下,其作用表现为直接承受车轮传来的巨大压力,并把它传给路基及桥隧建筑物和起着机车车辆运行的导向作用。

4. 防爬设备

在铁路线路中,会发生因机车车辆运行时纵向的作用,使钢轨甚至带动轨枕产生纵向移动的现象,我们称之为线路爬行。线路爬行危害非常大,主要表现为轨缝不均、轨枕歪斜,对轨道造成极大破坏,危及行车安全。所以我们会采用一些防爬措施来规避这种现象的出现,主要的防爬措施是安装防爬器和防爬撑,如图 5-3 所示。防爬撑

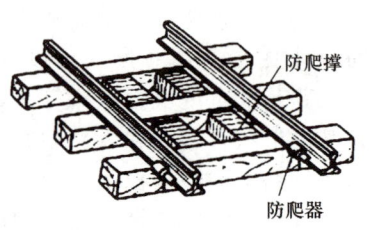

图 5-3　防爬器和防爬撑

可采用废旧枕木,在山区可用石条代替。

5. 新型轨道结构

钢轨是轨道结构直接与机车车辆接触的部分。多少年来,钢轨除质量随着机车车辆轴重及行车速度的提高而有所增加外,没有什么重大的改进和根本性的改革。钢轨接头仍然是轨道结构的薄弱环节。

轨道结构中钢轨以下的部分称轨下基础。20世纪70年代,世界各国出现了各种不同类型的新型轨下基础,主要有:新型轨下受力部件(简称"轨下部件");新型道床;综合采用新型轨下受力部件和新型道床。

新型轨下受力部件保留了传统的道床,而将传统的横向轨枕改变为特殊形状的新型轨下部件。中国从1966年起开始较大量地在繁忙干线和其他一些线路上试铺了一种宽混凝土轨枕。宽混凝土轨枕的长度与普通轨枕相同,但宽度约为后者的一倍。其作用是扩大轨枕在道床上的支承面积,减少轨道的总下沉量,并能使机车车辆通过时的道床振动加速度有所下降,从而大大地提高了轨道的承载能力及其稳定性。宽轨枕轨道能保持道床的整洁和排水畅通,道砟清筛工作量较小,清筛周期较长;铺设于运输繁忙的线路,能有效地延长轨道的养护维修周期。在长隧道内铺设宽轨枕轨道,可以极大改善养路工人的工作条件。在大型客货站场及运煤线路上铺设这种轨道,也取得了非常良好的效果。为充分发挥宽轨枕轨道的优势,常将其与焊接长钢轨配合使用,并采用质地良好的弹性扣件和弹性垫层。

相对于传统道床的改进,新型道床是人们研究得较少的领域之一。

整体道床常用于隧道内部,在隧道基底上直接浇筑混凝土,以取代传统的碎石道床。结构形式有预埋混凝土短枕式、预埋短木枕式及整体浇筑式,以第一种最常见。隧道整体道床主要由混凝土道床、隧道底部填充(隧道设仰拱时)、钢筋混凝土短枕、排水沟、人行道及其他附属设施组成,根据对排水要求的不同,分中心水沟式及两侧水沟式。在整体道床的全长上,随需要设置伸缩缝。其与两端碎石道床连接处,应按规定设置道床弹性渐变的过渡段,以减少机车车辆进出整体道床时的猝然冲击。整体道床坚固耐用,外观整洁,基本上能达到减少维修的目的,但必须正确处理好隧道水文地质条件与设计施工之间的关系。缺点是造价高昂,且要求较高的施工精度和特殊的施工方法,在运营过程中一旦出现病害,整治非常困难。

沥青道床应用沥青做铁路道床材料的尝试,自20世纪20年代在美国开始,之后法国、瑞士、德国和苏联也进行过类似的试验,并取得一定的成果。日本从1960年开始进行沥青道床的试铺,20世纪70年代已在日本全国范围内推广。中国从1967年开始试铺,研究工作在全国十多个试验段上进行。沥青道床可用沥青混合料加热施工,也可用水泥乳化沥青砂浆、乳化沥青砂浆或稀释沥青不加热施工。沥青材料的灌入深度可仅达碎石道床的表面层,也可深入碎石道床的全部。沥青道床一般需要在其顶面设置由水泥沥青砂浆做成的调整层,以消除由于施工不当或轨枕厚度不一而发生的高低误差,并起一定的缓冲作用。沥青道床的优点是能增加线路强度,延缓轨道下沉,使道床稳定性有很大提高,从而大大减少线路维修工作量,并能在不中断行车的条件下进行旧线施工。缺点是对沥青材料的性能要求比较高,并必须配合使用能较大幅度调整轨距及轨面高低的扣件,以适应改道及起道的需要。

日本在高速铁路上铺设的混凝土板式轨道,是一种既采用新型轨下受力部件又采用新型道床的新型轨下基础。它们不仅可以铺设在隧道内或高架桥上(称为 A 型板式轨道),也可以铺设在一般的土质路基上(称为 RA 型板式轨道)。A 型板式轨道用预制的钢筋混凝土板支承钢轨。板的长度为 4～10 m,通常为 5 m,宽为 2.34 m,厚为 0.20 m。在板和基底上浇筑的混凝土基础之间,设置可调整的缓冲垫层。缓冲垫层厚为 50 mm,为乳化沥青、水、细砂、铝粉末及早强水泥等以一定的配合比配制而成的水泥沥青砂浆。掺用铝粉末的目的是使砂浆起膨胀作用,保证板与水泥沥青砂浆密切贴合而不留空隙。板上有预先准备好的供连接钢轨用的预埋螺栓。机车车辆运行时产生的纵向力和横向力,依靠板底面上的摩擦力和设置在混凝土基础上的限位圆柱承担。板须铺设在路基面上的沥青混凝土上,两者之间设水泥沥青砂浆缓冲垫层。沥青混凝土分上、下两层。上层为厚 60 mm 的沥青混凝土,下层为厚 90 mm 的由不同碎石颗粒组成的沥青稳定处理层,均按规定的标准方法施工。板式轨道是在混凝土整体道床的基础上发展起来的,既保持了优点,又改进了某些固有缺陷。板在工厂预制,能满足一定的精度要求,运输、铺设及组装均可用机械化方法施工,从而避免了整体道床工程费用高,施工进度慢,因基底变形而引起的轨道病害的整治非常困难,以及混凝土短枕和混凝土道床之间经常出现裂缝等问题。板式轨道和整体道床及沥青道床一样,需配合使用能较大幅度调整轨距及轨面高低的扣件,以适应养护工作的需要。

用长轨铺设的铁路线路,通常使用的标准钢轨长度为 12.5 m 和 25.0 m。把 10 根或 20 根标准钢轨先在工厂焊接成 125～250 m 的钢轨,再用特别编组的运轨车运到铺设工地,焊接成 1 000～2 000 m 的长轨铺设在线路上,就成为无缝线路。

6. 道岔

道岔是使机车车辆从一股道转入另一股道的线路连接设备。道岔在车站大量铺设,其中用得较多的是单开道岔。

道岔由转辙器、连接部分、辙叉及护轨三个单元组成。转辙器包括基本轨、尖轨和转辙机械。如图 5-4 所示,当机车车辆要从 A 股道转入 B 股道时,操纵转辙机械使尖轨移动位置,尖轨 1 紧贴基本轨 1,尖轨 2 脱离基本轨 2,这样就开通了 B 股道,关闭了 A 股道,机车车辆进入连接部分沿着导曲线轨过渡到辙叉及护轨单元。这个单元包括固定辙叉心、翼轨及护轨,作用是保护车轮安全通过两股轨线的交叉之处。

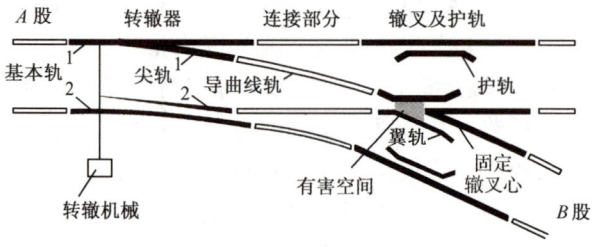

图 5-4 普通单开道岔

由图 5-4 可以看出，车轮在通过辙叉时，从两根翼轨的最窄处到固定辙叉心的最尖端之间有一段空隙，这就是道岔的有害空间，车轮通过此处时，有可能因走错辙叉槽而引起脱轨。这个有害空间的存在限制了机车车辆通过道岔的速度，对开行高速列车十分不利。解决道岔有害空间的根本之道当然是消灭有害空间。既然普通道岔做不到，就必须研制特殊道岔——活动心轨道岔(图 5-5)。活动心轨道岔最主要的特点是辙叉心轨可以扳动。当我们要开通某一方向股道时，活动

图 5-5　活动心轨道岔

心轨道岔的辙叉心轨就与开通方向一致的翼轨紧贴，与另一翼轨分开，这样一来，普通道岔的有害空间就不存在了。实践证明，消灭了道岔的有害空间，行车会更加平稳，过岔速度限制较小，因而特别适合运量大、需要开行高速列车的线路使用。

(二)信号与信号设备

铁路信号是向有关行车和调车人员发出的指示和命令。

铁路信号设备是通信设备、联锁设备、闭塞设备的总称。铁路信号技术的发展逐步实现微机化、综合化、集成化和智能化。通信设备是指挥机车车辆运行、组织运输生产及进行公务联络等的重要工具，应能做到迅速、准确、安全、可靠，形成一个完善与先进的铁路通信网。通信技术应由模拟向数字化转换，实现程控数字交换，发展宽频带信息传输和智能网络管理。

三、铁路站场

车站既是铁路办理客货运输的基地，又是铁路系统的一个基层生产单位。在车站中，除办理旅客和货物运输的各项作业以外，还办理与列车运行有关的各项作业。为了完成上述作业，车站设有客货运输设备及与列车运行有关的各项技术设备，还配备了客运、货运、行车、装卸等方面的工作人员。铁路站场按技术作业分为中间站、区段站和编组站。

(一)中间站

中间站是为沿线城乡人民及工农业生产服务，提高铁路区段通过能力，保证行车安全而设的车站。

1. 中间站的主要任务

中间站的位置设置，既要符合线路通过能力的要求，又要适当满足地方工农业生产发展的需要，并应考虑地形、地质等自然条件。它主要办理列车的到发、通过、会让和越行，以及客货运输业务。

2. 中间站的主要作业

中间站的主要作业见表 5-2。

表 5-2　　　　　　　　　　　　　中间站的主要作业

客运作业	旅客的乘降,行李包裹的承运、保管、装卸与交付
货运作业	货物的承运、保管、装卸与交付
接发列车作业	接车、发车和旅客通过列车及此时中间站的主要行李作业
摘挂列车及调车作业	沿零摘挂列车的摘挂作业,以及向货运线、岔线取送车辆的调车作业

3. 中间站的主要设备

在中间站作业过程中,不同的作业领域涉及的主要设备见表 5-3。

表 5-3　　　　　　　　　　　　　中间站的主要设备

客运设备	包括旅客站舍、旅客站台、雨棚和跨越设备等
货运设备	包括货物仓库、货物站台和货运室、装卸机械等
站内设备	包括到发线、牵出线和货运线等,它们分别用于接发列车、进行调车和货物的装卸作业
信号及通信设备	进出站信号机及通信设备等
其他设备	在某些中间站还设有机车整备设备和列车检查设备等

(二)区段站

1. 区段站的任务和特点

区段站主要为邻接的铁路区段供应机车,并为无调中转列车办理规定的技术作业,是中等城市和铁路网上牵引区段(机车交路)的起点或终点。

区段站位于铁路网中各牵引区段的分界点处,这是区段站相比其他站点较显著的特征。一般来说,区段站的设置必须考虑一些影响因素:第一,机车牵引区段的长度;第二,铁路网规划;第三,地区及城镇发展规划。

2. 区段站的主要作业

区段站的主要作业见表 5-4。

表 5-4　　　　　　　　　　　　　区段站的主要作业

客运作业	旅客的乘降,行李包裹的承运、保管、装卸与交付
货运作业	货物的承运、保管、装卸与交付
运转作业	①有关旅客列车运转技术作业,如列车技术检查与修理,更换机车等 ②有关货物列车运转技术作业,如列车技术检查和货物检查,编组和解体区段,摘挂列车,以及向货场专运线取送车作业等
机务业务	更换机车和乘务组,机车检查与修理等
车辆业务	车辆检查与修理

3. 区段站的主要设备

为了完成上述各项区段站作业,区段站的主要设备见表 5-5。

表 5-5	区段站的主要设备
客运设备	包括旅客站舍、旅客站台、雨棚和跨越设备等
货运设备	包括货场、货物站台、货物仓库、装卸线等
运转设备	①旅客列车到发线 ②货物列车到发线、调车线、牵出线等
机务设备	机务段或机务折返段
车辆设备	车辆段、站修所等
其他设备	通信、照明设备等

4.区段站布置图

区段站的客运、货运、运转、机务、车辆等五项设备的合理布置,如图 5-6 所示。

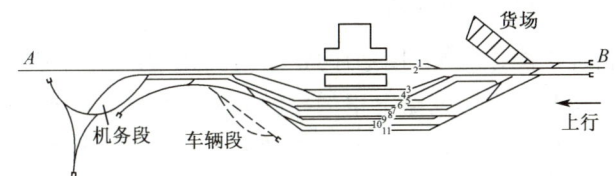

图 5-6　单线铁路区段站布置示意图

(三)编组站

编组站是铁路网上办理大量货物列车解体和编组作业,并设有比较完善的调车设备的车站,有"列车工厂"之称。编组站和区段站统称为技术站,但二者在车流性质、作业内容和设备布置上均有明显区别。区段站以办理无改编货物列车为主,仅解编少量的区段、摘挂列车;而编组站主要办理各类货物列车的解编作业,且多数是直达列车和直通列车,改编作业量往往占全站作业量的 60% 以上,有的高达 90%。

1.编组站的作用及任务

(1)解编各种类型的货物列车。

(2)组织和取送本地区的车流——小运转列车。

(3)设在编组站的机务段,还需供应列车动力,以及整备、检修机车。

(4)设在编组站的车辆段及其下属单位(站修所、列检所),还要对车辆进行日常维修和定期检修等。

2.编组站的作业设备

编组站的作业设备基本上与区段站一样。位于大城市郊区的编组站,可以不设客货运设备。

四、铁路运载设备

(一)机车

机车是铁路运输的基本动力,铁路是用机车牵引车辆,行驶在铺有钢轨线路上的一种现代化运输工具。因此,只有在机车和轨道两种主要设备先后发明并配合使用时,才揭开了铁路史的第一页。

1. 内燃机车

内燃机车是以内燃机作为原动力的一种机车。内燃机车的热效率可达到30%左右,是各类机车中效率较高的一种。内燃机车的优点是机车的整备时间短,持续工作的时间长,适用于长交路;用水量少,适用于缺水地区;初期投资比电力机车少,而且机车乘务员劳动条件好,便于多机牵引。内燃机车最大的缺点是对大气和环境有污染。铁路上采用的内燃机车绝大多数是柴油机车。在内燃机车上,柴油机和机车动轮之间装有传动装置,柴油机的功率是通过传动装置传递到机车动轮上去的,而不是由柴油机直接驱动机车动轮的,其原因在于柴油机的特性不能满足机车牵引性能的要求。

2. 电气化铁路与电力机车、动车组

电气化铁路是指以电能作为牵引动力的铁路,它用电力机车牵引列车,电能由电力系统通过铁路牵引变电所和架设在铁路上空的接触网传送给电力机车或电动车组。世界首条电气化铁路建于19世纪末,随着经济发展和技术进步,它以优越的牵引技术性能和显著的经济效益,在国际上得到蓬勃的发展。

由于电力机车本身不能携带能源,而是靠外部电力系统经过牵引供电装置供给其电能,故电气化铁路是由电力机车和牵引供电装置组成的。牵引供电装置一般分成牵引变电所和接触网两部分,所以又将电力机车、牵引变电所和接触网称为电气化铁路的"三大元件"。

电力机车可制成大功率机车,具有运输能力强、启动快、速度高、爬坡性能好、不污染空气、劳动条件好、利于环保、运营费用低、可利用多种能源等优点,特别适用于运输繁忙的铁路干线和隧道多、坡度大的山区铁路。从世界各国铁路的发展来看,电力机车被公认为是较有发展前途的一种机车。

动车组列车为现代火车的一种类型,由若干带动力的车辆(动车)和不带动力的车辆(拖车)组成,列车在正常使用期限内以固定编组模式运行。动车时速能达到200~250 km/h。

动车组按牵引动力方式分为内燃动车组和电力动车组;按动力配置方式分为动力集中式动车组和动力分散式动车组。

动力分散式动车组的优点:动力装置分布在列车不同的位置上,能够实现较大的牵引力,编组灵活;采用动力制动的轮对多,制动效率高且调速性能好,制动减速度大,适合用于限速区段较多的线路;列车中一节动车的牵引动力发生故障对全列车的牵引指标影响不大。动力分散式动车组的缺点:牵引力设备的数量多,总质量大。动力集中式动车组的优点:动力装置集中安装在2~3节车上,检查、维修比较方便;电气设备的总质量小于动力分散式动车组。动力集中式动车组的缺点:动车的轴重较大,对线路不利。动车组既可以采用短编组8辆运行,又可以方便地将两列短编组重联为16辆长编组运行。

动车的技术发展主要表现在功率、速度和舒适性的提高,单位功率质量的降低,以及电子技术的应用等方面。动车组今后还将不断发展,特别是世界各国正在发展市郊铁路

与地下铁道过轨互通,构成城市高速铁路网,动车组在其中将会起到主力军的作用。

动车组在中国国家铁路运输系统里是指"(普通)动车组旅客列车",车次以"D"开头,简称"D字头列车",其综合等级高于特快旅客列车和其他普速列车,低于后来由其本身进一步细分出来的"高速动车组旅客列车(G字头列车)"和"城际动车组旅客列车(C字头列车)"。

3. 高速铁路与高铁机车

高速铁路简称为高铁,中国国家铁路局颁布的《高速铁路设计规范》(TB 10621—2014)中将高铁定义为新建设计时速为250公里(含)至350公里(含),运行动车组列车的标准轨距的客运专线铁路。

高铁是电力机车中一个更擅长高速移动的分支。高铁是电力驱动,在列车每节车厢顶部装有受电弓,受电弓从接触网获得电能。接触网是 27.5 kV 的交流电,经过安装在车底架上的主变压器降压为 900 V 的交流电,再经网侧变流器转换成 1 650 V 的直流电。该直流电再经牵引逆变器转换成可变频、可变压的三相交流电送给牵引电机,将电能转换成牵引列车的机械能。

目前,中国高铁机车主要有四种型号:CRH1、CRH2、CRH3 和 CRH5。其中 CRH1、CRH2、CRH5 的设计时速在 200 km 以上,而 CRH3 的设计时速在 300 km 以上。当列车时速达 160 km 以上后,受到的空气阻力将明显增加,因此,高铁的火车头采用可减少阻力的"子弹头"造型。"子弹头"造型不但优美流畅,而且在列车"冲进"隧道的时候,还能有效削减"微气压波"。

中国的高速铁路实现了一个重大的技术突破——高速铁路与普通铁轨接轨,高速列车不但可以在高速路轨上跑,也能在普通铁轨上跑,这将极大利用全国的铁路网络。高速列车虽有很多优势,但对侧风比较敏感,一般在 15 m/s 侧风条件下就要降速,从 350 km/h 降到 250 km/h。此外,高速列车对大风、雨雪、地震比较敏感,需要进行异物侵袭等检测诊断,最后实现全线视频监控。

(二)车辆

铁路车辆是运送旅客和货物的工具。一般车辆没有动力装置,需要把车辆连挂成列,由机车牵引,才能在轨道上运行。一般来说,铁路车辆的基本构造由车体、车底架、走行部、车钩缓冲装置、制动装置五部分组成。

铁路车辆类型较多,按轴数分,有四轴车、六轴车和多轴车。四轴车的四根轴分别组成两个相同的转向架,能相对于车底架做自由转动,因此缩短了车辆的固定轴距,使之能顺利通过曲线。我国铁路上的大部分车辆均采用这种形式。对于载重量较大的车辆,为使每一车轴加在线路上的质量不超过线路强度所规定的吨数(称为"轴重"),可以做成六轴车或多轴车。

拓展资料:中国高铁货运发展

按照车辆运送对象不同,可分为三大类,即客运车辆、货运车辆和客货运车辆。目前

主要探讨的是物流作业中我们对于货物运载工具的使用,所以在这里我们重点阐述货运车辆。货运车辆主要可以分为以下三大类:

(1)通用货车是一种通用性较强的车辆,可以运载大多数货物,是比较常见的铁路车辆类型,如棚车、敞车和平车等。

(2)专用货车主要是专供装运某些种类的货物,具有专项性的特征,如家畜车、散装水泥罐车、保温车、集装箱车等。

(3)特种货车包括凹型车、落下孔车、钳夹车等。

各种常用铁路货运车辆见表5-6。

表5-6　　　　　　　　　　常用铁路货运车辆

说明	图片
棚车是铁路货车中的通用车辆,用于运送怕日晒、雨淋、雪浸的货物,包括各种粮谷、日用工业品及贵重仪器设备等。一部分棚车还可以运送人员和马匹	 棚车
敞车是具有端壁、侧壁而无车顶的铁路货车,主要运送煤炭、矿石、矿建物资、木材、钢材等大宗货物,也可用来运送质量不大的机械设备。若在所装运的货物上蒙盖防水帆布或其他遮盖物后,可代替棚车承运怕雨淋的货物。敞车具有很大的通用性,按卸货方式不同可分为两类:一类是适用于人工或机械装卸作业的通用敞车;另一类是适用于大型工矿企业、站场、码头之间成列固定编组运输,用翻车机卸货的敞车	 敞车
平车是铁路上大量使用的通用车型,无车顶和车厢挡板,车体自重较小,装运吨位可相应提高,且无车厢挡板的制约,装卸较方便,必要时可装运超宽、超长的货物。平车主要用于装运大型机械、集装箱、钢材、大型建材等。 在平车基础上采取各种相应的技术措施,发展出集装箱车、车载车、袋鼠式车等,对满足现代物流要求,提高载运能力是很有作用的	 平车
散装水泥罐车是适应在中国标准轨距铁路上运行的用于装运散装水泥或其他相类似粉状物料的罐车。采用全钢焊接结构,由罐体、牵枕装配、外梯装配、进风及卸料管路装配、制动装置、车钩缓冲装置及转向架等部件组成	 散装水泥罐车

续表

保温车又叫冷藏车,是运送鱼、肉、鲜果、蔬菜等易腐货物的专用车辆。这些货物在运送过程中需要保持一定的温度、湿度和通风条件,因此保温车的车体装有隔热材料,车内设有冷却装置、加温装置、测温装置和通风装置等,具有制冷、保温和加温三种性能。保温车车体外表涂成银灰色,利于阳光反射,减少辐射热。中国自制的保温车有冰箱保温车和机械保温车两大类。 BSY型四节式冷冻板保温车组是一种运输易腐货物的专用车辆,由三辆货物车和一辆带乘务员室的车组成。车组利用地面制冷设备制冷,给车顶部盛蓄冷剂的容器(即冷冻板)"充冷",故称冷冻板保温车。每辆货物车有14块冷冻板,车内温度保持在-180 ℃以下时,可连续运行100 h。车上还设有调温板,车内温度可在-12 ℃~5 ℃范围内调节	 保温车
PD5型毒品车主要用于装运农药等有毒物品。 主要技术参数: 载重:50 t　　自重:26.5 t 轴重:21 t　　容量:116 m³ 轨距:1 435 mm　车辆长度:16 438 mm	 PD5型毒品车

实训任务

1. 查看全国高速公路一览表,了解我国高速公路网线路。

2. 参观学校附近的一个铁路货运站,了解其设施、设备配备及发展情况。

3. 调研本校附近的驾校基本情况,积极报名参加机动车驾驶员考试,获得C1或C2机动车驾驶证,有条件的同学可报考B2机动车驾驶证。

4. 如本校物流实训室已安装机动车模拟驾驶器(货车和轿车均可),分组进行机动车模拟驾驶练习,完成机动车模拟驾驶不同场景的实训任务。

5. 调研本校或者附近院校内菜鸟驿站等快递代理点无人配送车应用情况,撰写一份无人配送车在高校内的应用调研报告。

 关键概念提要

我国公路分为两大类、五个等级:两大类指汽车专用公路和一般公路;五个等级指高速公路,一级、二级、三级、四级公路。目前我国对于全国公路进行行政等级划分,依据《中华人民共和国公路管理条例实施细则》主要分为国道、省道、县道、乡道和专用公路。公路是一种工程构造物,主要由路基、路面、桥梁、隧道、涵洞等基本构造物和其他辅助构造物及设施组成。国家高速公路网路线的命名应遵循公路命名的一般规则。

《国家高速公路网规划》是我国高速公路建设的纲领性文件。高速公路建设了各类基础性设施，安装了先进的通信、监控系统，可以快速、准确地监测道路交通状况，并通过可变情况板、交通信息广播电台及互联网实时发布交通信息。我国汽车运输的货运形式大致可分为整车货运、快速货运、零担货运、集装箱货运。货运站（场）的基本功能：运输组织功能、中转和装卸储运功能、中介代理功能、通信信息服务功能、辅助服务功能。

汽车是公路运输中重要的货物运载工具，总体构造由发动机、底盘、车身和电气设备四个部分组成。评价货运车辆使用性能的指标有很多，如动力性、燃料经济性、行驶安全性、制动性、操纵稳定性、舒适性、通过性、环保性、可靠性、维修适应性等。

铁路主要技术标准包括正线数目、限制坡度、最小曲线半径、牵引种类、机车类型、机车交路、车站分布、闭塞类型、到发线有效长度等。铁路系统由铁路线路、信号设备等构成。铁路站场按技术作业分为中间站、区段站和编组站。铁路运载设备由机车和车辆构成，目前电气化铁路已经成为我国铁路运营的主流。

思考与练习

1. 列举6种以上货运车辆的名称，并说出其用途。
2. 评价货运车辆使用性能的指标有很多，试选择其中6种加以解释。
3. 列举6种铁路货运车辆的名称，并说出其用途。
4. 试解释中间站与编组站的区别。

第六章 航空运输设施与设备

第一节 航空运输技术设施

一、航空运输的特点与作用

航空运输虽然较其他运输方式出现的时间晚,但其得到了快速发展,而且在物流系统中显示出了独有的优势。航空运输与其他运输方式相比,主要优点体现在以下几个方面。

(一)快速性

这是航空运输的最大特点和优势,距离越长,航空运输所能节约的时间越多,快速的特点也越显著。

(二)机动性、灵活性

飞机在空中飞行,相对来说受航线条件限制的程度比汽车、火车、轮船低。它可以将地面上任何距离的两个地方连接起来,可以定期或不定期飞行。尤其对于灾区的救援、供应,以及边远地区的急救等紧急任务,航空运输已成为必不可少的手段。

(三)舒适、安全

喷气式客机的巡航高度一般在10 km左右,飞行不受低空气流的影响,平稳舒适。现代民航客机的客舱宽敞,噪声小,机内有供餐、视听等设施,旅客乘坐的舒适程度较高。

(四)基本建设周期短、投资省、收效快

要发展航空运输,从设备条件上讲,只要添置飞机和修建机场。这与修建铁路和公路相比,一般来说建设周期短、占地少、投资省、收效快。

航空运输的主要缺点是飞机机舱容积和载重量都比较小,运载成本和运价比地面运输高,在物流中占比小。飞行受一定的气候条件限制,影响其正常性、准确性。此外,航空运输速度快的优点在短途运输中难以充分发挥。航空运输比较适宜500 km以上的长途客运,以及时间性强的鲜活易腐和价值高的货物的中长途运输。

二、航空港及技术设施

航空港又称为机场和航空站,是航空线的枢纽,供飞机执行客货运业务、保养维修、起飞、降落使用。航空港按照设备情况可分为基本航空港和中途航空港。

(一)跑道

跑道系统由结构道面、道肩、防吹坪和跑道安全地带组成,供飞机起降使用。结构道面在结构载荷、运转、控制、稳定性等方面支撑飞机;道肩抵御喷气气流的吹蚀,并承载维护和应急设备;防吹坪防止紧临跑道端的表面地区受各种喷气气流吹蚀;跑道安全地带支撑应急和维护设备以及可能发生的转向滑出的飞机。

(二)滑行道

滑行道是飞机在跑道与停机坪之间出入的通道,提供从跑道到航站区和维修库的通道。

(三)停机坪

停机坪是供飞机停留的场所,也可称为试车坪或预热机坪,设置于临近跑道端部的位置。

(四)机场地面交通

机场地面交通包括出入机场交通和机场内交通两部分。机场内交通设施包括供旅客、接送者、访问者、机场工作人员使用的公用通道;供特准车辆出入的公用服务设施和非公用服务道路;供航空货运车辆出入的货运交通通道。

(五)指挥塔或管制塔

指挥塔或管制塔是飞机进出航空港的指挥中心,其位置应有利于指挥与航空管制,维护飞行安全。

(六)助航系统

助航系统是辅助安全飞行的设施,包括通信、气象、雷达、电子及目视助航设备。

(七)输油系统

输油系统主要为飞机补充油料,需要有配套的输油设备。

(八)维护修理基地

维护修理基地主要为飞机归航以后或起飞以前做例行检查、维护、保养和修理。

(九)货运设施

货运量大的机场应将处理货物运输的系统与旅客运输系统分开。机型大型化后导致客货混合作业时间延长,规划机坪门位系统时应考虑货物处理问题。

航空货物包括空运货物和航空邮件。空运货物在飞机与航站楼之间由航空公司或货运商运送,需要提供运货卡车专门道路;航空邮件通常由车辆直接运送至机场邮件中心。

常见的装卸设备是装卸—运输联合机,升降式装卸机适用于不同机舱高度的飞机。

（十）其他各种公共设施

其他各种公共设施主要包括给水、给电、通信、交通、消防系统等。

第二节　航空运输运载工具

一、飞机的分类

飞机是航空运输中主要的运载工具。飞机依其分类标准的不同，可有以下划分方法。

(1) 按飞机的用途划分，有民用航空飞机和国家航空飞机之分。

国家航空飞机是指军队、警察和海关等使用的飞机；民用航空飞机主要是指民用飞机和直升机。民用飞机指民用的客机、货机和客货两用机。客机主要运送旅客，一般行李装在飞机的深舱。由于航空运输以客运为主，客运航班密度高、收益大，所以大多数航空公司都采用客机运送货物。不足的是，由于舱位少，每次运送的货物数量十分有限。货机运量大，可以弥补客机的不足，但经营成本高，只限在某些货源充足的航线使用。客货两用机可以同时运送旅客和货物，并根据需要调整运输安排，是最具灵活性的一种机型。

(2) 按飞机发动机的类型划分，有螺旋桨飞机和喷气式飞机之分。

螺旋桨飞机利用螺旋桨的转动将空气向机后推动，借其反作用力推动飞机前进。所以螺旋桨转速越高，飞行速度越快。但当螺旋桨转速高到某一程度时，会出现"空气阻碍"的现象，即螺旋桨四周已成真空状态，再怎么加快螺旋桨的转速，飞机的速度也无法提升。喷气式飞机最早由德国人在 20 世纪 40 年代制成，是将空气多次压缩后喷入飞机燃烧室内，使空气与燃料混合燃烧后产生大量气体以推动涡轮，然后以机后以高速度将空气排出机外，借其反作用力使飞机前进。它的结构简单，制造、维修方便，速度快，节约燃料费用，装载量大（一般可载客 400～500 人或 100 t 货物），使用率高（每天可飞行 16 h），所以目前已经成为世界各国机群的主要机种。

(3) 按飞机发动机的数量划分，有单发（动机）飞机、双发（动机）飞机、三发（动机）飞机、四发（动机）飞机之分。

(4) 按飞机的航程远近划分，有近程、中程、远程飞机之分。

远程飞机的航程为 11 000 km 左右，可以完成中途不着陆的洲际跨洋飞行；中程飞机的航程为 3 000 km 左右；近程飞机的航程一般小于 1 000 km。近程飞机一般用于支线，因此又称为支线飞机。中程、远程飞机一般用于国内干线和国际航线，又称为干线飞机。

我国按飞机客座数划分大、中、小型飞机，飞机的客座数在 100 座以下为小型飞机，100～200 座之间为中型飞机，200 座以上为大型飞机。航程在 2 400 km 以下为短程飞机，2 400～4 800 km 之间为中程飞机，4 800 km 以上为远程飞机。但分类标准是相对而言的。

(5) 按驾驶技术划分，有人工驾驶飞机和无人驾驶飞机之分。

前面我们介绍的都是人工驾驶飞机。人工驾驶飞机即需要飞机驾驶员进行驾驶操作的飞机。无人驾驶飞机简称为"无人机"，是利用无线电遥控设备和自备的程序控制装置操纵的不载人飞机,或者由机载计算机完全或间歇地自主操作。无人机从技术角度可以分为:无人固定翼飞机、无人垂直起降飞机、无人飞艇、无人直升机、无人多旋翼飞行器、无人伞翼机等。无人机按应用领域分类,可分为军用与民用。军用方面,无人机分为侦察机和靶机。民用方面,无人机＋行业应用是无人机真正的刚需。在航拍、农业、植保、微型自拍、快递运输、灾难救援、观察野生动物、监控传染病、测绘、新闻报道、电力巡检、救灾、影视拍摄等领域的应用,大大地拓展了无人机本身的用途,发达国家也在积极扩展行业应用与发展无人机技术。

二、飞机的组成

飞机主要由机翼和尾翼、机身、动力装置、起落装置、操纵系统等部件组成。

(一)机翼和尾翼

机翼是为飞机飞行提供升力的部件。机翼受力构件包括内部骨架、外部蒙皮以及与机身连接的接头。尾翼包括水平尾翼和垂直尾翼。水平尾翼由固定的水平安定面和可动的升降舵组成。垂直尾翼则包括固定的垂直安定面和可动的方向舵。尾翼的主要功用是用来操纵飞机俯仰和偏转,并保证飞机能平稳地飞行。

(二)机身

机身是装载人员、货物、燃油、武器、各种装备和其他物资的部件,连接机翼、尾翼、起落架和其他有关构件。

(三)动力装置

动力装置主要用来产生拉力或推力,使飞机前进。此外还可以为飞机上的用电设备提供电源,为空调设备等用气设备提供气源等。

现代飞机的动力装置应用较广泛的有四种:一是航空活塞式发动机加螺旋桨推进器;二是涡轮喷气式发动机;三是涡轮螺旋桨发动机;四是涡轮风扇发动机。随着航空技术的发展,火箭发动机、冲压发动机、原子能航空发动机等也逐渐被采用。飞机飞行速度提高到需要突破声障时,要用结构简单、质量轻、推力大的涡轮喷气式发动机。涡轮喷气式发动机包括进气道、压力机、燃烧室、涡轮和尾喷管五部分。

(四)起落装置

飞机下部用于起飞、降落或地面滑行时支撑飞机并用于地面移动的附件装置,叫作起落装置。飞机起落装置使飞机能在地面或水面上平顺地起飞、着陆、滑行、停放,由吸收着陆撞击的能量机构、减振器、机轮和收放机构组成。改善起落性能的装置包括增举装置、起飞加速器、机轮刹车和阻力伞或减速伞等。现代飞机多采用前三点式起落架,即一对主要承载起落架位于飞机重心之后,另一个起落架位于机头之下。

(五)操纵系统

飞机操纵系统分为主操纵系统和辅助操纵系统。主操纵系统对升降舵、方向舵和副翼三个主要操纵面进行操纵,辅助操纵系统对调整片、增举装置和水平安定面等进行操纵。

飞机除了上述五个主要部件之外,根据飞行操纵和执行任务的需要,还装有各种仪表、通信设备、领航设备、安全设备和其他设备等。

三、飞机的常用参数

(1)机长:指飞机机头最前端至飞机尾翼最后端之间的距离。

(2)机高:指飞机停放地面时,飞机尾翼最高点的离地距离。

(3)翼展:指飞机左、右翼尖间的距离。

(4)最大起飞质量:指飞机试航证上所规定的该型飞机在起飞时所许可的最大质量。

(5)最大着陆质量:指飞机的起落架和机体结构所能承受的撞击量,由飞机制造厂和民航局所规定。

(6)飞机基本质量:指除商务载重(旅客及行李、货物邮件)和燃油外,飞机做好执行飞行任务准备的飞机质量。

一般情况下,飞行速度越低的飞机,翼展跟机身长度比相对更大一些。波音737-300飞机(图6-1)的翼展为28.9 m,机长为33.4 m,翼展略小于机身长度,跟机身长度比较接近;F-22战斗机的翼展为13.56 m,机长为18.92 m,翼展约占机身长度的71%。

图6-1 波音737-300飞机

四、几种大型飞机介绍

图6-2 安-124

(一)安-124和安-225

安-124代号为"秃鹰"(Condor)(图6-2),是一种苏联研制的远程战略运输机,当时主要用于运输坦克及战机。它于1982年首飞,并于1986年开始装备部队,至1997年,已生产了54架此类型飞机。安-124长度为69.10 m,高度为20.78 m,翼展为73.30 m,可载货物150 t。

安-124采用四台Lotarev D-18T发动机,具有反推能力,起飞质量达405 t,能够负载230 t燃料。飞机采用线传飞控来控制飞机各部件,设有液压系统用作后备,机身部件广泛地采用复合材料构成。安-124的货舱高为4.4 m,宽为6.4 m、长为36.0 m,货舱门在机首和机尾,上层甲板能载88人。

安-225是由苏联安东诺夫设计局开发作为太空计划的设备运输用途,其在安-124基础上,飞机总重和载重能力均增加了50%。整个货舱全长为43.51 m,最大宽度为6.68 m,货舱底板宽度为6.40 m,最大高度为4.39 m。为了方便巨大货物进出,安-225与大部分大型货机一样,采用可以上掀打开的"掀罩式"机首,并把驾驶舱设在主甲板上方的二楼处。与安-124不同的是,安-225的机尾处没有可以打开兼作卸货坡道用的尾门。在起落架部分,鼻轮是由两对复轮一共4个轮胎组成,而腹轮则有前后七组复轮,左右共两排,总共28个轮胎,全是以油压方式上下,其中前轮具有转向作用,以提升飞机在地面滑行时的机动性。

安-225可以运送超大型货物,机舱的载重量可达到25万kg,机身顶部的载重量可达到20万kg。安-225的货舱内可装16个集装箱,大型航空航天器部件和其他成套设备,或天然气、石油、采矿、能源等行业的大型成套设备和部件。

(二)空中客车A380

空中客车A380飞机被空中客车公司视为其21世纪的"旗舰"产品。A380在投入服务后,打破波音747在远程超大型宽体客机领域统领35年的纪录,结束了波音747在市场上30年的垄断地位,成为载客量最大的民用客机。

A380需驾驶员2人;载客量为555人(3级)、644人(2级)或853人(1级);载货量为84 t,可搭载38个LD3货柜或163个货板;发动机推力为4×311 kN。A380长度为72.75 m,翼展为79.75 m,高度为24.09 m,机翼面积为845 m^2。

(三)波音747客机

2005年12月20日,全球首架波音747-400改装货机停在厦门机场,准备飞往香港。为了改装为货机,这架波音747-400客机在机体一侧切出侧货舱门,这一布局使飞机的主舱可容纳30个货盘或相同体积的货物。波音改装货机的上舱可搭载19名乘客,此外,还安装了加强型的主舱地板和主舱全内衬,预留全新货舱装卸系统,改装驾驶舱系统。

2006年4月29日,中国国际货运航空有限公司定购的波音747-400货机从美国西雅图飞抵北京机场,这也是其拥有的第7架波音747货机。

(四)国产飞机生产情况

新舟60飞机研制始于1988年,原型机曾被称为"运7-200A型"。西安飞机工业(集团)有限责任公司生产的新舟60于1991年完成图纸设计。适航试验机于1993年12月26日首飞,1999年被正式命名为"新舟60"(英文Modern Ark,缩写为MA60)。2000年6月,中国民航适航部门批准新舟60飞机型号合格证,正式批准将改进后的运7-200A型飞机定名为新舟60(MA60)。

新舟60飞机在安全性、舒适性、维护性等方面接近或达到世界同类飞机的水平,使用性能良好、油耗低、维修方便、简单实用。新舟60飞机可承载52～60名旅客,满油航程为2 450 km,适宜支线航线的运营。新舟60飞机可在高温、高原状态下起飞,适应不同航路、跑道的特性。新舟60飞机可进行多用途改装:货物运输机、海洋监测机、航测机、探测机等。新舟60飞机价格为国外同类飞机的2/3,直接使用成本比国外同类飞机低10%～20%,企业年生产能力为15～20架。

新舟600虽然相比新舟60从内到外、从机身结构到航电、航发都进行了重大升级改进,但是其整个底子仍然是新舟60的底子,所以无法和国际主流的小型涡桨动力客机竞争。西安飞机工业(集团)有限责任公司选择从零开始研制新舟700。新舟700被定位于承担800公里以内中等运量市场的区域航空运输业务,且能够适应高原、高温地区的复杂飞行环境和短距频繁起降,同时具有经济、舒适、快速、先进、机场与航线适应性的特点。

图 6-3 有着中国东航正式涂装的 C919 亮相跑道

中国国产大飞机 C919(图 6-3)的最大载客量为 190 人,标准航程为 4 075 km,最大航程为 5 555 km,经济寿命为 9 万飞行小时,全机长为 38.9 m,翼展为 35.8 m,全机高为 11.9 m。在 2010 年第八届珠海航展上,C919 获得了中外 6 家客户共 100 架启动订单,C919 的目标是为民航市场提供具有竞争力的中短程民用运输机。2017 年 5 月 5 日,C919 在上海浦东机场圆满首飞。2021 年 1 月,C919 高寒试验试飞专项任务圆满成功。

中国开始研制大型运输机运-20,2007 年首次披露的运-20 最大起飞质量为 220 t,载重量为 66 t,飞机长度和翼展为 49 m,机翼面积为 310 m^2。2013 年 1 月 26 日,运-20 进行了第 20 次试飞。经过 5 年时间的试飞,运-20 运输机于 2017 年开始批量生产,大量装备空军。运-20 配备 5 台宽幅多功能显示器和风挡玻璃显示器,还装有电视摄像机,货舱宽度为 4 m×4.1 m,货舱长度为 19 m 左右,含货桥总长度为 24 m,货舱由装卸台、1 个中门、2 个侧门闭合,舱门打开时中门向上翻转,6.5 m 长的装卸台负责装载车辆。运-20 也能够设置 3 组软管加油吊舱,不需要改动机体,通过货舱油箱装载约 55 t 燃料,卸下货舱油箱又能转换为运输机。运-20 运输机还可封闭后货舱门,减轻野战主起落架的结构质量,降低 10% 的质量。换用 CFM-56 大涵道比发动机,大大提高燃油经济性,使其成为载荷和经济性与波音 767 相当的民用远程货机。

2022 年 6 月 18 日,国产 TP500 大型无人运输机(图 6-4)成功首飞。TP500 无人运输机可满足 500 kg 级标准载重、500 km 半径范围的无人驾驶航空货运场景需求,最大航程为 1 800 km,是一个通用型大载重无人运输平台,也是首个完全按照中国民航适航要求研制的固定翼无人运输机。TP500 无人运输机曾在 2021 年亮相第十三届中国航展。该机主要定位于支线物流运输场景,是为多种极端状况下的特种应急和

图 6-4 TP500 大型无人运输机

救援研发的特种无人机,可广泛用于快递物流和各类短途航空运输。TP500 成熟的动力系统和多余度飞行控制系统也是它的优势,确保了极端状况下飞机运行的安全性和可靠性。系统着力提高操作智能化程度,多数场景下飞机可根据自然环境、航路情报等进行自主决策、自主飞行,地面人员亦可随时介入飞行控制,确保其安全运行。需求和成本牵引的设计思想也让 TP500 具备更好的经济性,吨公里运输成本可与现有干线货机媲美,与陆路运输相比则大大提高了物流效率。

AT200 大型货运无人机在 2017 年完成首飞,这是全球首款吨位级货运无人机,飞机全长为 11.84 m,翼展为 12.8 m,高为 4.04 m,最大起飞质量为 3.4 t,货仓容积为 10 m^3,有效载荷达 1.5 t。

拓展资料:中国无人机送货

实训任务

1. 利用网络收集国际主要货运飞机的使用案例。
2. 了解本省航空运输"十四五"规划情况。
3. 调研本省和本市无人机在物流配送中的应用情况,撰写无人机在物流配送中的应用情况调研报告。
4. 如本校物流实训室已安装无人机模拟驾驶器,请分组进行无人机模拟驾驶系统练习,完成无人机起飞、飞行、降落等不同场景的实训任务。
5. 进行中国航空货运发展现状的调研,关注国内航空货运头部企业的发展情况,完成调研报告和汇报材料的撰写。

航空运输与其他运输方式相比具有快速性、机动性、灵活性,舒适、安全,基本建设周期短、投资省、收效快等优势。

航空港又称为机场和航空站,是航空线的枢纽,由跑道、滑行道、停机坪、机场地面交通、指挥塔(或管制塔)、助航系统、输油系统、维护修理基地、货运设施及其他各种公共设施等组成。飞机是航空运输中主要的运载工具,飞机主要由机翼和尾翼、机身、动力装置、起落装置、操纵系统等部件组成。飞机的常用参数主要有机长、机高、翼展、最大起飞质量、最大着陆质量、飞机基本质量等。

思考与练习

1. 简述航空运输的特点及作用。联系实际谈谈航空运输在物流运输系统中的地位。
2. 简述航空港应配备的设施都有哪些。
3. 简述航空运输设备的主要特点。

第七章 管道运输设施与设备

管道运输是一种以管道输送货物的方法,而货物通常是液体(如原油)和气体(如天然气)。现代管道运输始于19世纪中叶,1865年美国宾夕法尼亚州建成了第一条原油输送管道。管道运输的发展是从20世纪开始的,在第二次世界大战后,石油工业迅速发展,各产油国开始大量修建石油管道及油气管道。

第一节 输油管道运输设备

【任务引入】

观看本书配套视频资源——原油输送。

一、输油管道运输设备概述

(一)输油管道运输的特征及优点

1. 输油管道运输的特征

管道运输是国民经济综合运输的重要组成部分之一,也是衡量一个国家的能源与运输业是否发达的特征之一。长距离、大管径的输油和输气管道通常由独立的运营管理企业来负责经营和管理。管道运输多用来输送流体(货物),如原油、成品油、天然气及固体料浆等。它与其他运输方式(铁路、公路、海运、河运)相比,主要区别在于驱动流体的输送工具是静止不动的泵机组、压缩机组和管道。泵机组和压缩机组给流体以压力能,使其沿管道连续不断地向前流动,直至输送到指定地点。

2. 输油管道运输的优点

(1)运输量大,一条直径720 mm的管道,可以年输送原油2 000万t以上,相当于一条铁路的运量。

(2)能耗少,运费低,原油管道的单位能耗只相当于铁路的1/12~1/7。

(3)易于全面实现自动化管理。

(4)占地少,受地形、地貌限制小,宜选取短捷路径,缩短运输距离。

(5)安全密闭,基本上不受恶劣气候的影响,能够长期安全稳定运行。

(6)基本上不产生废渣、废液,不会对环境造成污染。

(二)输油管道的分类

1. 按所输送的物品分类

(1)原油一般具有密度大、黏稠和易于凝固等特性。用原油管道输送时,要针对所输原油的特性,采用不同的输送工艺。原油运输是自油田将原油输送给炼油厂,或输送给转运原油的港口或铁路车站。其运输特点是输油量大,运距长,收油点和交油点少。世界上85%以上的原油是用管道输送的。

(2)成品油管道输送汽油、煤油、柴油、航空煤油和燃料油,以及从油气中分离出来的液化石油气等。每种成品油在商业上有多种型号,常采用在同一条管道中按一定顺序输送多种油品的工艺,这种工艺能保证油品的质量和准确地分批运到交油点。成品油管道的任务是将炼油厂生产的大宗成品油输送到各大城镇附近的成品油库,然后用油罐汽车转运给城镇的加油站或用户。有的燃料油则直接用管道输送给大型电厂,或用铁路油槽车外运。成品油管道运输的特点是批量多、交油点多,管道的起点段管径大,输油量大,经多处交油分输以后,输油量减少,管径亦随之变小,从而形成成品油管道多级变径的特点。

2. 按距离分类

(1)短距离输油管道:一般为企业内部的输油管道。企业内部输油管道主要是指油田内部连接油井与计量站、联合站的集输管道,炼油厂及油库内部的管道等,其长度一般较短,不是独立的经营系统。

(2)长距离输油管道:长距离输送原油或成品油的管道,输送距离可达数百、数千公里,单管年输油量在数百万吨到数千万吨之间,个别有达1亿吨的,管径多在200 mm以上。其起点与终点分别与油田、炼油厂及其他石油企业相连,由输油站(包括首站、末站、中间泵站及加热站等)和管道线路两大部分组成。后者包括干线管道部分,经过河流、峡谷、海底等自然障碍时的穿(跨)越工程,为防止管道腐蚀而设的阴极保护系统,为巡线、维修而建的沿线简易公路和线路截断阀室等。输油企业大多还有一套联系全线的独立的通信系统,包括通信线路和中继站。

3. 按用途分类

(1)集输管道:指从油(气)田井口装置经集油(气)站到起点压力站的管道,主要用于收集从地层中开采出来的未经处理的原油(天然气)。

(2)输油(气)管道:以输气管道为例,指从气源的气体处理厂或起点压气站到各大城市的配气中心、大型用户或储气库的管道,以及气源之间相互连通的管道,输送经过处理符合管道输送质量标准的天然气,是整个输气系统的主体部分。

(3)配油(气)管道:对于输油管道来说,指在炼油厂、油库和用户之间的管道;对于输气管道来说,指从城市调压计量站到用户支线的管道。

4. 按材料分类

(1)碳素钢管:按其制造方法可分为无缝钢管和焊接钢管,无缝钢管又分为热轧和冷拔两种。通常的碳素钢管都是采用沸腾钢制造的,温度适用范围为0~300 ℃,低温时容易脆化。采用优质碳素钢制造的钢管,温度适用范围为−40~450 ℃。采用16Mn钢制造的钢管,温度适用范围为-40~475 ℃。固定的输油管道多用碳素钢管。

(2)耐油胶管:主要用于临时装卸输转油设施上或管线卸接的活动部位的输油管道。耐油胶管有耐油夹布胶管、耐油螺旋胶管和输油钢丝编织胶管之分,都是由丁腈橡胶制成,并分耐压、吸入和排吸三种不同用途。正压输送应选用耐压胶管,负压输送则选用吸入胶管,有可能出现正负压力时则需要选用排吸胶管。

5. 按管道设计压力分类

(1)真空管道,即一般表压低于0的管道,如泵的进口管道。

(2)低压管道,即一般表压在0~1.6 Mpa之间的管道,油库的输油管道一般较多采用此类。

(3)中、高压和超高压管道。中压管道一般指表压在1.6~10 MPa的管道,高压管道一般指表压在10~100 MPa的管道,超高压管道则是表压超过100 MPa的管道,一般油田的油井出口大多为超高压管道。

【知识拓展】

观看本书配套视频资源——石油管道保护智慧监控系统。

二、输油管道的组成

原油管道的起点大多是油田,终点则可能是炼油厂,或转运原油的港口、铁路枢纽等。成品油管道的起点常是炼油厂或成品油库,沿途常有较多的支线分油或集油,其终点和分油点则是转运油库或分配油库,在该处用铁路油槽车或汽车油罐车将各种型号的成品油送给城镇的加油站或用户,或用支线将油品直接送给大型用油企业。从起点到终点的距离少则几十公里,多则几千公里,所以输油管道是长距离管道,是连接油田、炼油厂、油库或其他用油单位的长距离输送原油或成品油的管道。

例如,兰州—成都—重庆输油管道工程(简称"兰成渝输油管道")全长为1 250 km,途经甘肃、陕西、四川、重庆三省一市的40个县(市、区),依次经过黄土高原、秦岭山地、成都平原和川渝丘陵。这条输油管道沿线自然环境复杂,海拔高差大,是中国管道建设史上地质条件较为复杂,技术含金量较高,设计、施工难度较大的管道工程项目。

成品油管道输送的货物除了石油炼制产品外,还包括油田、气田生产的液态烃和凝析油等。由于所输送的油品品种繁多,成品油管道常采用按顺序输送的方法,即在同一条管道里分批、连续地输送多种油品,甚至可将质地轻的液化石油气和重质燃料油,以及它们的中间油品用同一条管道输送。输油管道也可按输送油品的轻重不同,分为轻油管道和重油管道。由于轻、重油品的黏度和凝固点相差较多,常需要采用不同的输送方法。

长距离输油管道由输油站和线路两大部分及辅助系统设备设施组成。

输油管道起点为输油站,也称为首站,主要任务是收集原油或石油产品,经计量后向下一站输送。首站主要由油罐区、输油泵房、加热系统(加热输送时设置)和油品计量装置等组成。输油泵从油罐汲取油品经加压(有的也经加热)、计量后输入干线管道。

油品沿着管道向前流动,压力不断下降,需要在沿途设置中间输油泵站继续加压,直至将油品送到终点。为了继续加热,设置中间加热站。加热站与输油泵站设在一起,称为热泵站。原油管道运行一段时间后,因管道内壁结蜡等原因造成运行摩阻增大,需要定期进行清管,提高管输效率。

输油管道的终点称为末站,它可能是长距离输油管道的转运油库,也可能是其他企业的附属油库。末站的任务是接受来油和向用油单位供油。

为了满足沿线地区用油,可在中间输油站或中间阀室分输一部分油品,也可在中途接受附近油田来油,汇集于中间输油站或干线,输往终点。

长距离输油管道的线路部分包括管道本身,沿线阀室,通过河流、公路、山谷的穿(跨)越,阴极保护设施,以及沿线的通信和自控线路等。

长距离输油管道由钢管焊接而成,一般采用埋地敷设。为防止土壤对钢管的腐蚀,管外都包有防腐绝缘层,并采用电法保护措施。长距离输油管道上每隔一定距离设有截断阀室,大型穿(跨)越构筑物两端也有,其作用是一旦发生事故可以及时截断管内油品,防止事故扩大并便于抢修。通信系统是长距离输油管道的重要设施,用于全线生产调度及系统监控信息的传输,通信方式包括微波、光纤与卫星等。近些年,我国相继建设了几条长输油(气)管道,管道短则几百公里,长则几千公里,工业数据的传输都需要依靠光缆,而长输管道光缆因各种原因不能采用架空形式,只能采取和油气管道进行同沟敷设,存在着各种复杂的地理环境,在后期的维护中也会出现各种不同故障。

三、输油管道的主要设备及其工作原理

(一)离心泵与输油泵站

1. 离心泵(图7-1)

泵是一种将机械能(或其他能)转化为液体能的水力机械,它也是国内外输油管道广泛采用的原动力设备,是输油管道的心脏。泵的种类较多,按工作原理,可将其分为叶片式泵(如离心泵、轴流泵等)、容积式泵(如齿轮泵、螺杆泵等)和其他类型泵(如射流泵、水锤泵等)。

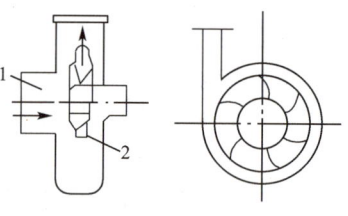

图7-1 离心泵基本构造
1—吸入室;2—叶轮

2. 输油泵站

输油泵站的基本任务是供给油品一定的能量(压力能或热能),将油品输送到终点站(末站)。

(二)输油加热炉

在原油输送过程中对原油采用加热输送的目的是使原油温度升高,防止输送过程中原油在输油管道中凝结,减少管道结蜡,降低动能损耗。通常采用加热炉为原油提供热能。

加热炉一般由四个部分组成,即辐射室(炉膛)、对流室、烟囱和燃烧器。加热方法有直接加热和间接加热两种。直接加热方法是使原油在加热炉炉管内直接加热,即低温原油先经过对流室炉管被加热,再经辐射室炉管被加热到所需要的温度。直接加热炉的工作流程如图7-2所示。间接加热炉也称为热煤炉,它利用某种中间热载体(又称热煤)通过换热器加热原油。间接加热炉的优点是安全、可靠,但系统复杂,不易操作,造价亦较高。

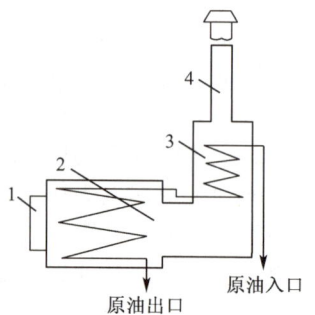

图7-2 直接加热炉的工作流程
1—燃烧器(火嘴);2—辐射室;
3—对流室;4—烟囱

(三)油罐

储油罐(图7-3)是一种储存油品的容器,是油库的主要设施,在管道运输中是输油管的油源接口。按建筑特点可分为地上油罐、地下油罐和山洞油罐。转运油库、分配油库及企业附属油库一般宜选用地上油罐,而具有战略意义的储备油库及军用油库常选用山洞油罐、地下油罐和半地下油罐。按材质可分为非金属油罐和金属油罐两大类。

图7-3　舟山30万吨级公共油品码头的大型储油罐

地下油罐指的是罐内最高油面液位低于相邻区域的最低标高0.2 m,且罐顶上覆土厚度不小于0.5 m的油罐。这类油罐损耗低,着火的危险性小。半地下油罐指的是油罐埋没深度超过罐高的一半,油罐内最高油面液位比相邻区域最低标高不高出0.2 m的油罐。地上油罐指的是油罐基础高于或等于相邻区域最低标高的油罐,或油罐埋没深度小于本身高度一半的油罐。地上油罐是炼油企业常见的一类油罐,它易于建造,便于管理和维修,但蒸发损耗大,着火危险性较大。

非金属油罐的种类很多,有土油罐、砖砌油罐、石砌油罐、钢筋混凝土油罐、玻璃钢油罐、耐油橡胶油罐、塑料油罐等。石砌油罐和砖砌油罐应用较多,常用于储存原油和重油。该类油罐最大的优点是节约钢材、耐腐蚀性好、使用年限长。非金属材料导热系数小,当储存原油或轻质油品时,因罐内温度变化较小,可减少蒸发损耗,降低火灾危险性。又由于非金属油罐一般都具有较大的刚度,能承受较大的外压,适宜建造地下或半地下油罐,有利于隐蔽和保温。但是一旦发生基础下陷,易使油罐破裂,难以修复。它的另一大缺点是渗漏,虽然使用前经过防渗处理,但防渗技术还未完全解决这一问题。

金属油罐按形状又可分为立式圆柱形、卧式圆柱形和球形等三种。金属油罐因造价低、不易渗漏、施工方便、维修容易而得到广泛使用。金属油罐是采用钢板材料焊成的容器。普通金属油罐采用的板材是一种代号为Q235-AF的平炉沸腾钢;寒冷地区采用的是Q235-A平炉镇静钢;对于超过10 000 m³的大容积油罐采用的是高强度的低合金钢。

立式圆柱形油罐根据顶的结构又可分为桁架顶罐、无力矩顶罐、梁柱式顶罐、拱顶罐、套顶罐和浮顶罐等,其中最常用的是拱顶罐和浮顶罐。拱顶罐结构比较简单,常用来储存原油、成品油和芳烃产品。浮顶罐又分内浮顶罐和外浮顶罐两种,罐内有钢浮顶浮在油面上,随着油面升降。浮顶不仅降低了油品的消耗,而且减少了发生火灾的危险性和对大气的污染。尤其是内浮顶罐,蒸发损耗较小,可以减少空气对油品的氧化,保证储存油品的质量,对消防比较有利。

卧式圆柱形油罐应用也极为广泛,由于它具有承受较高的正压和负压的能力,有利于减少油品的蒸发损耗,也减少了发生火灾的危险性。卧式圆柱形油罐可在机械厂成批制造,然后运往工地安装,便于搬运和拆迁,机动性较好。缺点是容量一般较小,用的数量多,占地面积大。卧式圆柱形油罐适用于小型分配油库、农村油库、城市加油站、部队野战油库或企业附属油库。在大型油库中也用来作为附属油罐使用,如放空罐和计量罐等。

球形油罐具有耐压、节约材料等特点,多用于石油液化气系统,也用作压力较高的溶剂储罐。

(四)管道系统

输油系统一般采用有缝或无缝钢管,大口径者可采用螺旋焊接钢管。无缝钢管壁薄、质轻、安全可靠,但造价高,多用于工作压力高、作业频繁的主要输油管道上。无缝钢管的规格标称方法是外径×壁厚,如 $\phi 108 \times 4$ 表示外径为 108 mm、壁厚为 4 mm 的无缝钢管。无缝钢管常用碳素结构钢轧制,常用 10~45 号钢,长度在 4~12 m,承受压力在 20~40 kg/cm²。

焊接钢管又称为有缝钢管,其制造材料多为普通碳素钢和合金钢,制造工艺有单面焊和双面焊两种,一般可耐压 30~50 kg/cm²。其规格标称方法采用公称口径的毫米或英寸数,如 Dg 100 表示公称直径为 100 mm 的管(即 4 英寸管)。

(五)清管设备

在油品运输过程中,管道结蜡会使管径缩小,造成输油阻力增加,能力下降,严重时可使油品丧失流动性,导致凝管事故。处理管道结蜡有效而经济的方法是机械清蜡,即从泵站收发装置处放入清蜡球或其他类型的刮蜡器械,利用泵输送油品在管内顶挤清蜡工具,使蜡清除并随油输走。进行管道清蜡要求不导致管道明显变形,且清蜡工具易通过。同时,清蜡工具应有足够强度,在清蜡过程中不易变形和损坏。清管器按功能可分为清蜡、封堵、检测三类。前两类清管器按结构也可分为皮碗式、球式、泡沫式和机械式。机械式清管器刮蜡效果好,使用寿命长,但遇到变形的管道和障碍物时通过能力较差,且较笨重。泡沫式清管器的优、缺点则相反,通常用于估计有较大变形的管道。皮碗式清管器(图 7-4)用于管道的一般性清理,其通过能力较强,有良好的密封性,单向运行,一般至少携带 2 只皮碗,最多 4 只皮碗。通过管道弯头最小曲率半径为管道直径的 1.5 倍,通过直管段最大变形量为管道内径的 20%。皮碗式清管器运行距离由很多因素决定,如管道输送介质、管道内壁粗糙度、清管器结构、皮碗数量等。在原油管道中,皮碗式清管器的最长运行距离为 150 km,适合管径为 $\phi 100$ mm~$\phi 1\,524$ mm。涂层泡沫清管器(图 7-5)选用聚氨酯泡沫制作成圆柱状,外部覆盖耐磨聚氨酯弹性体涂层,可以在外部粘贴钢丝刷以提高其清污能力,也可以局部涂层。由于其通过能力非常好,特别适合于小口径或管道弯头曲率半径小的清管工程,适合管径为 $\phi 50$ mm~$\phi 1\,524$ mm。

图 7-4 皮碗式清管器

图 7-5 涂层泡沫清管器

(六)计量及标定装置

为保证输油计划的完成,加强输油生产管理,必须对油品进行计量,及时掌握油品的收发量、库存量及耗损量。在现代管道运输系统中,流量计已不仅仅是一个油品计量器,它还是监测输油管道运行的中枢。如通过流量计调整全线运行状态、校正输油压力与流速、发现泄漏等。输油管道上常用的流量计有容积式和涡轮式两种,实际应用中应根据所输油品性质、流速与流量范围、计量要求(如精度等)与仪表安装要求(温度与压力等环境条件)来选择。计量系统包括流量计、过滤器、温度及压力测量仪表、标定系统及排污管等。

四、输油管道防腐设施

输油管道和储油罐被腐蚀会造成穿孔从而引起油、气的跑漏甚至爆炸。根据金属管道腐蚀的机理,可将其分为两大类:一是化学腐蚀,即金属表面与周围介质发生作用而导致的破坏;二是电化学腐蚀,它是指在腐蚀过程中有电流产生的腐蚀。输油管道防腐设施包括阴极保护站、阴极保护测试桩、阳极地床和杂散电流排流站等。

第二节 输气管道运输设备

【任务引入】

观看本书配套视频——天然气输送。

一、输气管道系统的组成

输气管道系统主要由矿场集气管网、干线输气管道(网)、城市配气管网以及与此相关的站、场等设备组成。这些设备从气田的井口装置开始,经矿场集气、净化及干线输送,再经配气管网送到用户,形成一个统一的、密闭的输气管道系统。

二、输气管道运输设备及其工作原理

天然气的输送指的是自气田集气站来的天然气在天然气处理厂脱水、脱硫、脱二氧化碳,使处理后的天然气符合长输天然气管道的输送要求,然后进入长输管道。

(1)矿场集气。集气过程指从井口开始,经分离、调压、计量、净化和集中等一系列过程,到向干线输送为止。集气设备包括井场、集气管网、集气站、天然气处理厂、外输总站等。

(2)输气站。输气站包括压气站、调压计量站和分输站等。压气站的核心设备是压气机和压气机车间,任务是对气体进行调压、计量、净化、加压和冷却,使气体按要求沿着管道向前流动。

(3)干线输气。干线是指从矿场附近的输气首站开始到终点配气站为止。

干线输气管网是一个复杂的工程,主要有线路和站场两大部分,还有通信、自动监控、水电供应、线路维护和其他一些辅助设施和建筑。长距离输气管道的线路部分包括管道本身、沿线阀室、伴行道路等。

(4)城市配气。城市配气指从配气站(即干线终点)开始,通过各级配气管网和气体调压所按用户要求直接向用户供气的过程。配气站是干线的终点,也是城市配气的起点与枢纽。气体在配气站内经分离、调压、计量和添加臭味剂后输入城市配气管网。

(5)提高输气管道输气能力。输气管道在生产过程中常需要进行扩建或改造,目的在于提高输气能力并降低能耗。当输气管道最高工作压力达到管路强度所允许的最大值时,可采用铺设副管、倍增压气站两种方法来提高输气能力。前者需要扩建原有压气站,增加并联机组;后者是通过在站间增建新的压气站,缩短站间管路长度,从而获得输气管道通过能力的提高。

实训任务

调研生活中的管道运输系统组成及原理。

关键概念提要

输油管道是长距离管道，由输油站和管线两大部分组成，主要设备有离心泵与输油泵站、输油加热炉、储油罐、管道系统、清管设备、计量及标定装置等。输气管道系统主要由矿场集气管网、干线输气管道(网)、城市配气管网以及与此相关的站、场等设备组成。

思考与练习

1. 管道运输的基本特征有哪些？
2. 试述长距离输油管道的设备组成。
3. 简述输气管道运输设备。
4. 试述如何实现输油管道的防腐？

知识拓展：长输油气管道是怎样建成的

阅读案例 YUEDU ANLI

重庆天然气净化总厂

重庆天然气净化总厂是我国天然气净化工业的"摇篮"，主要生产任务是净化天然气，即脱除原料天然气中的硫化氢、有机硫等有害物质，输出洁净、优质的净化天然气，并利用脱除的含硫化合物生产硫磺。

该企业生产的净化气合格率始终保持在99.5%以上，优等品率100%，生产的"长征"牌工业硫磺荣获"中国石油优质产品""重庆名牌产品"称号。

第三篇

起重和连续输送设施与设备

知识和技能目标

1. 了解起重设备的应用、特点及分类，掌握起重设备的基本结构组成及主要零部件，熟悉起重设备的基本参数。

2. 掌握各类物流起重设备的应用场合，具备初步的起重设备选型能力，了解起重设备的安全管理技术。

3. 掌握集装箱装卸设备的种类、基本结构组成及工作原理，熟悉集装箱装卸设备及其属具的构造与用途，理解集装箱装卸设备的基本技术参数，熟悉主要的集装箱装卸工艺方案。

素质目标

了解我国起重机械的设计制造在全球的地位，全面认识起重机械在经济发展中的作用以及在物流行业中的地位，增强民族自豪感，树立振兴行业发展的信心。了解连续输送机械的发展历史，认识科技的发展是各行各业发展的原动力，培养关注科技、勇于创新、为行业发展做贡献的工匠精神。

我国起重机械自动化市场发展前景广阔

无论是城市向更加成熟和现代形态发展的趋势，还是国家在基础设施建设上的投入，都彰示着起重机械的蓬勃发展。从控制到传动，自动化产品在这个行业的应用深度也日渐累积。从现有的规模、未来的成长空间以及当前的增长速度来看，起重机械行业已经成为自动化企业不可小觑的市场。

起重机械行业的快速发展极大地促进了自动化产品在该行业的应用。尽管我国起重机械行业的自动化应用总体水平还不高，但无论是起重机械生产厂商还是起重机械用户都逐渐认识到应用自动化产品的优势所在。中国建筑科学研究院建筑机械化研究分院技术中心负责人在采访中表示，自动化产品在起重机械行业的应用潜力非常巨大，前景也十分广阔，所以国内起重机械自动化市场的发展也将随之"一触即发"。

塔式起重机推动变频器发展

塔式起重机（以下简称"塔机"）是动臂装在高耸塔身上部的旋转起重机，其作业空间大，主要用于房屋建筑施工中物料的垂直和水平输送及建筑构件的安装。塔机的主要机构有起升机构、变幅机构、小车牵引机构、回转机构和大车走行机构等。

自20世纪80年代以来，我国塔机行业得到快速发展，近年来，塔机销量持续攀高。但不可忽视的是国内的型号比较集中，市场竞争压力大，不利于行业的发展，这需要进行一系列的改革。同时，产品质量参差不齐，市场准入限制也不严格。

我国大部分塔机都是中小型塔机，由于大部分中小型塔机的整体造价不高，如采用变频器等自动化产品的话，将显著增加制造成本，所以造成塔机行业自动化产品应用比例非常低。在整体塔机市场中，变频器的调速方式以双速/多速电机调速或串电阻调速为主。变频器在塔机企业中已经得到了普遍认可，大型塔机基本上都应用了变频器，中型塔机也有相当一部分采用变频器，但小型塔机应用程度相对较低。塔机大型化的发展趋势将会进一步推动变频器等自动化产品的应用，同时小型塔机市场开发潜力巨大也为变频器提供了极大的发展空间。

起重机械电气控制系统进入可编程控制器（PLC）时代

继电器的发展已有上百年的历史，这种电磁式的信号控制开关给故障的查找带来了诸多困难，大量时间的浪费直接影响了生产情况，而可编程控制器（PLC）正是为了改进继电器控制系统而产生和发展起来的。由于PLC具有编程方法简单易学、功能强大、性价比高、可靠性高、维修方便等优点，起重机械行业用户对于PLC的接受度在逐年提高。

但是在PLC的使用与改造中不能忽视以下问题：在满足工艺条件的前提下，建议选用已经用过的PLC，这样便于以后维修，还可以做到资源共享；在一般情况下，限位开关与接近开关等外接电气部件提供的开关量信号对电缆并无严格要求，所以可以选用一般的电缆。

【案例思考】
1.起重机械行业的发展对物流行业有何影响？
2.联系实际，起重设备在使用过程中应该如何保证安全？

【知识拓展】
观看本书配套视频——洋山港四期自动化码头。

第八章 起重设备

第一节 轻小型起重设备

一、电动葫芦

电动葫芦是把电动机、减速器、卷筒及制动装置等组装在一起的小型轻便起重设备。电动葫芦结构紧凑,轻巧灵活,操作简便,效率高,广泛应用于对中小物体的起重吊装作业中。它可以固定悬挂在高处单独使用,可配备运行小车做架空单轨、电动单梁、电动悬挂、电动葫芦门式、堆垛、回臂及电动葫芦双梁等起重机的起升机构。电动葫芦采用地面跟随操纵方式较多,起重量大的采用随机司机室操纵方式或遥控方式。电动葫芦若需要重级工作类型时,需要单独设计制造,在结构上要做相应的考虑,如采用两个制动器等。

(一)电动葫芦的分类

电动葫芦主要有三类:钢丝绳式、环链式、板链式。其中环链电动葫芦和板链电动葫芦采用链条做挠性件,其结构不同于钢丝绳电动葫芦,没有卷筒和滑轮组,起升机构用链条、链轮,所以外形尺寸小,结构紧凑,质量轻,携带方便。

(二)电动葫芦的型号标注

电动葫芦的型号标注一般由四大项组成:类组型代号、特性代号、主参数和运行速度。具体标注方法如下。

(1)类组型代号:指按行业标准对电动葫芦所分的八种类型:HC,常速钢丝绳电动葫芦(图8-1);HM,常慢速钢丝绳电动葫芦;HZ,重级工作制电动葫芦;HT,双卷筒电动葫芦;HB,防爆电动葫芦(图8-2);HF,防腐电动葫芦;HH,环链电动葫芦(图8-3);HL,板链电动葫芦。

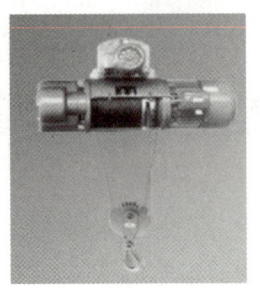  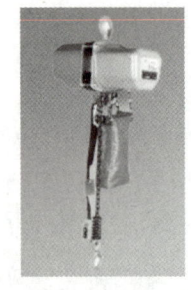

图 8-1　常速钢丝绳电动葫芦　　　　图 8-2　防爆电动葫芦　　　　图 8-3　环链电动葫芦

(2)特性代号:指电动葫芦的安装和运行方式有 A、B、C、D 四种。A 表示固定安装的电动葫芦,根据安装地脚的位置分为上、下、左、右四种,分别用字母 A_1、A_2、A_3、A_4 表示;B 表示手拉小车式运行方式;C 表示链轮小车式运行方式;D 表示用电动小车运行。

(3)主参数:包括起重量(t)和起升高度(m)。

(4)运行速度:运行速度为 20 m/min 时不标注。

HCA 5-6 表示起重量为 5 t,起升高度为 6 m 的固定式常速钢丝绳电动葫芦;HMD 0.5-12 表示起重量为 0.5 t,起升高度为 12 m,运行速度为 20 m/min 的电动小车式常慢速钢丝绳电动葫芦。

电动葫芦订货时按产品型号标注方法标出所需要的型号,并用文字附加说明电源、电压、使用地区(如温带、热带等)。若不做附加说明,则按一般情况供应,即电源为三相交流电,频率为 50 Hz,电压为 380 V,电动小车的运行速度为 20 m/min。

(三)电动葫芦的使用注意事项

(1)不能在含有爆炸危险或酸碱类的气体环境中使用,不能用于运送熔化的液体金属及其他易燃、易爆物品。

(2)不准超载使用。

(3)按规定定期润滑各运动部件。

(4)电动机轴向移动量出厂时已调到 1.5 mm 左右,使用中它将随制动环的磨损而逐渐加大。如发现制动后重物下滑量较大,应及时对制动器进行维修,直至更换新的制动环,以保证制动安全可靠。

二、钢丝绳电动葫芦

钢丝绳电动葫芦是指用钢丝绳做挠性件的电动葫芦,其品种多、数量大、用途广。钢丝绳电动葫芦具体细分为六种:常速钢丝绳电动葫芦、常慢速钢丝绳电动葫芦、重级工作制电动葫芦、双卷筒电动葫芦、防爆电动葫芦、防腐电动葫芦。其中,常速钢丝绳电动葫芦和常慢速钢丝绳电动葫芦的用途较广,它们的结构基本相同,且都有 8 m/min 的起升速度,不同的是常慢速钢丝绳电动葫芦还有一个由副电动机驱动的慢速 0.8 m/min 的起升速度,以满足安装、浇铸等慢速工作的需要。重级工作制电动葫芦、双卷筒电动葫芦、防爆电动葫芦和防腐电动葫芦在特殊工作环境下使用。

(一)常速钢丝绳电动葫芦

常速钢丝绳电动葫芦是使用较广的一种电动葫芦,它由电动机、卷筒、减速器、制动器、电气控制部分、电动运行小车、导绳装置和机壳等组成。电动机的动力经过联轴器→减速齿轮(三级减速)→卷筒,使卷筒转动把钢丝绳缠在卷筒上或把钢丝绳从卷筒中放出,实现吊钩上升或下降。常速钢丝绳电动葫芦的机构特点:电动机、减速器和卷筒是同轴的,并且电动机和减速器分别装在卷筒的两端;电动机带有制动装置,故采用锥形的转子结构。

常速钢丝绳电动葫芦的制动原理:当电动机通电后,电动机的锥形转子和定子之间产生水平磁拉力克服弹簧力,推动转子轴向右移动,并带动风扇轮一起向右移动,使锥盘式制动器的内锥面和外锥面脱开,制动器松闸,电动机开始运转,电动葫芦进行工作。当电动机失电后,水平磁拉力消失,弹簧力推动转子轴向左移动,带动风扇轮也向左移动,结果使锥盘式制动器的内锥面和外锥面压紧,制动器闭合,电动机停止转动。

常速钢丝绳电动葫芦的电动小车可采用牵引小车式和自行小车式两种。其中,自行小车式用得较多,由带锥形转子结构的电动机通过两级减速齿轮驱动车轮转动,运行速度为 20 m/min、30 m/min 或 60 m/min。牵引小车式运行速度可达 100 m/min。电动小车沿轨道的下翼线运行。

(二)常慢速钢丝绳电动葫芦

常慢速钢丝绳电动葫芦的结构和工作原理基本与常速钢丝绳电动葫芦相同。不同的是这种电动葫芦有一个慢速驱动装置:由慢速驱动电动机→换速齿轮减速器→带动风扇制动轮→常速电动机主轴→减速器→卷筒,使卷筒慢速转动。也有双速电动机,直接把电动机变成低转速,实现卷筒慢速转动。

第二节 门式起重机

一、龙门式起重机

(一)龙门式起重机的结构特点

龙门式起重机(图 8-4)的外形类似"门",桥架被称为门架,由主梁和在地面运行的高大支腿组成。主梁有时制成外伸悬臂形式。大车运行机构只能采用分别驱动形式,由装在门架支腿下的两个电动机分别通过两套传动装置使主动轮转动带动门架沿地面轨道行驶。为安全起见,要在门架支腿的下横梁上装夹轨器,防止大风吹动时出现溜轨或倾翻现象。

龙门式起重机的小车沿门架主梁上的轨道横向运行。在轨道的重点位置一般装有行程开关和缓冲挡座,同时在

微课:龙门式起重机

图 8-4 龙门式起重机

起重小车上装限位撞尺和缓冲器,使起重小车运行到终点位置时能减速、停车,或在起重小车与门架碰撞时起缓冲作用。为了提高工作效率,增加功能,有些龙门式起重机采用回转臂架式起重小车,或者其他特殊形式的起重小车,以增加臂架回转、臂架变幅等机构的动作。

龙门式起重机的门架采用箱形和桁架形两种形式,大量使用的是箱形。箱形结构具有制造安装方便,适于进行自动焊接,外形美观,便于维护,对疲劳敏感性较低等优点。单梁结构的龙门式起重机,由于作业空间大、司机视野好,在露天作业中能够发挥更大的优越性,成为龙门式起重机的一种系列产品。龙门式起重机的门架结构形式如图8-5所示。

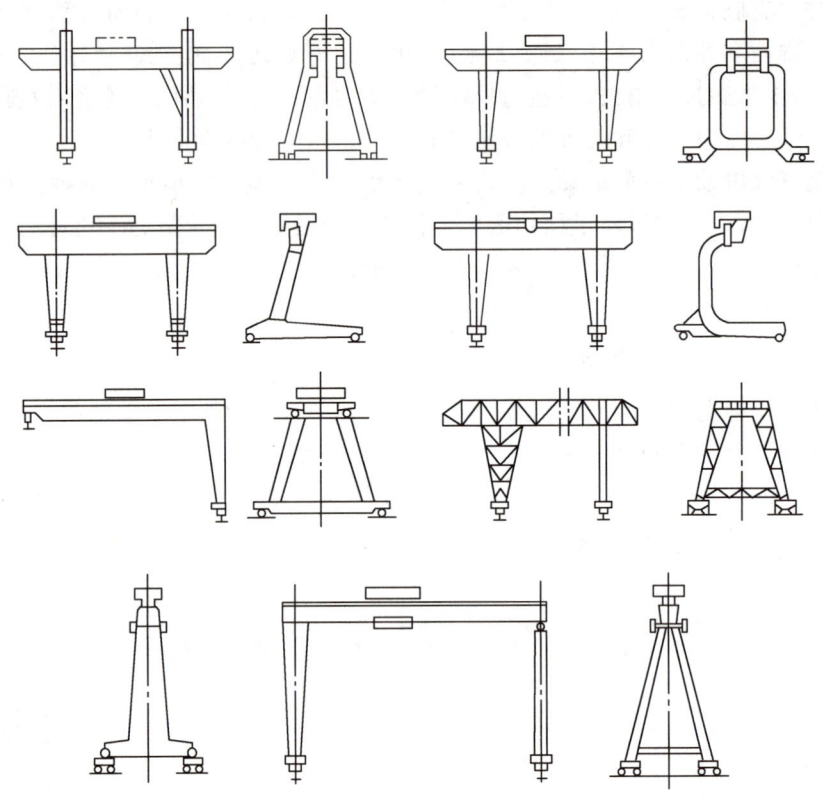

图8-5　龙门式起重机的门架结构形式

龙门式起重机的门架支腿形式有两种:跨度小于35 m时制成两个刚性支腿,即支腿和主梁牢固地连在一起;跨度大于35 m时,通常制成一个刚性支腿和一个柔性支腿,即一个支腿用铰链形式使主梁和支腿相连,以补偿因制造、安装、温度变化及大车偏斜等引起的门架跨度和大车轨距之间的误差,保证龙门式起重机的正常工作。

(二)龙门式起重机的用途和性能

龙门式起重机主要用于室外,进行单件和成组的长大笨重物品的吊运、装卸、安装作业,用吊钩和吊环做取物装置,用于工矿企业、车站码头、建筑工地、水电站和造船台等场所。

龙门式起重机是一种大型的起重机,起重量通常可达 50 t 以上,水电站使用的可达 500 t 以上,造船用的可达 1 500~2 000 t。龙门式起重机的跨度通常为 4~35 m,造船用的跨度达 130~200 m。龙门式起重机有起升、大车运行和小车运行三个工作机构。大车和小车都能带载运行,在吊运物品时运行速度一般不高,小车在 40 m/min 以下,大车一般为 60~90 m/min,起升速度小于 40 m/min。

二、装卸桥

(一)装卸桥的类型

装卸桥(图 8-6)是一种大型的起重机,在港口码头、车站等处用于室外装卸散状物料,如谷物、化肥、沙子、煤炭、矿石等。其特点是装卸效率高,生产率一般可达 50~100 t/h;采用抓斗等自动夹具做取物装置,起重量一般在 30 t 以下;工作速度较高,起升速度大于 60 m/min,小车运行速度在 120 m/min 以上,最高达 360 m/min。为减少冲击力,在小车上设置减振器。大车为调整装卸桥工作位置而运行,速度较低,一般为 25 m/min 左右。

图 8-6 装卸桥

(二)抓斗装卸桥

抓斗装卸桥是国内外广泛使用的一种大宗散货装卸机械。除了一部分谷物采用气力输送、螺旋管输送或其他连续输送机装卸以外,其他物料,如矿石、煤炭、散粮等,大多数都以抓斗装卸桥装卸为主。抓斗装卸桥因技术成熟、机动性好、适应性强(不受船型、车型、波浪和水位等因素的影响),在散货装卸中得到了广泛应用。岸臂装卸桥是一种典型的抓斗装卸桥,又称为桥式抓斗卸船机(图 8-7),主要作为港口码头装卸船舶之用。其门架上装设有轨桥架,使载重小车沿桥架运行。作业时,抓斗从船舱抓取散货并提升出舱外,载重小车(抓斗小车)向岸边运行,将散货卸入前门框内侧的漏斗内,经皮带输送系统送到货场。

图 8-7 桥式抓斗卸船机

桥式抓斗卸船机除具有与一般起重机相似的抓斗起升、闭合机构,移动门架的大车运行机构和前桥架俯仰的变幅机构之外,还有一个桥架类起重机特有的小车运行机构。载重小车(对散货为抓斗小车)主要有三种形式:自行式、绳索式和半绳索式。

桥式抓斗卸船机的主要参数有起重量、生产率、抓斗外伸距(由海侧轨道中心向外至抓斗铅垂线之间的最大水平距离)、起升高度和各机构的工作速度等。

因为具有较高的起升和小车运行速度,受料漏斗又靠近船舶,大大缩短了小车的作业行程,所以桥式抓斗卸船机具有很高的生产率,并且其使用范围也比较广:最小起重量为 5 t,

卸船生产率为 400 t/h；最大起重量可达 85 t，卸船生产率高达 4 200(煤)～5 100(矿)t/h。其作业对象可为 30 万吨级以内的船舶，它的卸船生产率一般在 2 500 t/h 以下。

第三节　桥式起重机

桥式起重机是指由能运行的桥架结构和设置在桥架上能运行的起升机构组成的起重机械，其数量多、用途广、通用化程度较高。这类起重机多是固定式，完成固定空间的吊运作业，适用于工矿企业、仓库、露天场所等，进行物料的装卸、搬运、吊运等。梁式起重机和电动桥式起重机是两种典型的桥式起重机。

一、梁式起重机

梁式起重机由桥梁、起重小车两大部分组成，工作效率较低，起重量也较小，属于轻型起重机，具有自重较轻、成本较低、制造生产容易的特点。

梁式起重机的安装方式有支承式和悬挂式两种：支承梁式起重机的桥梁沿梁上的起重机轨道运行；悬挂梁式起重机的桥梁沿悬在厂房屋架下的起重机轨道运行。梁式起重机按操纵方式可分为手动和电动两种，按梁的结构可分为单梁和双梁两种，单梁起重量一般为 0.5～5 t，双梁起重量通常为 5～32 t。

(一)手动梁式起重机

手动梁式起重机的特点是起升机构和运行机构都采用手动方式。手动单梁起重机用手拉葫芦做起升机构，用手动单轨小车做运行小车，用手拉链条带动链轮再通过传动轴同时驱动大车两边的车轮带动起重机运行。手动双梁起重机因为起重量稍大，所以结构也稍复杂些，有专门的起升机构和运行机构，起升机构常用带有自制式制动器的单卷筒自动绞车。

手动梁式起重机的桥梁结构由主梁和端梁组成，二者可采用螺栓连接或焊接在一起。主梁若作为焊接件时，一般在端部设有与纵轴成 35°～45°角的水平斜撑杆，以提升主梁的刚性。主梁一般采用单根工字钢的结构形式，也可做成简单的组合断面梁，或者采用特殊断面的异型钢材做组合梁。端梁通常采用型钢或压弯成型的钢板焊接而成。

手动梁式起重机的桥梁刚性不太大，因此跨距不能太大，常适用于无电源、搬运量不大、对速度和生产率要求不高的场合。一般取桥梁轮距与跨度之比为 1/10～1/6。起重量小于 20 t，若有特殊需要可达 30 t。手动梁式起重机的型代号为：LS——手动单梁起重机(图 8-8)；LSX——手动单梁悬挂起重机；LSS——手动双梁起重机。

图 8-8　手动单梁起重机

(二)电动梁式起重机

电动梁式起重机采用电动机做动力，驱动起升机构、小车运行机构和大车运行机构动作，主要由桥梁、起重部分和电气设备等组成。按结构不同可将其分为四种类型：电动单梁起重机、电动单梁悬挂起重机、电动葫芦双梁起重机、电动双梁悬挂起重机,前三种应用较多。

电动梁式起重机的结构比手动梁式起重机复杂,比电动桥式起重机简单,因此性能高于手动梁式起重机,低于电动桥式起重机。电动梁式起重机因自重轻、操作简便省力、造价低,广泛应用于机械制造、冶金、化工、轻工等行业进行生产、检修或露天搬运作业。

电动梁式起重机的起重部分多采用电动葫芦或以电动葫芦作为主要部件的电动起重小车形式。小车运行机构根据其结构特点可分为三种形式:用电动葫芦的自行式小车、以电动葫芦自行式小车的传动机构做主要部件的集中驱动式、采用电动桥式起重机的小车运行机构式。

电动梁式起重机的大车运行机构一般采用分别驱动式,用带制动器的锥形转子式交流异步电动机,通过闭式减速器,再经过一级开式齿轮减速器,然后经过驱动轴带动一侧大车轮转动。或者直接采用带制动器的电动机—减速器组合式的传动装置驱动一侧大车轮转动。桥梁另一侧的大车轮还需要一套相同的传动装置驱动。

不同的电动梁式起重机其桥梁结构也不一样。主梁跨度为7～10 m时用单根工字钢做主梁,跨度较大时常用工字钢、型钢或钢板制成组合梁、桁架梁或者是焊接成箱形梁。端梁采用压弯成型的钢板焊成箱形梁,也可用型钢焊接而成的组合梁。为便于运输和存放,主梁和端梁单独包装,安装时用螺栓连接或用焊接的方法连成一体。

二、电动桥式起重机

电动桥式起重机,又叫"天车",其结构比较复杂,性能较好,是一种用途极广的大中型起重机。在特殊情况下,其大车运行轨道可做成圆形,以完成圆形场地的装卸、吊运作业。

(一)电动桥式起重机的分类

电动桥式起重机(图8-9)种类较多。按使用范围可分为两类:通用型、专用型。通用型是指一般用途的,用吊钩、抓斗或电磁盘吊取货物的电动桥式起重机。专用型是指在特殊工作环境使用的电动桥式起重机,如防爆、绝缘、慢速桥式起重机等。

图8-9 电动桥式起重机

(二)电动桥式起重机的结构

电动桥式起重机由起重小车、桥架、电气控制系统、安全装置、司机室等组成。

1. 起重小车

起重小车由起升机构、小车运行机构、小车架构成。小车运行机构多采用分别驱动的形式,用电动机、制动器和减速器装配成一体,具有结构紧凑、质量轻、拆装及维修方便的特点,便于组织专业制造厂生产,有利于提高生产率和产品质量,降低成本。起升机构和小车运行机构的所有机械部件都装在小车架上,要求小车架有足够的强度和刚度,以保证机构能安全准确地工作。

电动桥式起重机在起重量小于 10 t 时只有一套起升机构,当起重量大于 10 t 时,安装两套起升机构,起重量大的称为主起升机构,起重量小的称为副起升机构,它们的吊钩分别称为主钩和副钩。一般副钩的额定起重量为主钩的 15%～20%,主钩和副钩协调工作时,可以进行货物的翻转作业。

电动桥式起重机的大车由金属桥架和大车运行机构组成。大车运行机构由电动机、制动器、减速器、传动器、联轴器、车轮等组成,驱动形式有集中驱动和分别驱动。集中驱动形式在起重量较小时用得较多,由一套传动装置通过减速器、联轴器、传动轴同时驱动桥架两侧的车轮转动,能保证车轮同步行驶,但是传动轴太长,安装制造较复杂。分别驱动形式由两套单独的驱动装置分别驱动两根梁下面的主动轮,依靠桥架本身的刚性和电气控制系统保持两侧车轮的同步行驶。电动桥式起重机大量采用的是分别驱动形式。

2. 桥架

电动桥式起重机一般采用传统的桥架形式,由两根主梁和两根端梁组成,单梁桥架结构由于运行小车的结构复杂所以很少用。电动桥式起重机的动力是通过裸露的硬滑线或软电缆供电。各机构的控制采用联动控制器,用一个手柄可控制一个机构动作,也可同时控制两个机构动作。

电动桥式起重机的桥架既承受起吊货物的质量和小车自重,又作为小车运行轨道的铺设基础,因此应该具有较大的强度、较好的稳定性和足够的刚性。通常将桥架主梁的横断面做成封闭形,用低碳钢或低合金、高强度的钢板焊接成箱形和桁架形,并在架内焊接筋板。一般规定电动桥式起重机在空载时,主梁应有一定的上拱度,从而减少起重小车爬坡下滑的影响。

电动桥式起重机的大车运行机构、小车运行机构、起升机构都采用双瓦块常闭式制动器,用液压电磁铁、电动推杆,或交、直流电磁铁松闸。

第四节 臂架类起重机

臂架类起重机主要利用臂架的俯仰、绕垂直轴线回转的配合升降货物,其动作灵活。臂架类起重机除起升机构外,还根据需要设置变幅、回转、运行机构,以便扩大工作范围,提高作业的机动性。臂架类起重机按其机动性分为三类:固定式、移动式、浮式。

固定式臂架起重机直接安装在码头或货场的墩座上,只能在原地工作。其中,有的臂架只能俯仰不能回转,有的既可俯仰也可回转,如桅杆起重机、船舶吊杆等。

移动式臂架起重机可沿轨道或在地面上运行,主要有门座式起重机、流动式起重机(包括轮胎起重机、履带起重机、汽车起重机)等。其中,门座式起重机和轮胎起重机在港口应用很普遍。履带起重机、汽车起重机是分别安装在履带车底盘或汽车底盘上的回转起重机。履带起重机运行速度较低,但爬坡能力较强,和地面接触面积大,可在松软地面上工作,因对路面有破坏作用,故一般只用在港口后方货场上。

浮式臂架起重机是安装在专用平底船上的臂架起重机,广泛应用于海、河港口的装卸及建港等工作。

一、门座式起重机

(一)门座式起重机的特点

门座式起重机(图 8-10)是装在沿地面轨道行走的门形底座(门架)上的全回转臂架起重机,是码头前沿的通用起重设备之一。其按门架结构形式可分为全门座式和半门座式;按起重臂的结构形式可分为单臂架式和四连杆组合臂架式;按使用场合不同可分为港口用、造船用、水电站用。

门座式起重机具有较好的工作性能和独特的结构,其工作机构有较高的运行速度,使用效率和台时效率都较高,一般每昼夜可工作 22 h,每小时作业量可达 100 t 以上,适应港口装卸生产率高、作业频繁的特点,能以较高的生产率完成船—岸、船—车、船—船等多种装卸作业。此外,门座式起重机的结构是立体的,占用面积不大,且有高大的门架和较长的臂架,因而具有较大的起升高度和工作幅度,适宜于工作范围大的万吨级海轮的装卸、过驳。但门座式起重机也有不足:造价高,耗材多,需要的电力较大;轮压大,地基必须坚固,并且附属设备多。

图 8-10　门座式起重机

(二)门座式起重机的结构

门座式起重机的金属结构包括臂架系统、人字架、转柱、机房平台、门架等。臂架可分为直臂架和组合臂架。组合臂架通常由象鼻架、主臂架、拉杆、活动平衡重等组成,铰接在人字架和机房平台上。机房平台则通过转柱或转台支承在门架上。门架是整个起重机的承载部分,大多采用箱形结构,刚度较大。起重机的全部载荷都由门架传到地面轨道上,门架下可通行铁路车辆或其他无轨运输工具。

门座式起重机的工作机构包括起升、运行、变幅、回转,可完成货物的升降,起重机的运行、回转以及带载变幅等动作。各机构由各自的电动机驱动,可单独工作;起升、变幅、回转三个机构还可联合动作,以提高装卸效率。对于吊钩、抓斗两用的起升机构可分别采用两套起升绞车,结构简单,操作方便。门座式起重机的运行机构是比较典型的有轨运行机构,变幅机构常采用结构较复杂的平衡式臂架变幅系统,以减小变幅功率和便于司机作业,回转支承可用转盘式或转柱式,但大多采用转柱式。

门座式起重机大多依靠软电缆由外电网取得电力,通常借助绕在起重机电缆卷筒上的软电缆与沿着起重机轨道每隔一定距离设置的地下电缆接头连通。当起重机运行时,电缆卷筒把软电缆卷进或放出。为避免电缆松堆在地上被设备压坏,常用设置重锤等方法使电缆张紧。起重机回转部分的供电通常采用电刷滑环的方式,使电缆通过空心的中心柱把电源接到滑环上,回转部分的电线通过电刷沿该滑环滑动而接通电源。

由于门座式起重机要带货变幅,因此被设计成起重量不随取物装置位置而变化。也就是说,在它的全工作幅度范围内,每个幅度范围各有一个起重量。

由于门座式起重机结构庞大、工作繁忙，因此对安全装置要求较高。除了各工作机构根据不同要求分别装设不同形式的制动器之外，在门座式起重机上还安装了一系列的限制器和安全装置，如起升高度指示器和限位器、起重量指示器、超重报警装置、变幅机构的缓冲器、变幅限位器、回转机构过载保护的极限力矩联轴器、回转限位器、门腿上的夹轨器、避碰器、防风锚定装置和有关的电气保护装置等。

二、轮胎起重机

轮胎起重机（图8-11）是装在特制轮胎底盘上的全回转臂架起重机，有起升、回转、变幅、运行四个工作机构，可完成起升和运移货物、调整臂架伸距、变换工作地点等动作。

轮胎起重机的起重臂、司机室、动力装置、平衡重及起升、变幅、回转机构等都安装在转台上。运行底盘设有四个可收放的支腿，以便提升起重能力和稳定性。

(a)轮胎式越野起重机

(b)轮胎式集装箱门式起重机

图8-11　轮胎起重机

轮胎起重机总体布置不受汽车底盘限制，其轮距较宽，稳定性好，轴距小，车身短小，转弯半径小，适用于狭窄的作业场所。轮胎起重机可前、后、左、右四面作业，在平坦的地面上可不用支腿吊重及吊重慢速行驶。其行驶速度比汽车起重机慢，机动性不及汽车起重机，但与履带起重机相比，具有便于转移和在城市道路上通过的性能。轮胎起重机采用行驶操纵和起重作业操纵合一的驾驶室，可在驾驶室中控制上、下车的动作。

轮胎起重机采用无轨运行机构，大多采用内燃机集中驱动、内燃机—电力驱动或内燃机—液压驱动形式，以便适应作业地点变化的需要。也有的轮胎起重机为简化结构、便于维修而采用外界交流电网供电的电力驱动形式，但其作业范围受到电源的限制，且移动时须靠其他机械与装在其底盘前端的牵引杆连接后拖曳。

微课：浮式起重机

三、浮式起重机

浮式起重机（图8-12）是以专门浮船作为支承和运行装置，浮在水上作业，可沿水道自航或拖航的水上臂架起重机。它广泛应用于海、河港口，可单独完成船—岸或船—船的装卸作业，也可配合岸上的起重设备加速船舶装卸。此外，它还常用于建港、建桥、水利工程以及船舶修造、水上打捞、救险等起重作业。

浮式起重机的优点是能在水上（锚地）进行装卸，自重不

图8-12　浮式起重机

受码头地面承载能力的限制,可从一个码头移到另一个码头,利用率高;配合码头工作可不受水位差影响,适用于码头布置比较分散、货物吞吐量不大,以及重大件设备的装卸工作,对水位变化大的内河港口则更适宜。其缺点是造价较高,需要的管理人员较多。

浮式起重机的种类很多:按航行方式分为自航浮式起重机、非自航浮式起重机;按回转能力分为全回转浮式起重机、非全回转浮式起重机、非回转浮式起重机。

(一)自航浮式起重机

自航浮式起重机可独立航行,机动性好,备有内燃机发电机组,可提供自航、起重作业以及辅助、生活用电,但增加了对动力装置的投资和营运管理工作。

(二)非自航浮式起重机

非自航浮式起重机依靠拖船拖航,起重动力可靠船上发电或岸上供电,作业中的移位可借助装在浮船甲板上的绞缆机牵引。

(三)全回转浮式起重机

全回转浮式起重机的起重装置可绕回转中心线相对浮船做360°以上连续转动,机动性好。全回转浮式起重机重心低、工作平稳、效率高,除了具有较完善的起升、回转和变幅机构外,还有臂架放倒机构,使起重机臂架系统在航行时能放倒至最低位置,以便稳定地航行和顺利通过桥梁。臂架放倒机构利用主起升机构的动力由放倒机构的卷筒钢丝绳收放臂架。起重装置类似门座式起重机的上部,其结构比较复杂,但扩大了工作范围,能更好地满足港口多种装卸作业的要求。各工作机构由直流电动机驱动,直流电由船上的柴油发电机组供应。

(四)非全回转浮式起重机

非全回转浮式起重机是指起重装置只能在夹角小于360°的有限范围内,绕回转中心线相对浮船转动的浮式起重机。例如,起重装置采用桅杆起重机的浮式起重机往往是非全回转的,一般仅使用吊钩作业,工作速度较慢,结构较简单,常用于中小港口。

(五)非回转浮式起重机

非回转浮式起重机是指起重装置不能相对浮船转动的浮式起重机,其中,有的臂架可俯仰,有的臂架是固定的。固定臂架浮式起重机的臂架不能回转,也不能俯仰,只能在船首以外固定幅度处吊运货物。起升机构有主、副两个吊钩。这种浮式起重机结构简单、自重较轻、价格便宜并且由于它只沿船体的纵向进行作业,故稳定性较好,浮船的宽度也可相应减小。但工作时,为了适应货物位置,需经常移动浮船,因而生产率低,操作不便,宜用于作业不频繁、装卸重大件的场合。

第五节 起重设备的主要属具

一、钢丝绳

(一)钢丝绳的结构和种类

钢丝绳是用优质高强度碳素钢丝捻制而成的,耐磨、强度高、挠性好,能承受冲击载荷。钢丝绳是起重设备的重要组成部分,在起重吊装中被广泛应用,是起重作业中最常用的绳索,用来捆绑、起吊、拖拉重物,或作为起重机、卷扬机等的系紧绳。

1. 钢丝绳的结构

钢丝绳通常由若干钢丝捻成绳股,再由几个绳股加一根钢芯绕捻而成,也有单股的钢丝绳。起重设备常用的钢丝绳直径为 6.2～83.0 mm,所用的钢丝直径为 0.3～3.0 mm。钢丝绳的标称抗拉强度分为四个等级:1 400 MPa、1 550 MPa、1 700 MPa、1 850 MPa。

2. 钢丝绳的种类

按绕捻方法可将钢丝绳分为左同向捻[图 8-13(a)]、右同向捻[图 8-13(b)]、左交互捻[图 8-13(c)]、右交互捻[图 8-13(d)]、混合捻[图 8-13(e)]等。同向捻钢丝绳比较柔软,容易弯曲,表面平滑,使用中磨损较小,但这种钢丝绳容易松散和扭结,在悬挂时有较大旋转,特别是扭结后常常会使起重作业不能正常进行,故在起重作业中不常采用。交互捻钢丝绳由于绳和股的捻向相反,因弹性应力而产生的扭转力方向相反,扭转力互相抵消,不易自行松散,在起重作业中使用较多。其缺点是挠性较小,表面不平滑,与卷筒和滑轮的接触面积小,磨损较快。混合捻钢丝绳具有前两种钢丝绳的优点,力学性能也比前两种好,但这种钢丝绳制造工艺复杂,造价较高,因此在起重作业中使用较少。

(a)左同向捻　　(b)右同向捻　　(c)左交互捻　　(d)右交互捻　　(e)混合捻

图 8-13　钢丝绳捻向

按绳芯材料的不同可将钢丝绳分为麻芯(或棉芯)、石棉芯、金属芯。

按组成股数的不同可将钢丝绳分为单股钢丝绳[图 8-14(a)]、多股钢丝绳[图 8-14(b)]。

按各层钢丝的直径和钢丝间的接触情况不同可将钢丝绳分为点接触钢丝绳[图 8-15(a)]、线接触钢丝绳[图 8-15(b)]、面接触钢丝绳[图 8-15(c)]。

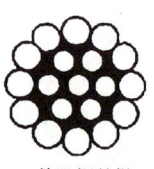  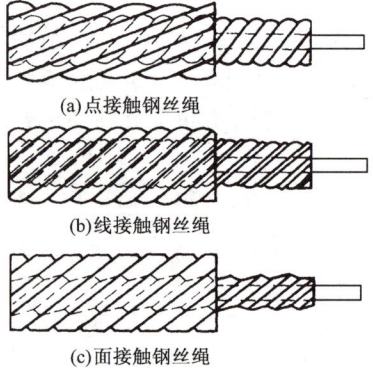

(a)单股钢丝绳　　(b)多股钢丝绳

图 8-14　钢丝绳的断面

图 8-15　钢丝绳的结构

（二）钢丝绳的使用和保养方法

钢丝绳的使用和维护保养是否得当，直接影响钢丝绳的使用寿命及起重作业的安全。钢丝绳正确的使用和维护方法如下。

（1）钢丝绳的出厂长度一般为 250 m、500 m、1 000 m，并且都盘绕成绳卷或绕在卷筒上，在使用前必须将它从绳卷或卷筒上解下来。钢丝绳的开卷方法如图 8-16 所示。

(a)正确的开卷方法　　　　　　　　　(b)错误的开卷方法

图 8-16　钢丝绳的开卷方法

（2）钢丝绳在使用过程中不要超负荷。

（3）钢丝绳穿用的滑车，其边缘不应破裂或有缺陷。

（4）钢丝绳在使用中，特别是在运动中不要和其他物体摩擦，以免直接影响其使用寿命。

（5）使用于高温物体上的钢丝绳，必须采取隔热措施，以免钢丝绳受高温后降低强度。

（6）钢丝绳禁止与带电的金属（包括电焊线、电线等）接触，以免烧坏或受热后降低强度。

（7）日常使用的钢丝绳必须经常检查，检查端部的固定连接、平衡滑轮，并做出安全性判断。

（8）应防止钢丝绳与酸、碱等有腐蚀作用的物质接触，以免其因腐蚀而降低强度。

（9）安装钢丝绳时，不应在不洁净的地方拖曳，应防止划伤、磨损、碾压和过度弯曲钢丝绳。

（10）钢丝绳在使用一段时间后，必须加润滑油。一方面可防止生锈，另一方面可减少钢丝绳内部的摩擦。

（11）领取钢丝绳时，必须检查钢丝绳的合格证，以保证力学性能及规格符合使用要求。

（12）存放钢丝绳时，要先按上述方法清除脏物并涂上油，然后盘绕成圈，存放在干燥、通风的地方。在钢丝绳的下面应垫上木板或枕木，并应定期进行检查。

（三）钢丝绳的报废条件

钢丝绳的状态直接关系着操作的安全，因此必须对经常绕过滑轮、靠近卷筒或靠近接头的绳段特别注意。检查中即使未发现断丝，但钢丝绳直径相对于公称直径减小 10% 时，或者发现起升、变幅用钢丝绳断丝数达到相关规定时都应予以报废。

二、取物装置

取物装置即吊具，是起重机上直接提取货物的部件，其性能与生产率、工人劳动强度和安全生产都有直接关系。取物装置必须安全可靠，适应不同货物的特点，并尽量满足自重轻、结构简单、尺寸紧凑、牢固耐用，能迅速或自动、半自动地取物和卸货的要求。

取物装置种类繁多（图 8-17），根据货物的几何形状、物理性质的不同，对装卸效率要求的不同，基本可分为三大类：吊运成件货物、吊运散粒货物、吊运液态货物。吊运成件货物的有吊钩、吊环、夹钳、扎具和集装箱等；吊运散粒货物的有料斗和电磁铁等；吊运液态货物的有盛桶等。其中，吊钩和吊环是起重机中应用较广的两种取物装置，常与滑轮组合成吊钩组。各种取物装置，可根据标准规格到专业厂购买选用。

(a) 盛桶　(b) 电磁铁　(c) 料斗　(d) 抓斗

(e) 夹钳　(f) 电磁盘　(g) 吊钩

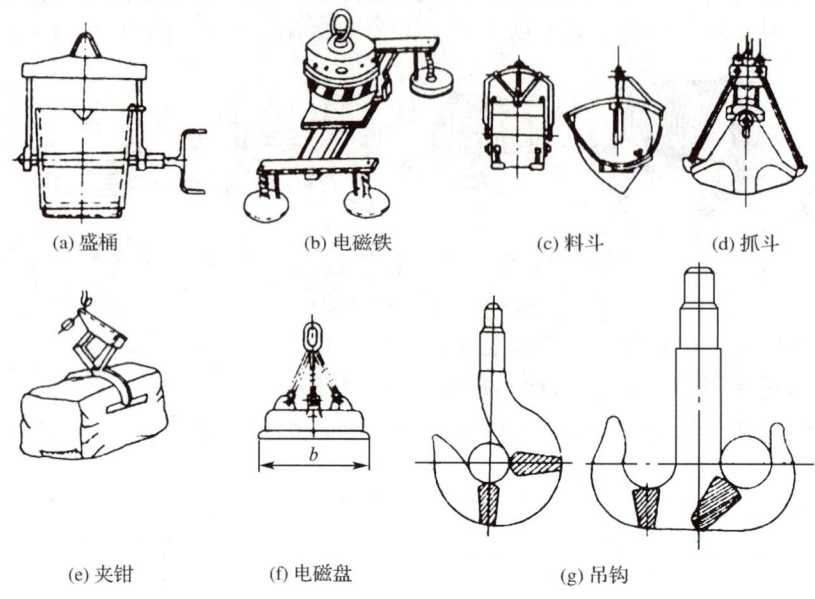

图 8-17　常见的取物装置

（一）吊钩

吊钩是应用较广的通用取物装置，按其形状可分为单钩、双钩两种。单钩的制造和使用比较方便，适用于中小起重量。在港口装卸船舶时，为防止吊钩钩住船舱口等障碍物以及悬挂绳脱钩，通常采用凹口深槽形鼻吊钩。双钩的受力情况比较有利，因而在吊同样货物时其自重较轻，适用于大起重量。为使吊钩的强度高、韧性好，可用优质低碳钢整体锻造，大起重量的吊钩为制造方便，也可由钢板铆合制成片式钩，但它比锻造式笨重。

（二）吊环

(a)封闭式吊环　(b)可拆卸吊环

图 8-18　吊环

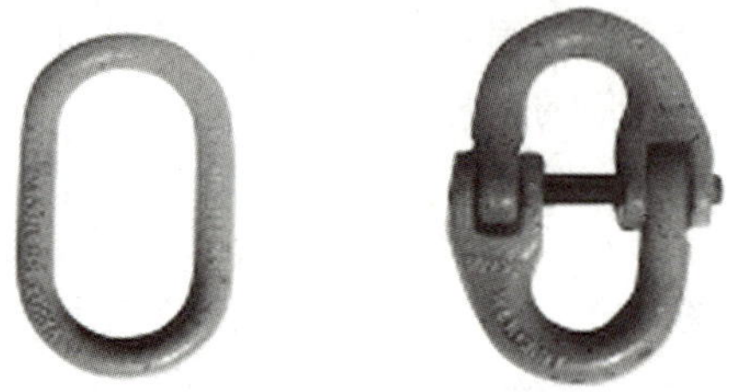

吊环（图 8-18）的受力情况比吊钩好，因此当起重量相同时，吊环的自重比吊钩小。由于使用吊环起吊设备时，其索具只能用穿入的方法系在吊环上，因此用吊环吊装不如吊钩方便。

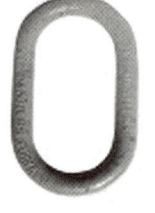

吊环通常用在电动机、减速机的安装上，维修时做固定吊具使用。吊环的允许负荷可按表 8-3 确定。

表 8-3　吊环的允许负荷

丝杆直径 d/mm		M12	M16	M20	M22	M30	M36
允许负荷/N	垂直吊重	1 500	3 000	6 000	9 000	13 000	24 000
	允许 60°吊重	900	1 800	3 600	5 400	8 000	14 000

(三)抓斗

抓斗(图8-19)主要用来装卸散货,有时还用来抓取长材。港口散货装卸量大,而抓斗的装卸过程完全是由起重机司机操纵,依靠机械的力量自动进行的,避免了人工装卸的繁重体力劳动,节省了挂、摘钩的辅助时间,大大提高了装卸生产率和劳动生产率。因此,抓斗在港口装卸作业中起着十分重要的作用,得到了较为广泛的应用。

图8-19　抓斗

抓斗的种类很多:按抓取的货物不同可分为散货抓斗、煤炭抓斗、矿石抓斗、木材抓斗等;按抓取货物的堆积密度不同可分为特轻型、轻型、中型、重型、特重型,见表8-4;按操纵抓斗的原理不同可分为单绳抓斗、双绳抓斗、马达抓斗,其中,双绳抓斗应用较广。除普通双绳长撑杆双颚抓斗以外,还有多种专用双绳抓斗,如多爪抓斗、耙集抓斗、长材抓斗等。

表8-4　　　　　　　　　按货物的堆积密度划分抓斗

货物堆积密度/(t·m^{-3})	<0.8	0.8~1.2	1.2~2.0	2.0~2.8	≥2.8
抓斗类型	特轻型	轻型	中型	重型	特重型
主要货种	散粮	焦炭、煤	磷矿、石灰石	小块铁矿石	大矿石、废钢

第六节　集装箱装卸搬运设备

一、岸边集装箱起重机

岸边集装箱起重机(图8-20)安装在港口码头边,是船岸之间装卸集装箱的专用设备。它由金属结构、载重小车、起升机构、小车运行机构、大车运行机构、机器房、吊具、电气传动及控制设备、各种安全装置及其他辅助设备等组成。

微课:岸边集装箱起重机

(一)岸边集装箱起重机的结构特点

图8-20　岸边集装箱起重机

为了把集装箱送到船上任一指定位置或者从集装箱船上任何位置卸下,岸边集装箱起重机靠海一侧设有很长的前伸臂。为了与码头后方的临时堆场进行集装箱交接,岸边集装箱起重机在陆侧设有长度较短的后伸臂。

1. 门架的结构形式

岸边集装箱起重机门架的结构形式分为A形[图8-21(a)]、H形[图8-21(b)]和AH形[图8-21(c)]三种。A形结构简单,适用于小跨度,10 m左右的跨度常采用这种形式;H形接头简单,制造拼装容易,造价低,外形美观,适用于大跨度,被广泛采用;AH形在工作状态下,海、陆两侧轮压比H形低,且两侧轮压相差较小。

2. 前伸臂让船方式

前伸臂让船方式可分为俯仰式[图8-22(a)]、折叠式[图8-22(b)]和伸缩式[图8-22(c)]。俯仰式结构简单,但仰起后高度较高,不适合于邻近有机场的港口使用;折叠式的前伸臂

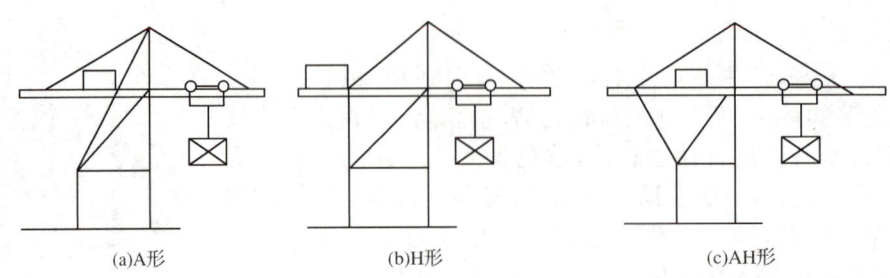

图 8-21　岸边集装箱起重机门架的结构形式

分为两段,仰起时前伸臂从中间折叠,仰起后高度降低;伸缩式的前伸臂、中间梁及后伸臂三者连成一根梁,可在船甲板上方伸缩,高度最低。

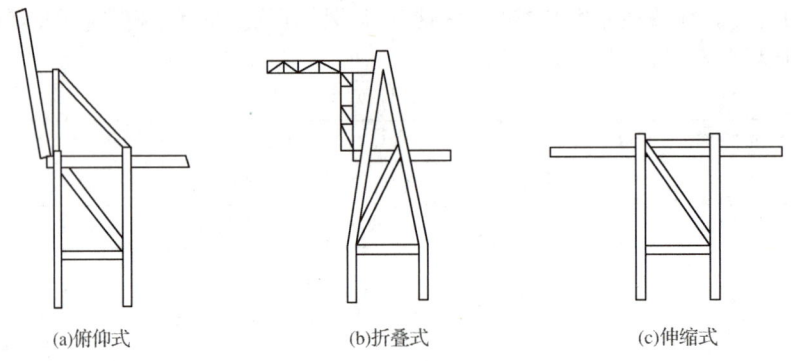

图 8-22　岸边集装箱起重机前伸臂让船方式

3. 小车驱动方式

小车驱动方式可分为自行式、全绳索牵引式、半绳索牵引式和导杆牵引式。小车通常在主梁上弦轨道(双梁)或下弦轨道(单梁)上行驶。司机室安装在小车架上并随小车一起运行。

岸边集装箱起重机的主梁及门架一般采用箱形断面。为了防止箱形构件腐蚀,延长其使用寿命,箱形构件内腔应设计制造成封闭结构,并应进行不透气性检验。

(二)岸边集装箱起重机的主要技术参数

1. 起重量

岸边集装箱起重机的吊具下起重量按所吊集装箱的最大总质量确定。1AA、1A 和 1AX 型集装箱的总质量为 30 480 kg,工程上一般以 30.5 t 考虑。有些国家和地区常采用一些非 ISO 标准的超大箱。如果岸边集装箱起重机要考虑吊运这些超大箱,或者要同时起吊 2 个 ISO 标准箱(每个总质量最大达 20 320 kg),则其吊具下起重量须做相应提高。岸边集装箱起重机的吊具下起重量常用的为 30.5 t、35.5 t 和 40.5 t,个别的达 60.0 t。此外,在装卸时,岸边集装箱起重机还要起吊舱口盖,有的还要用于装卸大型物件,因此,不用吊具作业时的最大起重量必须考虑这些因素。它一般比吊具下起重量大,最大的可达 85.0 t。

2. 起升高度

起升高度根据船型、码头潮差和船上集装箱装载情况确定。其原则是保证在船轻载、高水位时,能装卸三层集装箱并能堆高到四层;在船满载、低水位时,能起吊最下一层集装箱。其起升高度一般为轨面以上 25 m,轨面以下 12 m。但对于装载 4 000 TEU 以上的超巴拿马型集装箱船,起升高度应大于 30 m。

3. 外伸距

外伸距是指岸边集装箱起重机海侧轨道中心线向外至吊具中心线的最大水平距离。根据船宽并考虑四层集装箱向外倾斜 3°时,能起吊船甲板最外层集装箱的要求,对于装载 3 000 TEU 以下的一般为 35~38 m,而对于超巴拿马型集装箱船,外伸距一般在 44 m 以上。

4. 跨度(轨距)

跨度根据码头前沿的装卸工艺方式和岸边集装箱起重机设计要求来确定,一般为 16~25 m,有的可达 30 m 以上。

5. 门架净空高度

门架净空高度根据门架下通过的流动搬运设备的外形高度来确定,一般为 10~12 m。

6. 轮距

轮距根据 1AA 型集装箱的长度(12 m),并考虑吊具的摆动及所留的间隙来确定,一般为 14~16 m。

7. 工作速度

(1)起升速度。起升速度分满载起升速度和空载起升速度两种。一般空载起升速度高于满载起升速度 1 倍以上。为了提高搬运能力,缩短工作时间,应使起升机构的控制系统具有恒功率特性。通常情况下,起升速度满载时为 50 m/min,空载时可达 120 m/min 左右。

(2)小车运行速度。小车运行速度对工作循环时间和搬运能力有重要影响,因此速度较高,一般为 120~180 m/min,最高达 210 m/min。

(3)大车运行速度。大车是在空载条件下运行的,速度较低,一般为 45 m/min。

(4)臂架俯仰时间。臂架的俯仰属非工作操作,一般俯仰循环时间为 5~10 min。

(三)岸边集装箱起重机的主要工作机构

1. 小车运行机构

常用的小车运行机构有两种形式,即自行式和牵引式,牵引式又分为全牵引式和半牵引式。

(1)自行式。起升机构和小车运行机构都安装在小车上。起升绳由卷筒引出,通过滑轮系统与吊具相连。其特点是钢丝绳磨损小,寿命长,小车微动操作方便,停车位置准确。但小车驱动力受到车轮与轨道之间附着力的影响,故加速度受到限制。又因起升机构、小车运行机构全部安装在小车上,小车质量加大,所以岸边集装箱起重机的结构质量及轮压增大。

(2)全牵引式。起升机构和小车运行机构都安装在机器房内。采用这种形式,小车的质量最小,从而使门架结构质量减轻,岸边集装箱起重机的轮压减小。为保持小车牵引绳张力相同,防止小车运行时偏斜,应设置钢丝绳自动张紧装置。由于小车运行加速度不受车轮与轨道之间附着力的影响,因此小车启动性能好,不会产生打滑现象。但起升绳要通过许多导向滑轮,钢丝绳缠绕系统复杂,磨损大,钢丝绳更换频繁。

（3）半牵引式。起升机构安装在机器房内,而小车运行机构安装在小车上。

2. 臂架俯仰机构

臂架俯仰机构由电动机、减速器、卷筒、制动器、联轴器和限位开关等组成,安装在机器房内。在减速器的高速轴上或电机轴上安装有制动器,用于正常工作制动。在卷筒上安装有带式制动器,当臂架下降速度达到额定速度的115%时,带式制动器可以自动进行紧急制动,也可以在司机室内通过按钮实现紧急制动。

当岸边集装箱起重机不工作时,利用臂架俯仰机构使臂架仰起至与水平面成80°左右的位置,并用挂钩锁住,此时俯仰机构的钢丝绳松弛。当臂架要俯下时,先将臂架微微仰起,张紧钢丝绳并由挂钩液压装置的油缸把挂钩抬起,即可放下臂架至水平工作位置。

（四）岸边集装箱起重机的安全装置

为保证岸边集装箱起重机工作安全,除了在各机构中设置安全保护装置以外,如起升机构超载保护装置、高度指示器等,还须设置地锚装置、防滑装置和防风系缆装置等。

1. 地锚装置

为防止岸边集装箱起重机被风吹走,当非工作风压超过 6 kPa 时,应设置地锚装置。常用的地锚装置有插板式和插销式。该装置安装在台车上,利用杠杆系统,把插板或插销插入地坑内。地锚装置在电气上与大车运行机构控制系统联锁,当插板或插销插入地坑后,大车运行机构就不能启动。地锚装置的数量取决于岸边集装箱起重机非工作状态下的风载荷,应取工作现场的最高风速作为设计地锚装置的依据。

2. 防滑装置

安装在岸边集装箱起重机上的防滑装置有液压压轨式、液压楔式、重锤式等。其中,液压压轨式较为安全可靠,它能随着风力的大小而改变防滑能力,风越大防滑能力也越强。防滑装置除单独工作防止岸边集装箱起重机被风吹动外,还能在岸边集装箱起重机处于非工作状态时与地锚装置一起共同防止其被大风吹走。防滑装置应保证大车运行机构制动能力只有50%时,风速在 50 m/s 的情况下,岸边集装箱起重机不会被吹走。

3. 防风系缆装置

为防止在风力很大的情况下,岸边集装箱起重机被风吹倒,除了其本身具有的稳定能力外,一般还应设置防风系缆装置。它一端固定在地坑内,另一端固定在门架的下平衡梁上,系缆中间有连接销以便于拆卸。

（五）岸边集装箱起重机的电控系统

岸边集装箱起重机的起升机构、小车和大车运行机构、臂架俯仰机构,均采用数字式晶闸管可逆调速系统。其中,起升机构的控制系统具有自动检测负载状态的环节,通过弱磁调节,达到高速运行。在轻载情况下,起升机构的负载特性使起升速度在额定速度以上按恒功率特性随负载变化连续调节。

所有机构的加速、减速运动都由司机直接控制。但当司机操作主令控制器过快时,自动装置将机构的加速度和减速度限制在预定的范围内。当主令控制器由快速位置移到停止位置时,先由电气制动实现减速。当速度降到预定值时,再由制动器制动。但是,当紧急停车或电源发生故障时,则由制动器制动。

岸边集装箱起重机除紧急保护功能外,所有顺序控制和内部逻辑联锁功能均由可编程控制器完成。同时,可编程控制器还对整机进行故障检测和诊断,并通过打印机打印出来。

二、集装箱龙门起重机

集装箱龙门起重机由普通龙门式起重机发展而来,是专门用来装卸集装箱的一种起重机,被广泛应用于码头、车站、货场等。

为了提高装卸效率,人们采用计算机控制集装箱龙门起重机的各种动作,使其可以安全、准确地将集装箱搬运到指定的位置。

按运行方式可将集装箱龙门起重机分为轨道式集装箱龙门起重机和轮胎式集装箱龙门起重机。

(一)轨道式集装箱龙门起重机

轨道式集装箱龙门起重机(图8-23)根据其用途可分为铁路车站和码头后方用的集装箱门式起重机、码头前沿用的集装箱门式起重机、堆场上用的集装箱门式起重机、船用集装箱门式起重机等。

图8-23 轨道式集装箱龙门起重机

1. 铁路车站和码头后方用的集装箱门式起重机

这类起重机在铁路车站上多是单独作业,在火车、汽车间进行集装箱装卸作业,有时同叉车、跨车以及其他装卸机械配合作业。在码头后方的铁路货运站上,这类起重机与码头前沿的集装箱门式起重机配套使用。它的用途就是把汽车送来的集装箱装上火车,或者将火车上的集装箱卸到悬臂下方,等待跨车把集装箱运走。

30.5 t 轨道式集装箱龙门起重机就是这一类型的起重机,其装运流程如下:由汽车或叉车把集装箱运到起重机的悬臂端下面,这时起重小车开到悬臂端并放下伸缩式吊具,吊具经过升降、旋转运动对准集装箱,然后锁紧;根据车厢的位置,开动大车、小车和起升机构、旋转机构,把集装箱准确地安放在指定的位置上,脱开吊具,空载起升,大车、小车通行,再投入第二个装箱循环。

同样也可以用这类起重机把集装箱从火车上卸下,并搬运到悬臂端下面,再用汽车或叉车运往码头前沿。

电子计算机和电磁感应技术的飞速发展,为这类起重机的自动控制提供了条件。电子计算机根据货运列车和货运汽车"进"与"出"的有关信息操纵起重机装卸集装箱。起重机的各种动作是根据电子计算机发出的无线电指令来进行的。在起重机的伸张杆上装有集装箱传感器,在传感器的测控下,可以精确地调控起重机的各种动作。

2. 码头前沿用的集装箱门式起重机

这类起重机安装在码头前沿,能沿船舶停靠的方向做平行移动,近海侧有一个很长的外伸臂,一般外伸臂的长度可达轨距的两倍以上,陆侧有一个较短的后伸臂。外伸臂有的制成铰支型,可使外伸臂俯仰,有的制成伸缩型。在非工作状态时,外伸臂收回,以防止与通过的船只相碰,只有在工作状态时,外伸臂才伸出来。码头前沿用的集装箱门式起重机的用途是为船舶直接装卸集装箱。

3. 堆场上用的集装箱门式起重机

这类起重机用于堆场上的装卸和堆高作业,其跨度一般比较大,能跨越多排集装箱的堆场。两端悬臂下面通常都铺设拖挂车通道或一条铁路装卸线,使这类起重机既能堆高又能装卸集装箱。堆码高度一般可达 3~4 层。

4. 船用集装箱门式起重机

这类起重机是装设在船上的,在船上可做前后移动,悬臂梁做成活动的,可把船上的集装箱经外伸臂(悬臂)卸到岸上,也可将岸边集装箱吊入船舱内。

(二)轮胎式集装箱龙门起重机

图 8-24 轮胎式集装箱龙门起重机

轮胎式集装箱龙门起重机(图 8-24)是大型专业化集装箱堆场的专用机械,可装卸标准集装箱。它不仅适用于集装箱码头的堆场,同样也适用于集装箱专用堆场。场桥用柴油机交流发电机组供电,采用数字式变频调速,可在集装箱场地内做两个方向的移动。配有能起吊 20 英尺、40 英尺集装箱的伸缩吊具。场桥的吊具多采用固定式导板。为了减少吊具摇摆,装有机械减摇装置;为了对箱方便,装有吊具小角度回转装置;为了能转换场地作业,设有 0°~90°的直角转向机构。一般情况下,场桥跨距已标准化为 23.47 m,也可供应非标准跨距的场桥。起升高度可保证起吊一个长 12.2 m、高 2.9 m 的集装箱越过四层(或五到六层)堆箱。

场桥支承在 4 轮、8 轮或 16 轮的大型无内胎轮胎上,轮数是根据场地轮压的要求而设计的,大车运行机构可以是四轮或两轮驱动。为防止场桥之间以及场桥与集装箱之间相互碰撞,设有手动纠偏系统以及大车四角防碰装置。

小车运行机构可采用齿条式或双轴、单轴驱动,运行平稳。在小车架下设有司机室,由司机操纵整台起重机运行。

场桥采用交流或直流调速系统,具有很好的调速和恒功率控制,能根据箱内质量的不同自动调节升降速度。

在安全设施方面,设有超负荷保护、柴油机超速保护、水温过高和机油压力过低等信号装置,以及风速指示仪、防台风锚定装置、紧急停止按钮、各机构限位开关和信号指示等。

另外,还可选配差分全球定位系统、大型起重机远程控制监视系统、方便大车转向和减少轮胎磨损的大车顶升装置,以及配置登机电梯等设备。

三、集装箱正面吊运机

集装箱正面吊运机,简称"正面吊"(图 8-25),是通过改变可伸缩动臂的长度和角度,实现集装箱装卸和堆垛作业的工业搬运车辆。正面吊和集装箱叉车都是既能垂直起重又能水平搬运的轮式起重车辆,但是两者构造不同:集装箱叉车起重依靠安装在垂直移动的门架上的叉脚(或吊具)带动集装箱上升;正面吊的构造类似一台汽车吊,有一根斜向

图 8-25 集装箱正面吊运机

上的可伸缩的吊杆,下头铰接在底盘上,中部由两根液压支柱支撑,依靠吊杆的伸缩和两根支柱的液压升降带动吊杆俯仰以装卸货物。与集装箱叉车相比,正面吊有两大优点:一是能跨箱作业,即可以越过1~2排集装箱吊起或放置集装箱;二是经过改进,能够将吊杆放低到向下倾斜的角度,从而能够装卸存放位置低于水平面的集装箱,因此尤其适用于处理内河集装箱驳船的装卸。此外,使用正面吊可使堆场的单位面积的集装箱储存能力和装卸效率提高,节省投资费用。

正面吊具有集装箱叉车和汽车吊的双重功能,具有自重轻、视野好、机动性好、操作方便、设备投资小、堆码层数高、作业幅度大、场地利用率高等特点。主要用于集装箱码头、铁路中转站、公路中间站以及集装箱货场的堆垛作业,以及码头前沿与堆场间的短距离搬运作业。

四、集装箱跨运车

集装箱跨运车(图8-26)是用于码头前沿和堆码集装箱的专用设备。它以门形跨架跨在集装箱上,由装有集装箱吊具的液压升降系统吊起集装箱进行搬运,并可将集装箱堆码2~3层高。此外,还可用跨运车将集装箱装在集装箱底盘车上,同时也可将集装箱从集装箱底盘车上卸下。

微课:集装箱跨运车

图8-26 集装箱跨运车

因此,它比集装箱龙门起重机具有更大的机动性。集装箱跨运车由门形跨架、起升机构、运行机构、动力设备及其他辅助设备等组成,采用机械或液力传动。前者将柴油机的动力通过传动轴传递到各工作机构;后者由柴油机带动液压泵,再由液压泵带动液压马达驱动各工作机构。

门形跨架分为前跨架和后车架两部分。前跨架一般采用管形结构,由四根管形纵梁和四根或六根管形立柱焊成左、右两片,前跨架为起升机构提升架的支承和导轨,其作用与叉式装卸车的外门架相似;后车架为箱形结构,作为动力设备、司机室以及其他辅助设备的支承。

起升机构由提升架及其升降油缸和吊具组成。提升架插入门形跨架前跨架的立柱中,借助装设在前跨架立柱中的四个或六个升降油缸沿立柱做升降运动。起升机构的吊具升降与叉式装卸车的货架相似,是通过链条绕过提升架上的链轮,最后固接在前跨架上,以两倍于提升架的速度上升或下降。

集装箱跨运车采用轮胎式无轨运行机构,它由前跨架底部悬挂的左、右两组从动轮和后车架底部的驱动轮组成。后车架上面的驱动装置通过减速器和链传动,把动力传递给驱动轮。车轮的转向是通过左、右两组拉杆和横拉杆所组成的梯形机构引到后车架上部的机房操纵台,由司机操纵液压转向系统,推动梯形机构实现转向。由于转向系统是全液压的,因此转向轻便灵活。

集装箱跨运车是在搬运长大件的跨运车的基础上发展而来的,但在性能和构造上又有不同之处。比如,采用旋锁机构与集装箱连接或脱开;吊具的升降要适应装卸和堆码集装箱的需要;为了对准箱位,吊具应具有侧移、倾斜和微动的性能。

五、集装箱叉车

集装箱叉车(图 8-27)是集装箱码头和货场常用的一种装卸设备,它可以采用货叉插入集装箱底部插槽内举升集装箱,也可在门架上装设一个顶吊架,借助旋锁件与集装箱连接,从顶部起吊。为满足集装箱装卸作业的要求,集装箱叉车有以下性能特点。

图 8-27　集装箱叉车

(1)起重量与各种箱型的最大总质量一致。对于采用货叉装卸的集装箱叉车,其起重量等于集装箱的最大总质量;对于顶部起吊的还要加上叉车吊具的质量,考虑到大部分现有的国际集装箱所装运的货物质量都达不到额定质量,如 20 英尺集装箱的载货量平均只有 12 t 左右,40 英尺集装箱的载货量平均只有 18 t 左右,因而从使用的经济性出发,往往根据实际情况选用相应起重量的集装箱叉车,如装卸 40 英尺或 20 英尺集装箱可分别选用起重量为 25 t 或 20 t 的集装箱叉车。

(2)载荷中心距取集装箱宽度的二分之一,即 1 220 mm。

(3)起升高度按堆码集装箱的层数来确定。

(4)为改善操作视线,将司机室位置升高,并装设在车体一侧。

(5)为适应装卸集装箱的需要,除采用标准货叉外,还备有顶部起吊或侧部起吊的专用属具。

(6)为便于对准箱位和箱底的插槽,整个货架具有侧移(约 100 mm)的性能,货叉也可沿货架左右移动,以调整货叉之间的距离。

集装箱叉车是一种用于装卸、搬运和堆码集装箱的专用设备,具有机动性强和使用范围广的优点,使用货叉还可装卸、搬运其他重件货物。但是,使用集装箱叉车的通道宽度需要 14 m,占用通道面积大,集装箱只能两列堆放,影响堆场面积的利用;在满载情况下,前轴负荷和轮压较大,对码头前沿和堆场通道路面的承载能力要求较高;叉车液压部件多,完好率低,维修费用较高;叉车前方视线交叉,集装箱的损坏率较高。因而,集装箱叉车一般只用在集装箱吞吐量不大的普通综合性码头和堆场进行短距离的搬运作业。其合理搬运距离为 50 m 左右,超过 100 m 用集装箱叉车搬运是不经济的。在这种情况下,可采用集装箱拖挂车配合使用。

第七节　集装箱装卸工艺方案选择

一、底盘车装卸工艺方案

底盘车装卸工艺方案如图 8-28 所示。岸边集装箱起重机将集装箱从船上直接卸到底盘车上,由拖车拖到堆场,集装箱仍留在底盘车上,在场内排列存放。这样存放在堆场上的底盘车可以方便地用拖车拖走。其优点是作业环节少,搬运方便,柔性好,最适合开展"门到门"的运输。其缺点是投资大,需要配备与集装箱堆存量相等数量的底盘车,且占用面积大,利用率相当低。

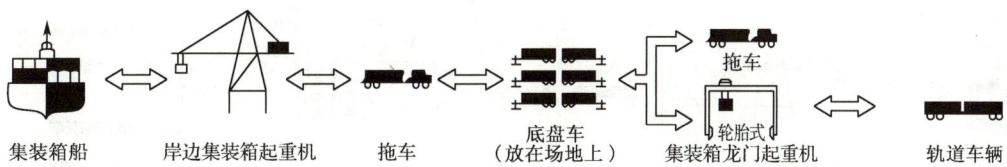

图 8-28　底盘车装卸工艺方案

二、集装箱跨运车装卸工艺方案

集装箱跨运车装卸工艺方案如图 8-29 所示。岸边集装箱起重机将集装箱从船上卸到码头前沿,然后集装箱跨运车把集装箱搬运到堆场。20 世纪 70 年代初,国际上很多集装箱专业码头都采用这种装卸系统。其优点是集装箱跨运车既可以进行水平运输,又可以完成 4~5 层的堆垛作业;当工作量增加而设备不足时,可以随时调入集装箱跨运车;投资少,装卸速度快,堆场利用率高。其缺点是结构比较复杂,维修工作量大,装卸成本高。

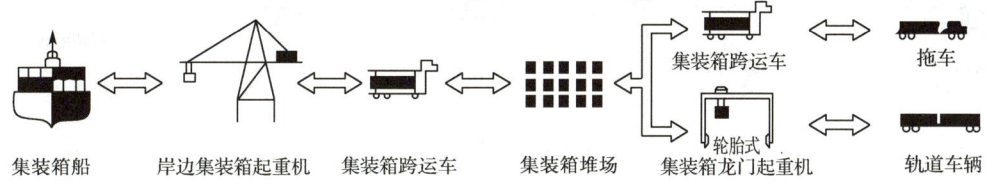

图 8-29　集装箱跨运车装卸工艺方案

三、轮胎式集装箱龙门起重机装卸工艺方案

轮胎式集装箱龙门起重机装卸工艺方案如图 8-30 所示。岸边集装箱起重机将集装箱从船上卸到拖车上,然后拖到堆场,由轮胎式集装箱龙门起重机堆存和进行装卸作业。装船过程与之相反。其优点是跨距大,堆层高,堆场利用率高;可以从一个轨道线转到另一个轨道线上工作,机动性强。其缺点是需要水平运输拖车作业。轮胎式集装箱龙门起重机现在已发展成为集装箱专业码头物流系统的主要设备之一,我国集装箱专业码头大部分采用这种装卸工艺方案。

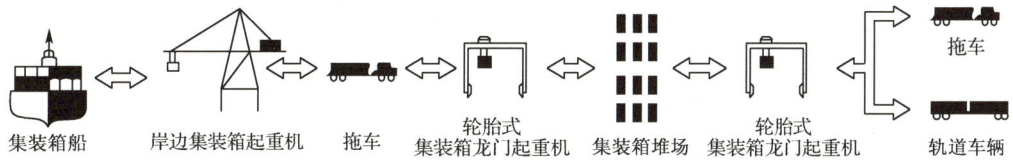

图 8-30　轮胎式集装箱龙门起重机装卸工艺方案

四、轨道式集装箱龙门起重机装卸工艺方案

轨道式集装箱龙门起重机装卸工艺方案如图 8-31 所示。这种方案还可以采用在船与堆场之间不用拖车,轨道式集装箱龙门起重机的悬臂直接伸到岸边集装箱起重机悬臂下,接力式地将集装箱转运到堆场或进行轨道车辆装卸。

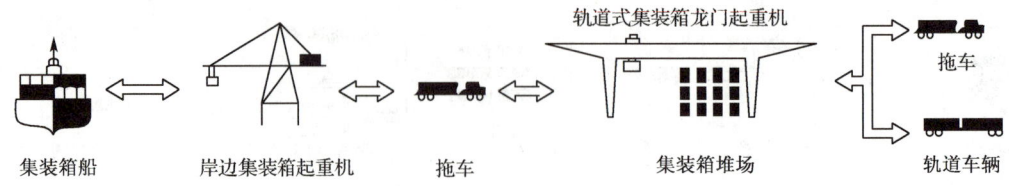

图 8-31 轨道式集装箱龙门起重机装卸工艺方案

五、集装箱叉车装卸工艺方案

集装箱叉车装卸工艺方案如图 8-32 所示。集装箱由岸边转运到堆场,从堆场装到外运车辆上均由集装箱叉车完成,这要求有大型的叉车与集装箱匹配。

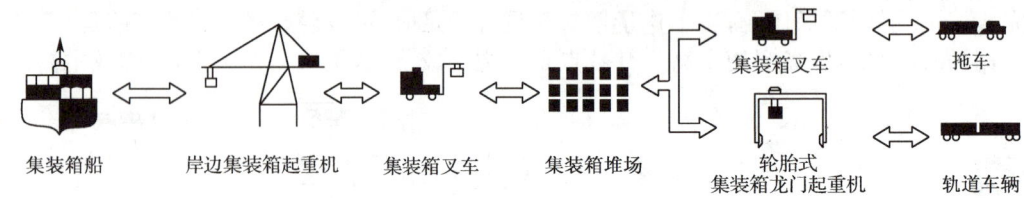

图 8-32 集装箱叉车装卸工艺方案

六、集装箱正面吊运机装卸工艺方案

集装箱正面吊运机(简称"正面吊")是一种集装箱专用装卸设备,在铁路、港口等集装箱堆场得到广泛使用,具有作业机动灵活、适应性好等特点。

其装卸工艺方案主要特点是堆场布置形式为每 4 排集装箱间布置 1 条集卡行驶车道,正面吊作业和运行需要留有不小于 16 m 宽的通道,同时在作业通道一侧设置一条宽度为 4 m 的集卡行驶车道;场地利用率较低,重载作业时轮压大,对场地的承载能力要求较高;具有机动灵活和一机多用的功能,适用于 1CC、1AA 等各种箱型的装卸作业;每股装卸线一般配 6~8 台正面吊,作业量大时,可采用群机作业,以减少集装箱班列停留时间,实现快速装卸,作业量小时,可单机作业;堆垛最高可达 5 层,而且可越过第一排集装箱跨箱堆取第二排集装箱;作业时,吊具下起重量与臂架的伸缩幅度有关,对堆码层数和箱位布置的要求较高。

七、集装箱滚装装卸工艺方案

滚装船靠泊码头后,将尾跳板放置在码头上,解开集装箱以及底盘车的固定装置,由牵引车拖动装有集装箱的底盘车通过尾跳板离开船舱,停在指定的存放区。在装运时,由牵引车拖动装有集装箱的底盘车到装卸作业区,通过尾跳板进入船舱,停放到指定的甲板位置,并进行系固绑扎。装船完毕,收起尾跳板,解缆离开泊位。

国外相关使用部门曾对集装箱码头以上主要装卸工艺方案的装卸成本(包括土地、机械设备、堆场维护、机械设备维修和人工费等)进行过比较:年装箱量少于 5 万箱时,轮胎式集装箱龙门起重机系统成本最低;年装箱量达 10 万箱时,轨道式集装箱龙门起重机系统成本最低。

实训任务

1. 参观附近的集装箱码头,观察码头的装备设施及布局情况,观察集装箱进港、装船情况(或观察集装箱卸船情况),写出参观调研报告。
2. 在实训室的码头沙盘中编制集装箱装卸工艺法方案。

起重设备是指用于垂直升降或者垂直升降并水平移动重物的机电设备,其范围规定为额定起重量大于或者等于0.5 t的升降机;额定起重量大于或者等于1 t,且提升高度大于或者等于2 m的起重机和承重形式固定的电动葫芦等。

多数起重设备在吊具取料之后即开始垂直或垂直兼有水平的工作行程,到达目的地后卸载,再空行程到取料地点,完成一个工作循环,然后再进行第二次吊运。一般来说,起重设备工作时,取料、运移和卸载是依次进行的,各相应机构的工作是间歇性的。起重设备主要用于搬运成件货物,配备抓斗后可搬运煤炭、矿石、粮食之类的散状物料,配备盛桶后可吊运钢水等液态物料。有些起重设备如电梯也可用来载人。在某些使用场合,起重设备还是主要的作业机械,例如,在港口和车站装卸物料的起重机就是主要的作业机械。

思考与练习

1. 简述起重设备的工作特点和分类。
2. 起重设备由哪些部分组成?各有什么作用?基本参数有哪些?
3. 电动葫芦有哪几种?使用时应注意什么?哪些电动葫芦较常用?
4. 龙门式起重机和装卸桥分别有什么特点?两者的运行机构有什么不同?
5. 试述电动梁式起重机和电动桥式起重机的区别和联系。
6. 常见的臂架类起重机有哪些?各有哪些优点、缺点?
7. 简述钢丝绳、抓斗的分类和作用。

第九章

连续输送设备

第一节 连续输送设备基本知识认知

连续输送设备是指以连续、均匀、稳定或间歇的输送方式,沿着一定的路线来装卸和搬运散料或成件货物的一种生产率较高的装卸搬运机械,广泛应用于工业企业的流水生产线、物料输送线和流通中心、配送中心等物料的快速分拣和拣选。

连续输送设备可用于装卸和输送煤、砂、碎石、粮食等散堆货物,以及中小型成件、包装件等货物。在自动化仓库或货场,出入库物流系统多采用连续作业自动化输送机组,还可完成货物的自动分类、自动搬运、自动堆码和自动装卸等工作。此外,在物流作业过程中,车间的流水作业线上,也常用连续输送设备来完成半成品或成品的连续、稳定的运送,以供再加工或装配等。

一、连续输送设备的分类

连续输送设备有多种分类方式:按其所运货物的种类分为输送件货的和输送散货的;按其传动特点分为有挠性牵引构件的和无挠性牵引构件的;按其结构形式分为辊式、链式、轮式、胶带式、滑板式、悬挂式等。

有挠性牵引构件的输送机利用挠性牵引件传递运动和力,并且依靠挠性牵引件把物料运到各工序要求的部位上。实际生产中,各生产工序的部位并不常处于一条直线上,而且位置有高、有低,这样就要求输送机既能上下又能拐弯改向,形成一条能在空间交叉的输送线。属于这类输送机的有带式输送机、链式输送机、刮板输送机、埋刮板输送机、斗式提升机、悬挂式输送机等。

无挠性牵引构件的输送机依靠工作机构直接推动物料移动,没有挠性牵引件。属于这类输送机的有螺旋输送机、辊道式输送机、振动输送机等。

二、连续输送设备的特点

（一）输送能力大

连续输送设备可以不间断、稳定的流水方式搬运货物，即装货、输送、卸货均连续进行，不必因空载回程而引起运货间断。同时，由于不必经常启动和制动，且采用较高的工作速度，因而其能达到很高的生产率。

（二）结构比较简单

连续输送设备沿固定的路线输送货物，动作单一，故结构简单，便于实现自动控制。在同样生产率的条件下，由于载荷均匀、速度稳定、消耗功率均衡，连续输送设备一般功率较小、质量较轻、结构紧凑、造价较低、输送距离长。但当输送路线复杂或变化时，会造成连续输送设备的结构复杂或需要按新的路线重新布置。

（三）通用性较差

每种机型只适用于一定类型的货物，一般不适用于运输质量很大的单件物品。大多数连续输送设备不能自行取货，因而需要采用一定的辅助供料设备。

虽然连续输送设备有若干缺点，但随着现代物流业的大力发展，它仍然不失为物流企业和工业企业中提高生产率的有效装卸机械。它能使装卸作业和生产过程机械化，减轻人员的体力劳动强度。

三、连续输送设备在现代物流中的作用

连续输送设备在现代物流中，特别是在港口、车站、库场、货栈内，承担着大量货物的运输任务，同时也是现代化立体仓库中的辅助设备，具有衔接各物流节点的作用。

物料输送是装卸搬运的主要组成部分，在物流各阶段的前后和同一阶段的不同活动之间，都必须进行输送作业。可见，输送和装卸是物料不同运动阶段之间互相转换的桥梁，正是输送把物料运动的各个阶段连接成为连续的"流"，使物流的概念名副其实。在生产流通领域中的运输装卸或成为生产工艺的自然组成部分，或成为直接生产不可或缺的保障系统。近年来，越来越多的专家倾向于把物料搬运视为生产活动的有机组成部分。改善装卸搬运作业是加速车船周转，发挥港口、车站、库场、货栈的效用，加快货物送达，减少流动资金占用，简化包装，降低货物破损率，减少各种事故的重要手段，对物流总体效益的提高有着十分显著的作用。同样，在生产领域中，改善物料装卸搬运，则整个生产系统获得的效益也远远超过装卸搬运系统本身的效益。

在生产车间，连续输送设备起着人与工位、工位与工位、加工与储存、加工与装配之间的衔接作用，具有物料的暂存和缓冲功能。通过对连续输送设备的合理运用，各工序之间的衔接更加紧密，生产率大大提高。因此，连续输送设备是生产中必不可少的调节手段。

第二节 带式输送机

微课：带式输送机

【任务引入】

观看本书配套视频——全流程自动化干散货码头。

一、带式输送机的结构组成及主要构件

图 9-1 带式输送机

带式输送机（图 9-1）是以电动机作为动力、以胶带作为输送带，利用摩擦力连续传送货物的输送机械。它由输送带、滚筒、托辊、张紧装置、驱动装置、机架等部件组成。输送带作为承载和牵引构件，由上、下托辊或托板支撑，绕过头尾滚筒形成闭合回路，借助传动滚筒与输送带之间的摩擦传递动力，实现物料的连续输送。带式输送机生产率高、输送距离长、工作平稳可靠、能耗低、自重轻、噪声小、操作管理容易，是适于在水平或接近水平的倾斜方向上连续输送散货和小型件货的输送机，在港口、车站、货栈、库场的应用较广，适于煤炭、矿石、散货的输送。但它运送粉末状物料时容易引起粉尘，特别是在装卸点和两台带式输送机的连接处，这时需要采取防尘措施。

带式输送机按其结构形式可分为通用带式输送机、移动带式输送机、钢丝绳芯带式输送机、波状挡边带式输送机、移置式带式输送机、管状带式输送机和气垫带式输送机等。

带式输送机的主要构件如下。

（一）输送带

1. 织物芯输送带

织物芯输送带的典型结构如图 9-2 所示。它以棉或化纤织物挂胶后的胶布层为带芯材料，用橡胶（分为普通胶、耐热胶、耐寒胶、耐磨胶、耐油胶、耐酸碱胶、难燃胶等）或 PVC 做覆盖材料。用不同的带芯材料与不同的覆盖材料可制成各种特性的输送带。

2. 钢丝绳芯输送带

钢丝绳芯输送带用特殊的钢丝绳做带芯，用不同配方的橡胶做覆盖材料，从而制成具有各种特性的输送带。带芯的钢丝绳由高碳钢制成，表面镀锌或镀铜，分为左、右捻两种，在输送带中间隔分布。钢丝绳芯输送带强度高，弹性小，耐冲击，抗疲劳，能减小滚筒直径，使用寿命长，特别适于长距离输送。

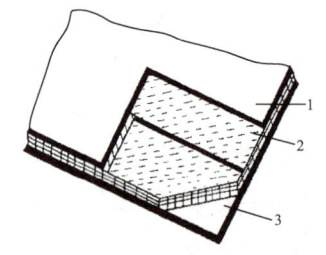

图 9-2 织物芯输送带的典型结构

1—上覆盖胶；2—胶布层；3—下覆盖胶

(二)滚筒

滚筒分传动滚筒及改向滚筒两大类。传动滚筒与驱动装置相连,其外表面可以是裸露的金属表面(又称"光面",用于机长较短时),也可包上橡胶层来增加摩擦。改向滚筒用来改变输送带的运行方向和增加输送带在传动滚筒上的围包角,一般均做成光面。滚筒结构主要有钢板焊接结构[图9-3(a)]和铸焊结构[图9-3(b)]两类,后者用于受力较大的大型带式输送机。

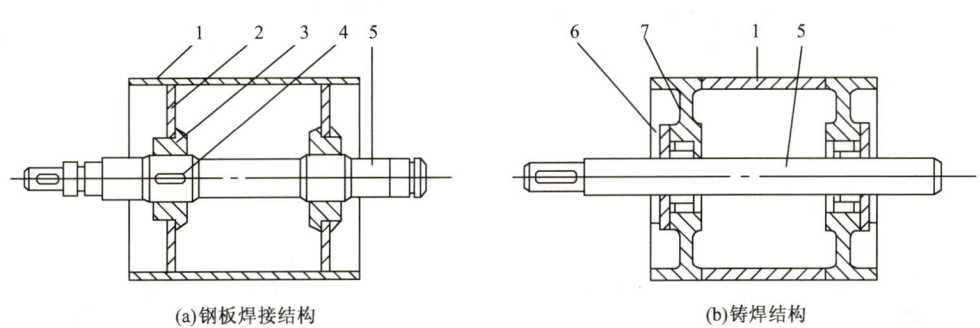

图 9-3 滚筒结构

1—筒体;2—腹板;3—轮毂;4—键;5—轴;6—胀圈;7—铸钢组合腹板

(三)托辊

托辊是承托输送带及物料的部件,也是带式输送机中使用多、维修工作量大的部件。它按在输送机中的作用与安装位置分为承载托辊(图9-4)、挡辊(图9-5)、缓冲托辊(图9-6)、空载托辊(图9-7)和调心托辊(图9-8)等。各种托辊中的辊子又是托辊的关键部件。

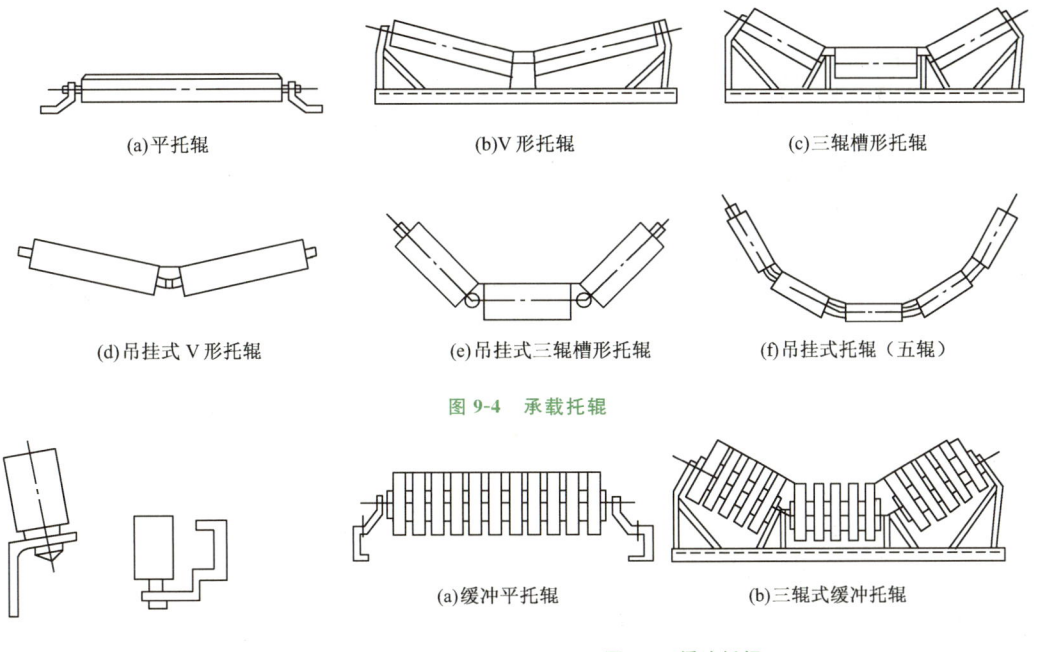

图 9-4 承载托辊

图 9-5 挡辊

图 9-6 缓冲托辊

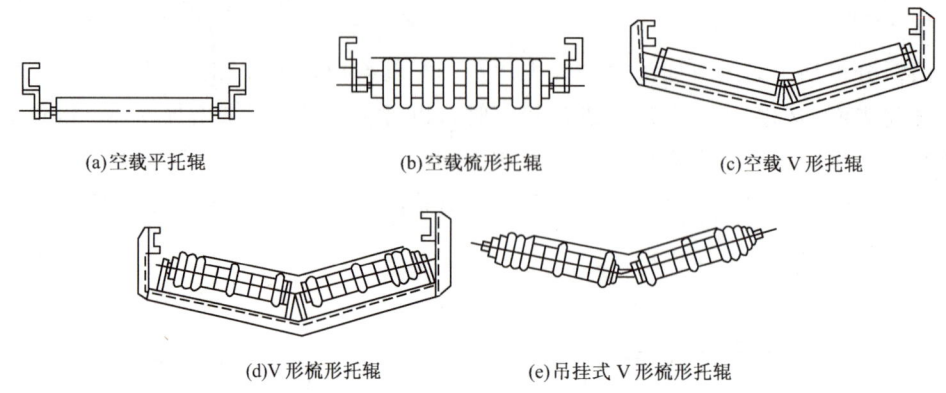

图 9-7 空载托辊

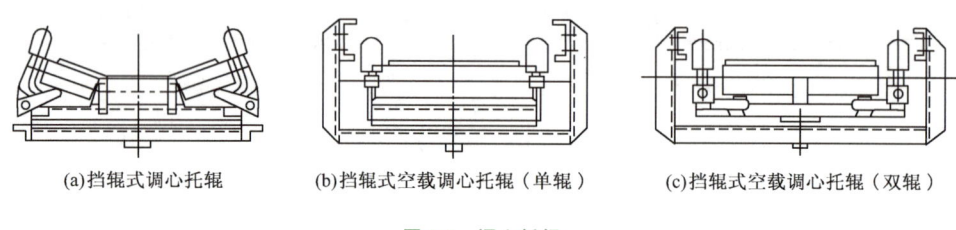

图 9-8 调心托辊

(四)张紧装置

张紧装置的作用是在输送带内产生一定的预张力,避免物体在传动滚筒上滑动;同时,控制输送带在托辊间的挠度,以减小阻力和避免撒料。张紧装置的结构形式主要有螺杆式、重锤式、绞车式。

1. 螺杆式张紧装置

螺杆式张紧装置的张紧滚筒装在带有螺母的滑架上,滑架可在尾架上移动。转动尾架上的螺杆可使滚筒前后移动,以调节输送带。它结构简单,但张紧力大小不易控制,运转时张紧力不能恒定,张紧行程小,因此只用于机长小于 80 m、功率较小的输送机。

2. 重锤式张紧装置

重锤式张紧装置利用重锤的重力来张紧输送带。小车重锤式[图 9-9(a)]的张紧滚筒装在一个能在机架上移动的小车上,由重锤通过钢绳拉紧小车。它结构较简单,能保持恒定的张紧力,张紧迅速可靠,适用于机长较长、功率较大的输送机。垂直重锤式[图 9-9(b)]的特点是可利用输送走廊下的空间,缺点是改向滚筒多,增减重锤和维护滚筒困难。

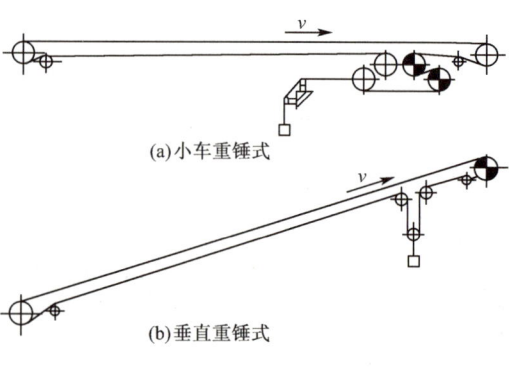

图 9-9 重锤式张紧装置示意图

3. 绞车式张紧装置

绞车式张紧装置是利用一组多倍率的滑轮组和一个电动卷扬机一次性张紧输送带，以后不再或很少调整。它的特性与螺杆式张紧装置相似，只是其张紧力大，且张紧行程较多。

（五）驱动装置

驱动装置是带式输送机的动力部分，由安装在驱动架上的电动机、联轴器（或液力耦合器）、减速器、制动器（或逆止器）、低速轴联轴器、高速轴联轴器等组成。垂直轴驱动装置如图 9-10 所示。

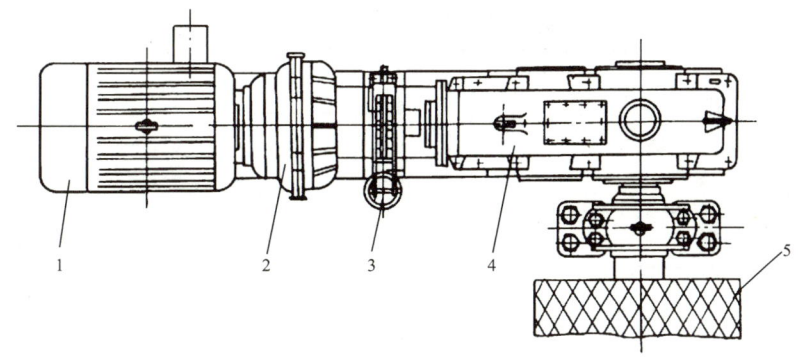

图 9-10　垂直轴驱动装置

1—电动机；2—液力耦合器；3—制动器；4—减速器；5—传动滚筒组

电动机多采用笼形异步电动机或绕线转子异步电动机；高速轴联轴器多采用梅花形弹性联轴器；低速轴联轴器多采用弹性栓销齿式联轴器；液力耦合器与笼形异步电动机配套使用，以改善启动性能，缓解冲击；制动器的作用是减少制动时间，或对于上运爬坡带式输送机，制动整机，防止逆转；逆止器用于上运爬坡带式输送机，防止整机在满载停车时逆转。

减速器有垂直轴减速器和平行轴减速器之分。采用垂直轴减速器，可使驱动装置顺着带式输送机长度的方向布置，结构紧凑，占地较少；采用平行轴减速器，其驱动装置占地较多。

电动滚筒是一种特殊的驱动形式，是将电动机、减速齿轮装入滚筒内部的传动滚筒，多用于单滚筒驱动的带式输送机。应用电动滚筒可使整机宽度减小，结构紧凑，适用于环境狭窄、潮湿、有腐蚀性物质的工况，但驱动功率不宜大于 55 kW，环境温度不宜超过 40 ℃。

二、带式输送机的布置形式

带式输送机可根据地形和工艺要求进行布置，一般可布置成水平输送、向上输送和向下输送等形式，具体如图 9-11 所示。

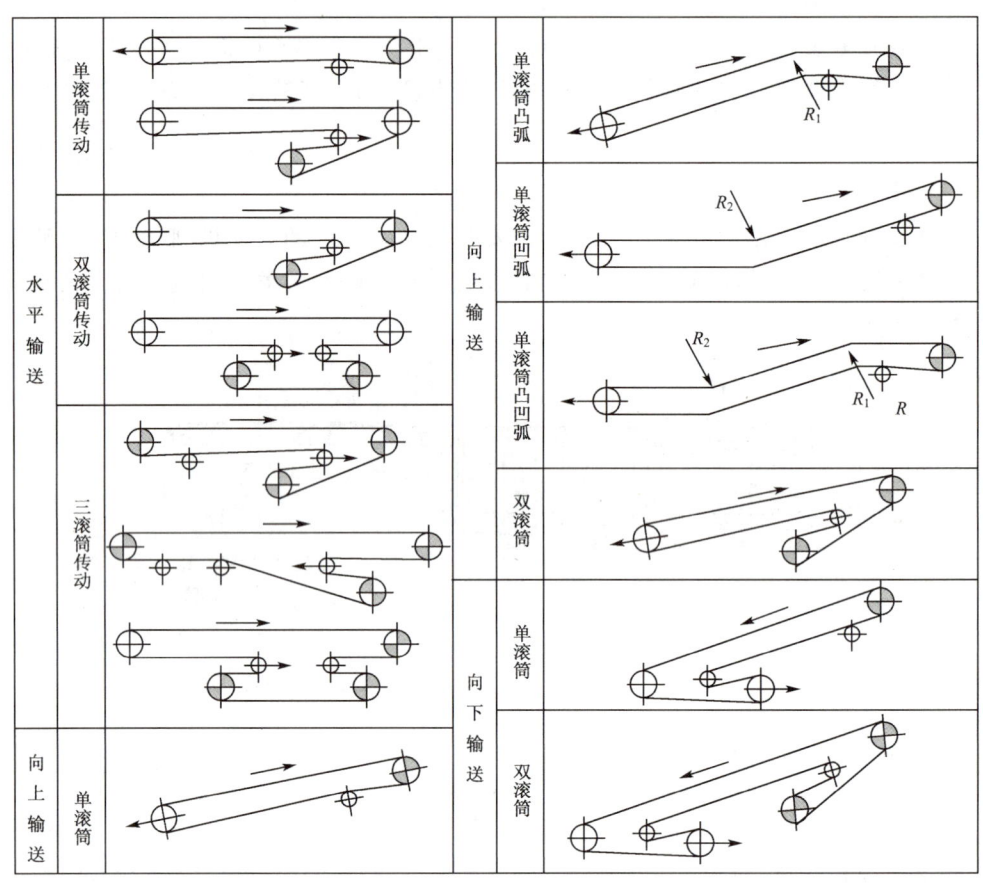

图 9-11 带式输送机的布置形式

三、新型的带式输送机

(一)大倾角带式输送机

普通胶带输送机倾斜向上输送物料时,不同物料所允许的最大倾角一般为16°~20°。为了缩短在提升同样高度时所需要的输送机长度,节省占地面积,近年来发展了多种形式的大倾角带式输送机,如花纹带式输送机、波形挡边带式输送机、双带式输送机等,使许用倾角大为增加,甚至能够实现垂直提升货物。这几种大倾角带式输送机均已应用于港口散货连续卸船机中。

1. 花纹带式输送机

花纹带式输送机的特点是将输送胶带的承载面制成有各种形状凸块的花纹胶带(图 9-12),靠这些凸块来增加摩擦力,阻挡物料下滑,使输送机许用倾角加大。它适用

图 9-12 花纹胶带

于散粒物料(堆积密度为 0.4～2.5 t/m³)或成件物品,其许用倾角比通用胶带输送机加大约 1.5 倍。由于花纹胶带不易清扫干净,因而不宜采用双滚筒驱动中间卸料。实验表明,花纹带式输送机的带速提高到一定值后,因物料在带上的堆积面积减小而使生产率不再提高。故国产系列将经济有效的最大带速 2 m/s 规定为带速上限。

2. 波形挡边带式输送机

波形挡边带式输送机已在世界各国广泛应用,它已成功地用于散货连续卸船机和散货自卸船中。波形挡边输送带(图 9-13)是在普通平胶带两侧装上波形挡边,两挡边之间每隔一定距离有一块横隔板,挡边和横隔板使输送带上形成格状料斗,既增大了物料装载量,又可在大倾角以至垂直方向上输送物料。

3. 双带式输送机

双带式输送机是用两条平行的输送带夹持散装或成件的货物进行大倾角的运输,最大倾角可达 90°。双带式输送机夹持与输送货物的原理如图 9-14 所示,它利用两条同步并同向运行的输送带把货物夹持在中间进行垂直向上或向下的输送。其中,C 形机的货物进出方向在输送机的同一侧,Z 形机的货物进出方向在输送机的两侧。图 9-14 中虚线表示弹性带,实线表示橡胶带。C 形机的缺点是下部由弹性带承载货物,容易损伤弹性带或造成货物陷入弹性带中被卡住,故现改用 Z 形结构使货物始终由橡胶带承载。

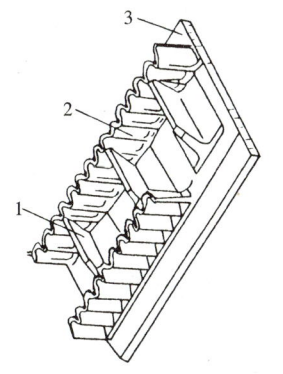

图 9-13　波形挡边输送带
1—横隔板;2—波形挡边;3—输送带

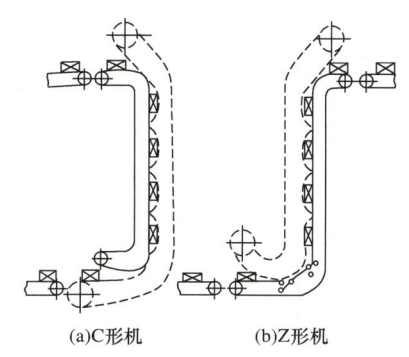

图 9-14　双带式输送机

(二)中间带驱动的带式输送机

中间带驱动的带式输送机是在一台长距离的带式输送机的中间再安装几台较短的胶带机,依靠两条紧贴在一起的胶带之间的摩擦力驱动长距离带式输送机,常见的结构形式如图 9-15 所示。

中间带驱动可以大幅度地降低长距离输送带的计算张力,因而可以降低对胶带强度的要求,这就可使胶带的厚度、自重、价格以及所用的滚筒直径和传动机构尺寸随之减小,有可能使一台长距离的带式输送机采用价廉的标准输送带实现无转载的物料输送。而且输送带的寿命可显著延长,因为驱动胶带与承载胶带的接触是直线性的,从而避免了多滚

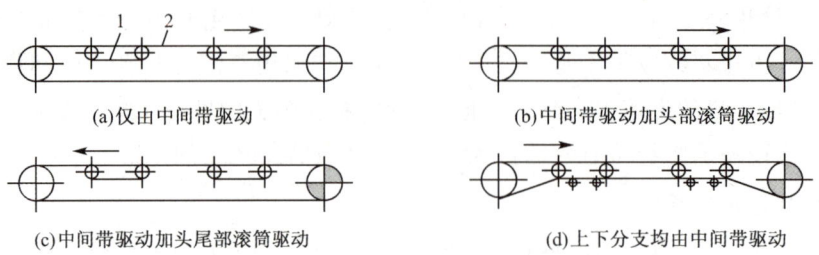

图 9-15　中间带驱动的带式输送机

1—驱动胶带；2—承载胶带

筒驱动的多次弯曲，物料不需转载也可减少对胶带的磨损和冲击。此外，还可采用标准的、成批生产的驱动装置。中间带驱动的带式输送机工作可靠，投资和经营费用都比单纯滚筒驱动的带式输送机低。其缺点是：因为有附加的驱动胶带，使胶带的需要量增加；在空载时或在间断性供料时，中间摩擦驱动装置的牵引能力将降低，一旦过载出现胶带打滑，不像滚筒驱动那样容易采取措施加以避免；由于输送机上各段载荷出现不均匀的情况，各驱动段的负载差别大，各驱动电动机的电气控制系统复杂。

第三节　链式输送机

一、链式输送机的类型、特点及结构组成

链式输送机是指用绕过若干链轮的无端链条做牵引构件，由驱动链轮通过轮齿与链节的啮合将圆周牵引力传递给链条，在链条上输送货物的机械设备。链式输送机的类型很多，用于港口、货栈的主要有链板输送机、刮板输送机和埋刮板输送机等。最简单的链式输送机由两根套筒辊子链条(图 9-16)组成，链条由驱动链轮牵引，链条下面有导轨，支撑着链节上的套筒辊子。货物直接压在链条上，随着链条的运动而向前移动。常见的旅客自动扶梯也是一种链式输送机，其载人小车的工作面做成梳齿形，小车在下水平段与固接在地面的梳形板交叉，使旅客能安全地踏上自动扶梯。小车工作面在整个输送过程中保持水平，使旅客在自动扶梯的爬坡段踏在其上感到安全舒适。在上水平段，载人小车的梳齿形表面又与固接在地面的梳形板交叉，便于旅客踏离自动扶梯。

(一)链板输送机

链板输送机(图 9-17)的结构和工作原理与带式输送机相似，它们的区别在于带式输送机用输送带牵引和承载货物，靠摩擦力传递牵引力；而链板输送机用链条牵引，用固定在链条上的板片承载货物，靠啮合驱动传递牵引力。链板输送机主要用于部分仓库或内河港口中输送件货。它与带式输送机相比，优点是板片上能放置较重的件货，链条挠性好、强度高，可采用较小直径的链轮和传递较大的牵引力。缺点是自重、磨损、消耗功率都比带式输送机大，而且链板输送机和其他啮合驱动的输送机或提升机一样，在链条运动中

会发生动载荷,使工作速度受到限制。

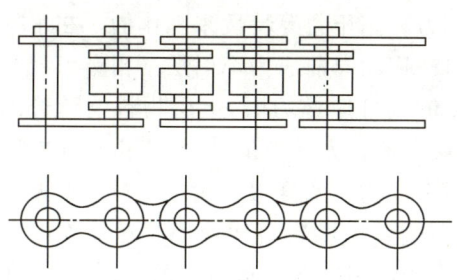

图 9-16　套筒辊子链条

图 9-17　链板输送机

(二)刮板输送机

刮板输送机(图 9-18)是利用相隔一定间距而固定在牵引链条上的刮板,沿敞开的导槽刮运散货的机械。工作分支可采用上分支或下分支。前者供料比较方便,可在任一点将物料供入敞开的导槽内;后者卸料比较方便,可打开槽底任一个孔洞的闸门而让物料在不同位置流出。当需要向两个方向输送物料时,则上、下分支可同时作为工作分支。

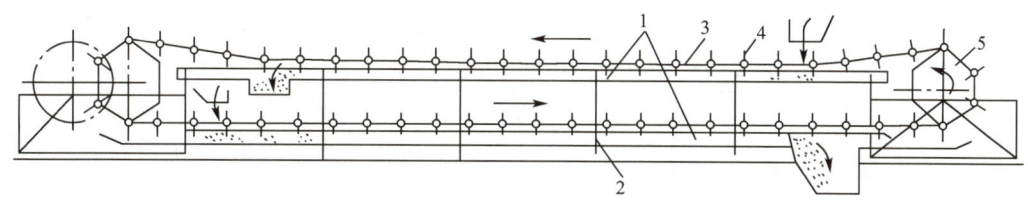

图 9-18　刮板输送机

1—导槽;2—机架;3—链条;4—驱动链轮;5—张紧链轮

刮板输送机适于在水平方向或小倾角方向上输送煤炭、沙子、谷物等粉粒状和块状物料。它的优点是结构简单牢固,对被运物料的块度适应性强,改变输送机的输送长度较方便,可在任意点装载或卸载。它的缺点是由于物料与导槽和刮板与导槽的摩擦,使导槽和刮板的磨损较快,输送阻力和功率消耗较大,因此常用在生产率不高的短距离输送场合,在港口可用于散货堆场或装车作业。

(三)埋刮板输送机

埋刮板输送机(图 9-19)是由刮板输送机发展而来的一种链式输送机,但其工作原理与刮板输送机不同。在埋刮板输送机的机槽中,物料不是一堆一堆地被各个刮板刮运向前输送的,而是以充满机槽整个断面或大部分断面的连续物料流形式进行输送。工作时,与链条固接的刮板全埋在物料之中,刮板链条可沿封闭的机槽运动,可在水平和垂直方向输送粉粒状物料。物料可由加料口供入机槽内,也可在机槽的开口处由运动着的刮板从料堆取料。

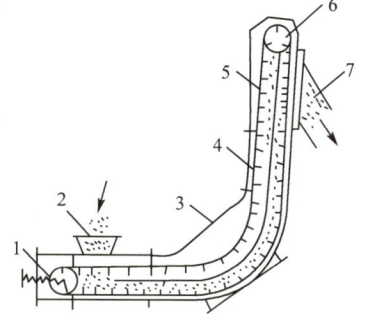

图 9-19　埋刮板输送机

1—张紧装置;2—加料口;3—弯曲段;
4—直线段(垂直段);5—刮板链条;
6—驱动链轮;7—卸料口

1. 输送原理

埋刮板输送机是利用散状物料具有内摩擦力和侧压力等特性来工作的。在水平输送时,由于刮板链条在槽底运动,刮板之间的物料被拖动向前成为牵引层。当牵引层物料对其上的物料层的摩擦力大于物料与机槽两侧壁间的外摩擦力时,上层物料就随着刮板链条向前运动。在垂直输送时,物料受到刮板链条在运行方向上的推力,当由于横向侧压力而产生的内摩擦力及下部不断给料所产生的对上部物料的推移力大于物料与槽壁间的外摩擦力和物料重力时,物料就随着刮板链条形成连续的物料流而向上输送。物料在垂直输送过程中有时会产生起拱现象,但另一方面由于刮板链条在运行中的振动作用,料拱时而产生,时而消失,形成物料相对刮板链条的滞后现象,因而物料速度低于链条速度,影响生产率。

2. 主要构件

埋刮板输送机主要由封闭断面的机槽(机壳)、刮板链条、驱动装置及张紧装置等部件组成。封闭机槽可分为两个部分,其中一个为工作分支,另一个为非工作分支,通常采用矩形断面。机槽的头部设有驱动链轮,由电动机和传动装置带动,尾部设有张紧链轮和螺旋式张紧装置。机槽还开有加料口和卸料口。

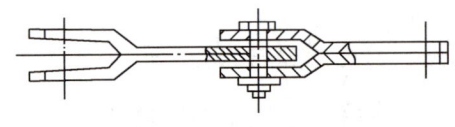

图 9-20　叉形片链

刮板链条既是牵引机构又是承载构件,通常由不同形式的链板和链条焊接而成。链条可用套筒辊子链或叉形片链(图 9-20),后者由于其关节的特殊形状可以防止物料颗粒进入链条板片之中。

刮板通常用扁钢、圆钢、方钢或角钢热弯成型。刮板材料一般为 Q235A,特别重要场合下使用 45#钢,对于易破碎物料(如粮食),也可采用工程塑料。常用刮板的基本形式有 T、U、L、O、H 形等(图 9-21)。其中,U 形使用较普遍,可用于水平、倾斜和垂直方向输送,而 T 形、L 形适用于水平输送。U 形刮板有外向[图 9-22(a)]和内向[图 9-22(b)]两种布置方式。外向刮板链条较为平稳,有利于倾斜,但输送机头部和尾部尺寸较大。输送一般物料,可选用结构简单的形式;输送黏性较大的物料,也宜选用结构较简单的形式,以减少物料在刮板上的黏附,便于卸料和清扫;输送悬浮性及流动性较大的物料,应选取结构较为复杂的形式;垂直输送粉尘物料或立面环形输送可选用 O 形刮板;输送粮食时,为降低其破碎率,提高刮板耐磨性,减小质量和降低噪声,可采用工程塑料制成的刮板。

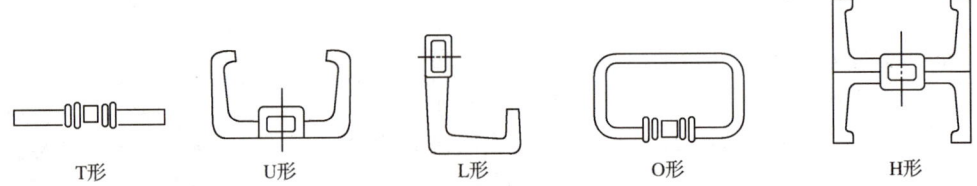

　T形　　　U形　　　L形　　　O形　　　H形

图 9-21　常用刮板形式

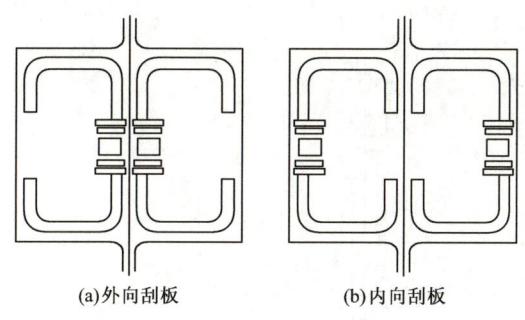

(a) 外向刮板　　　　(b) 内向刮板

图 9-22　U 形刮板的布置方式

3. 工作特点

埋刮板输送机的优点：构造简单，体积小，质量较轻，密封好，输送易扬尘的物料时可防止环境污染。它的输送路线布置灵活，安装维修比较方便，可多点加料、多点卸料。此外，它的机槽具有足够的刚度，往往不必另加支架，用于港口卸船时，可采用吊装式垂直输送的结构。

埋刮板输送机的缺点：链条埋在物料层中，工作条件恶劣，因而磨损严重，机槽也易磨损；不宜输送黏性过大及易结块的、怕碎的物料。此外，输送速度和生产率低，功率消耗极大。

二、悬挂输送机

悬挂输送机通常悬挂于工作区上方，物料挂在钩子或其他装置上，可利用建筑结构搬运重物。悬挂输送机适用于厂内成件物品的空中输送，运输距离由十几米到几千米，输送物品单件质量由几千克到 5 t，运行速度为 0.3～25 m/min。悬挂输送机的驱动功率小，设备占地面积小，便于组成空间输送系统，实现整个生产工艺过程的搬运机械化和自动化。

根据牵引件与载货小车的连接方式，悬挂输送机可分为普通悬挂输送机和推式悬挂输送机。

(一) 普通悬挂输送机

普通悬挂输送机（图 9-23）是较简单的架空输送机械，它有一条由工字钢一类的型材组成的架空单轨线路。承载滑架（图 9-24）上有一对滚轮，承受货物的质量，沿轨道滚动。吊具挂在滑架上，如果货物太重，可以用平衡梁把货物挂到两个或四个滑架上，滑架由链条牵引。由于架空线路一般要求牵引链条在水平和垂直两个方向上都有很好的挠性，因而一般采用可拆链。标准可拆链的链环转角在 2°40′～3°12′，

图 9-23　普通悬挂输送机

垂直弯曲半径较大。特种可拆链的链环端部制成圆棱状，链环转角增大至 12°～14°，垂直弯曲半径可减小至 600 mm 左右。链条可以由链轮驱动，也可以由履带式驱动装置驱动。悬挂输送机的上下料作业是在运行过程中完成的，通过线路的升降可实现自动上

下料(图 9-25)。

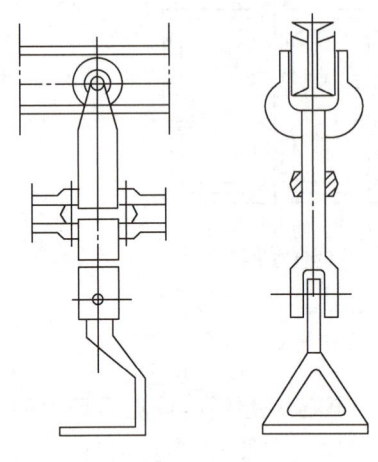

图 9-24 承载滑架

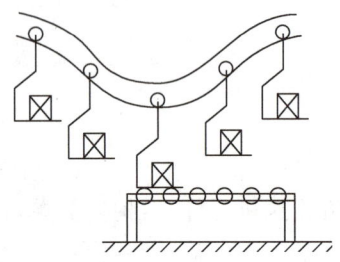

图 9-25 可上下料的悬挂输送机

(二)推式悬挂输送机

推式悬挂输送机可以组成复杂的、自动化程度较高的架空搬运系统。它的载货小车不固定在牵引链条上,而是由链条上的推头推动载货小车上的推杆实现其运动。推杆伸出时与推头啮合,推杆缩下时与推头脱开,从而可以使载货小车的运动得到控制。典型的载货小车如图 9-26 所示。推杆在前爪重力的作用下始终处于伸出的状态,只要把前爪抬起即可使推杆缩下。如果有一辆载货小车已经停止,后面的小车继续前进时,其前爪被前一辆小车的后爪抬起,即能自动停止运行。当前一辆载货小车被释放后,后一辆小车的前爪又使推杆自然伸出,于是后一辆小车跟随前进,因此这种悬挂输送机又称为积放式悬挂输送机。

推式悬挂输送机的线路上可以设置各种道岔,载货小车可以离开主牵引链条,通过道岔进入副线,由副线上的牵引链条推动前进[图 9-27(a)]。在线路上还可以设置升降段[图 9-27(b)],载货小车进入升降段后,可以根据工艺作业的需要而控制其升降。推式悬挂输送机上都有载货小车自动识别装置,根据载货小车的编码将其拨入道岔,升降或停止前进,以实现完全自动的输送过程。

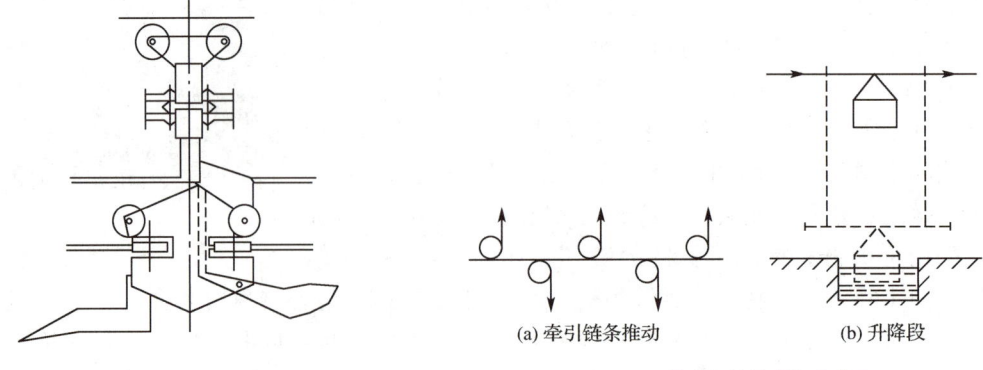

图 9-26 载货小车　　　　　　图 9-27 推式悬挂输送机的线路

第四节 辊道式输送机

一、辊道式输送机的结构组成

辊道式输送机(图9-28)由一系列以一定的间距排列的辊子组成,具有载重量大、抗撞能力强、运转平稳、噪声小等特点。其结构比较简单,安装、使用、维护方便,工作可靠,用于输送成件货物或托盘货物。货物和托盘的底部必须有沿输送方向的连续支承面。为保证货物在辊子上移动时的稳定性,该支承面至少应该接触四个辊子,即辊子的间距小于货物支承面长度的1/4。根据用户需要可选用直线形或90°~180°弧形辊道。辊道式输送机按结构形式可分为无动力辊道式输送机和动力辊道式输送机。

图9-28 辊道式输送机

(一)无动力辊道式输送机

无动力辊道式输送机靠货物自身的重力或人力使货物在辊子上进行输送。货物与辊子接触的表面应平整坚实,货物应至少具有跨过三个辊子的长度。水平或略向下倾斜的外力式辊道输送机依靠人力推动货物运行,多用于半自动化生产线,也可单独使用。

略向下倾斜、依靠货物的自重进行输送的重力式辊道输送机,多用在输送机械的尾端或始端,以及重力式储存和短距离输送等场合。这种输送机的优点是结构简单,缺点是输送机的起点和终点要有高度差,如果输送距离较长,必须分成几段,在每段的终点设一个升降台,把货物提升至一定的高度,使货物再次沿重力式辊道移动。重力式辊道输送机的另一个缺点是移动速度无法控制,可能发生碰撞,导致货物破损。虽然有一种限速辊子,当转速超过设计值时,它会产生一定的阻力,达到限速的目的,但结构比较复杂,在一定程度上抵消了重力式辊道输送机结构简单的优点。为了达到稳定的运输速度,可以采用动力辊道式输送机。

(二)动力辊道式输送机

动力辊道式输送机由发动机通过齿轮、链轮或带传动驱动辊子转动,靠转动辊子和货物间的摩擦力实现货物的输送。辊道线体速度根据用户需要可任意调节,适用于各类家用电器、柴油机、农用车等行业的总装或整装,重型辊道线配套于型钢生产线。动力辊道式输送机主要有链传动和摩擦传动两种类型:链传动使用较广,从传动机构来分有连续式链传动和接力式链传动;摩擦传动主要是带传动,有圆形带、梯形带、平行带等传动方式,具有工作平稳、噪声小、不易过载、便于实现货物的积放等优点,使用日益广泛。

二、辊道式输送机的实施方案

(一)单独驱动

每个辊子都配备一个电动机和一个减速器,单独驱动。一般采用星型传动或谐波传动减速机。每个辊子自成系统,更换维修比较方便,但费用较高。

(二)双链轮传动

每个辊子上装两个链轮(图9-29)。首先由电动机、减速器和链条传动装置驱动第一个辊子,然后再由第一个辊子通过链条传动装置驱动第二个辊子,这样逐次传递,以此使全部辊子成为驱动辊子。

(三)单链条传动

用一根链条通过张紧轮驱动所有辊子(图9-30)。当货物尺寸较长、辊子间距较大时,这种方案才比较容易实现。

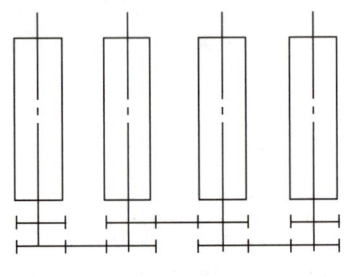

图9-29 双链轮传动

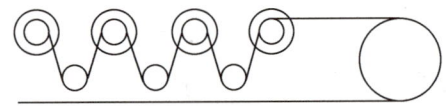

图9-30 单链条传动

(四)8字形传动

用一根纵向的通轴,通过扭成8字形的传动皮带驱动所有的辊子(图9-31)。在通轴上,对应每个辊子的位置开着凹槽。用无极传动带套在通轴和辊子上,呈扭转90°的8字形布置,即可传递动力,使所有辊子转动。如果货物较轻,对驱动力的要求不大,这种方案结构简单,较为可取。

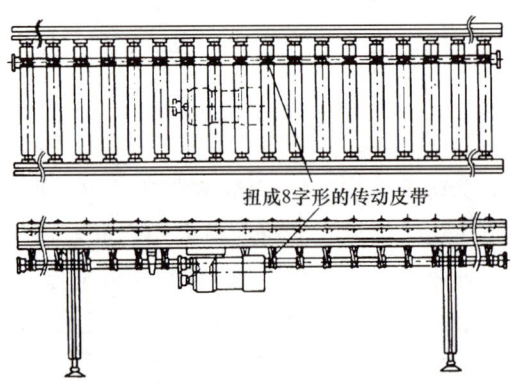

图9-31 8字形传动

(五)压辊胶带传动

在辊子底下布置一条胶带,用压辊顶起胶带,使之与辊子接触,靠摩擦力的作用,当胶带向一个方向运行时,辊子的转动使货物向相反方向移动(图 9-32)。把压辊放下,使胶带脱开辊子,辊子就失去驱动力。有选择地控制压辊顶起和放下,即可使一部分辊子转动,而另一部分辊子不转动,从而实现货物在辊道上的暂存,起到工序间的缓冲作用。

辊道式输送机可以直线输送,也可以改变输送方向,为此要用锥形辊子按扇形布置实现(图 9-33)。

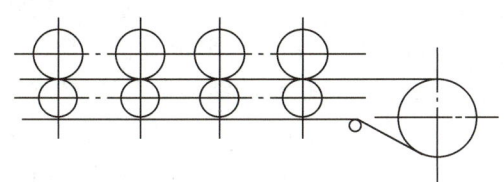

图 9-32　压辊胶带传动

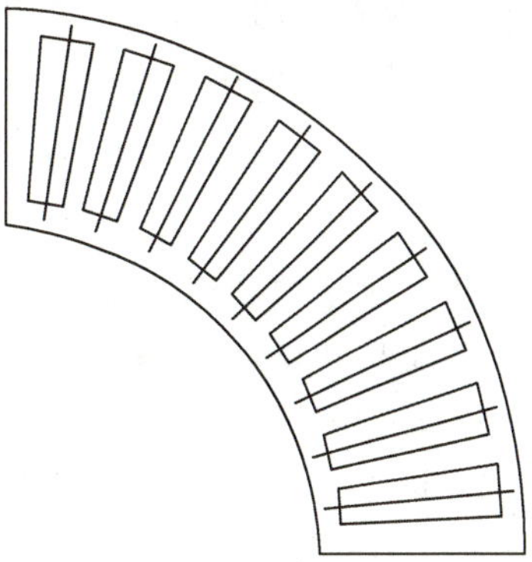

图 9-33　锥形辊子按扇形布置

第五节　螺旋输送机

一、螺旋输送机的结构组成、特点及分类

螺旋输送机(图 9-34)是一种没有挠性牵引构件的输送机,它依靠带有螺旋片的轴在封闭的料槽中旋转而推动物料向前运动而进行输送,主要用来输送粉粒状散货,如水泥、谷物、面粉、化肥等。普通螺旋输送机由一个头节、一个尾节和若干个中间节组成,每节长 2~3 m,便于制造和运输。料槽为 U 形截面,各节间用螺栓连接。

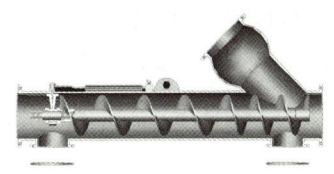

图 9-34　螺旋输送机

(一)螺旋输送机的结构组成

螺旋输送机主要由料槽、螺旋、驱动装置及轴承等组成。料槽采用半圆形断面,半圆部分的内径比螺旋稍大,两者的间隙一般为 7~10 mm。料槽开有装载口和卸载口,为便于改变装料和卸料的位置,还设有中间装载口和卸载口,不用时将闸门关上。螺旋由电动机通过减速装置带动。螺旋支承在首、尾端轴承和中间轴承上。物料卸载端的末端为止推轴承,以承受作用在螺旋上的轴向力。中间轴承多为悬挂式。由于螺旋片在安装中间轴承处要间断,所以轴承的尺寸要尽量小,以使螺旋片工作面的间隙尽可能小,便于物料

顺利通过和减小物料通过螺旋片间隙时的运行阻力。

(二) 螺旋输送机的特点

螺旋输送机的主要优点是结构简单，没有空返分支，因而横断面尺寸小，可在多点装货或卸货，工作可靠，易于维修，造价较低，输送散货时能在料槽内实现密闭输送，对输送粉尘大的物料更为优越，对环境污染小，装卸料点位置可灵活变动，在输送过程中还可进行混合、搅拌等作业。但是由于物料对螺旋和料槽的摩擦以及物料的搅拌，运送过程中的阻力大，所以单位功率消耗较大；螺旋和料槽容易磨损，物料也可能破碎；螺旋输送机对超载较敏感，易产生堵塞现象。因此，螺旋输送机输送距离不长，一般在 70 m 以内；生产率较低，输送能力一般小于 100 t/h；不宜输送黏性大、易结块及大块的物料。

(三) 螺旋输送机的分类

螺旋输送机可沿水平、倾斜方向或垂直方向输送物料，分为水平螺旋输送机和垂直螺旋输送机。水平螺旋输送机用于水平方向或倾角小于 10°～20°（最大不超过 20°）的物料输送。其结构特点：螺旋轴呈水平或稍有倾斜的方向；螺旋节距与螺旋直径之比 $S/D=0.8\sim1.0$；机壳呈槽形，上平下圆，结构较简单。垂直螺旋输送机的结构特点是：螺旋轴呈垂直或接近垂直的方向；螺旋节距与螺旋直径之比 $S/D=0.5\sim0.6$，比水平螺旋输送机的值小；机壳呈圆筒形，结构比较紧凑，垂直方向的横断面尺寸小，能在其他输送设备无法安装或操作困难的地方使用，尤其适宜高度不大的垂直输送。其缺点是运动阻力大，单位能量消耗高，螺旋和料槽容易磨损，这样限制了该机的应用范围，通常用于港口装卸料。

螺旋输送机根据结构分为双螺旋输送机和单螺旋输送机，后者使用较多。螺旋输送机的安装方式有固定式和移动式两种，大部分螺旋输送机采用固定式安装。

(四) 螺旋输送机的代号

螺旋输送机的组代号为 L，型代号包括：S，水平螺旋输送机；C，垂直螺旋输送机；E，双螺旋输送机；Y，移动式螺旋输送机。主参数是螺旋的外径，以 mm 表示；移动时螺旋输送机的主参数是螺旋直径－机长，用 mm－m 表示。例如，LS—250 表示螺旋直径为 250 mm 的水平螺旋输送机，LE—300 表示螺旋直径为 300 mm 的双螺旋输送机。

二、螺旋输送机的主要构件

(一) 螺旋

螺旋由轴和螺旋片共同组成。螺旋片多用钢板冲压而成，然后将其相互焊接起来；也有采用扁钢轧制或铸造的节段套装在轴上，由螺栓固定而成。

根据螺旋片的形状，螺旋分为实体、带式、叶片和齿形等多种形状（图9-35），应根据物料的特性来选用。实体螺旋具有构造简单、效率高的特点，应用较广，适用于输送流动性好、干燥的小颗粒或粉状物料；带式螺旋适用于块状或稍带黏性的物料，它输送的物料比较均匀，若物料较多时，部分物料有可能从带式螺旋的空隙处挤出；叶片或齿形螺旋适用于容易被挤紧的物料，它在输送过程中可对物料起搅拌、松散作用。

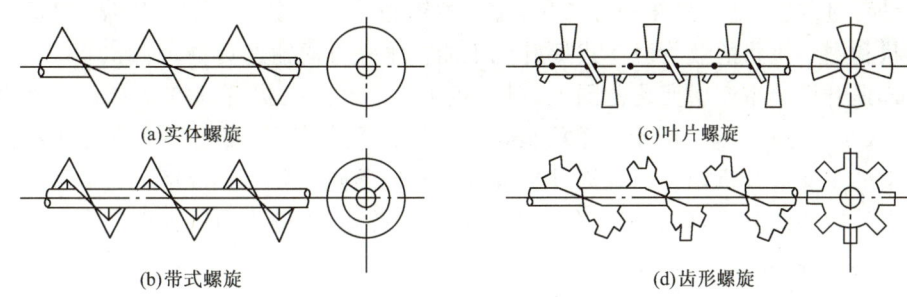

图 9-35　螺旋的形状

(二)料槽

料槽是容纳螺旋和物料并为其导向的构件,一般由薄钢板轧制而成,其厚度大约与螺旋片相同。料槽圆弧内径与螺旋外径的间隙一般为 7~10 mm,螺旋外径大时,取上限;反之,取下限。但当二者制造精度和装配精度较高时,间隙值可取小一些,以减少物料的磨损和功率的消耗。

(三)支承装置

支承装置包括中间轴承支承和首、尾两端轴承支承。轴承可以是滑动轴承,也可以是滚动轴承;轴承的润滑性和密封性良好是至关重要的。螺旋推移物料运行时,螺旋轴受到轴向力的作用,所以输送机首端轴承应取止推式,尾端轴承可取径向式。

(四)驱动装置

螺旋输送机的驱动装置由电动机、减速器及联轴器组成。当螺旋输送机输送物料量比较稳定时,驱动装置可直接连接到螺旋输送机的轴上,从而使结构紧凑、运行可靠,通常采用齿轮减速电动机通过联轴器直接驱动的形式。

第六节　斗式提升机

微课:斗式提升机

一、斗式提升机的结构组成及特点

斗式提升机(图 9-36)是在垂直或接近垂直的方向上连续提升粉粒状物料的输送机械。它的牵引构件(胶带或链条)绕过上部和底部的滚筒或链轮,牵引构件上每隔一定距离装一料斗,由上部滚筒或链轮驱动,形成具有上升的有载分支和下降的无载分支的无端闭合环路。物料从有载分支的下部供入,由料斗把物料提升至上部卸料口卸出。

斗式提升机的优点是结构比较简单,横向尺寸小,因而可节约占地面积,并可在全封闭的罩壳内工作,减少灰尘对环境的污染。必要时还可把斗式提升机底部插入货堆中自行取货。斗式提升机

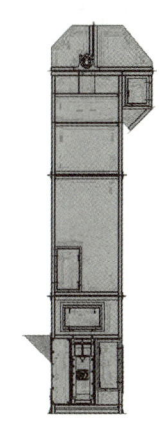

图 9-36　斗式提升机

的缺点是对过载较敏感,料斗和链条易磨损,被输送的物料受到一定的限制,只适用于输送粉粒状和中小块状的散货。斗式提升机不能在水平方向输送货物。

斗式提升机的生产率变化范围大,但一般小于 600 t/h,提升高度受牵引构件强度的限制,一般在 80 m 以下。由于其单机输送能力和提升高度大,常用作工业企业物流机械化系统中的主要提升机械。斗式提升机按牵引构件不同可分为胶带牵引的带斗提升机和链条牵引的链斗提升机,后者又可分为单链式和双链式,单链式用得很少。

二、斗式提升机的主要部件

斗式提升机主要由牵引构件、承载构件(料斗)、驱动装置、张紧装置、罩壳、上下滚筒(或链轮)、机架等组成。

(一)牵引构件

牵引构件可采用胶带或链条。常用的牵引链条有圆环链、套筒辊子链等。

(二)料斗

常用的料斗有四种结构形式:深斗、浅斗、导槽斗和组合斗。根据斗式提升机的运转速度和载运物料特性的不同,可采用不同的料斗形式。深斗[图 9-37(a)]的斗口与后壁的夹角大,每个料斗可装载较多的物料,但较难卸空,适用于运送干燥的松散物料。浅斗[图 9-37(b)]的斗口与后壁的夹角小,每个料斗的装载量少,容易卸空,适用于运送潮湿的和黏性的物料。导槽斗[图 9-37(c)]是具有导向侧边的三角形料斗,这种料斗在提升机中采用密集、连续的布置方式,当绕过上滚筒卸料时,前一个料斗的导向侧边和前壁形成一个料斗的卸载导槽,适用于运送沉重的块状物料及怕碰碎的物料。组合斗[图 9-37(d)]适用于装卸流动性好的粮食和粉末状物料,料斗中有深斗区和浅斗区,当中的隔板可以防止装满的料斗在绕上驱动滚筒时过早卸空。

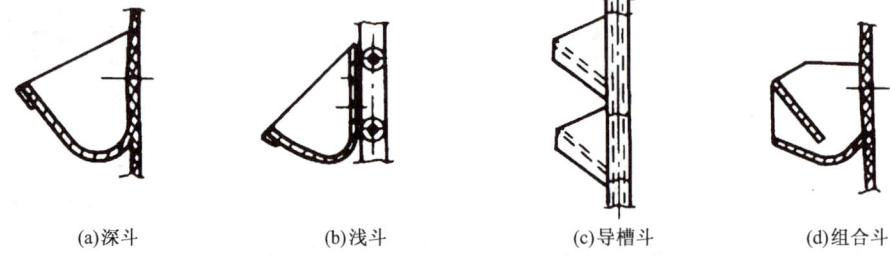

(a)深斗　　(b)浅斗　　(c)导槽斗　　(d)组合斗

图 9-37　料斗的形式

料斗可采用后壁固定或侧面固定的方法与牵引构件连接。当牵引构件为胶带时,一般需要在胶带上打孔,然后用螺钉将料斗后壁固接在胶带上。料斗可以是单排布置,也可以双列交错布置在胶带上(图 9-38)。当牵引构件为链条时,有可能在斗背(单链)或料斗的侧壁(双链)上进行固接。在料斗的侧壁进行固接可使牵引链条既能向一方弯曲,又能向反方向弯曲,如图 9-39 所示。

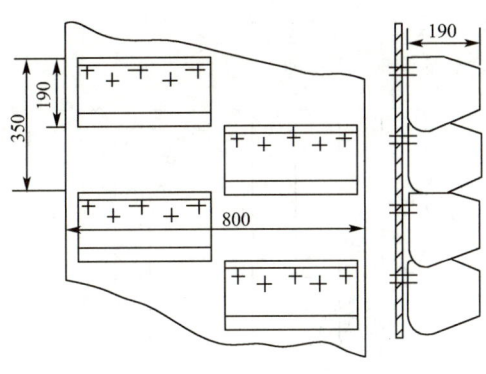
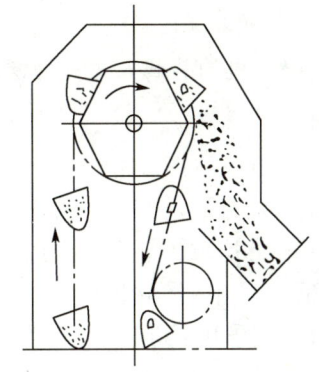

图 9-38 双列料斗布置　　　　　　　图 9-39 装有导向链轮的斗式提升机

(三)驱动装置

驱动装置在斗式提升机的上部(机头),包括电动机、传动装置(可为减速器或齿轮、皮带、链条传动等)、驱动滚筒(或链轮)等。为防止在突然断电情况下,由于有载分支上物料重力的作用使斗式提升机逆转引起损坏,必须装设制动器或逆止器。

(四)张紧装置

斗式提升机底部有张紧滚筒(或链轮)和螺旋式张紧装置,靠两个张紧螺杆把牵引构件张紧。

(五)罩壳

为防止粉尘污染环境,斗式提升机通常装在密封的罩壳之内。罩壳的上部与驱动装置、驱动滚筒组成提升机头部。为使物料能够卸出,特设置卸料槽。机头外壳的形状应做成使得由料斗中抛出的物料能够完全进入卸料槽中去。罩壳的下部与张紧装置、张紧滚筒组成提升机底座。底座罩壳形式应和物料装载过程相适应,为进行供货应开装料口。为对装卸料过程进行观察以及便于检修,可开观察孔和检查孔。对于从货堆上直接挖取物料的斗式提升机,底部须做成敞开式的。分段罩壳的螺栓连接处应加衬垫密封。低速的斗式提升机可采用上升分支与下降分支共用的中间罩壳。对于高速的斗式提升机,如果两分支放在同一罩壳内,上升分支和下降分支上料斗的双向运动会引起罩壳中的粉尘发生涡流,容易引起爆炸,因而总是对上升分支和下降分支各装一个中间罩壳。对于未除轻杂的物料,在提升机的机头、底座都应进行吸风以控制灰尘,而在除轻杂后的提升机的吸风点,可根据风网设计的方便选取吸风点。

三、斗式提升机的工作过程分析

斗式提升机的工作要求:装料过程均匀,有载分支料斗在提升过程中没有或较少撒料,卸料量符合生产率的需要,料斗绕到驱动滚筒(或链轮)上时物料能正确地进入卸料槽,而不反撒回有载分支或掉入无载分支;物料在抛卸过程中,绝大部分不冲击头部罩壳;采用深斗或浅斗时,物料在装卸过程中不碰撞前面的料斗。这些要求在调试和验收斗式提升机时应予以注意。

(一)装载方式

斗式提升机的装载方式分为挖取式、注入式及混合式三种。

1. 挖取式装载

挖取式装载如图9-40(a)所示,料斗在牵引构件上稀疏布置的斗式提升机多采用挖取式装载。挖取时,提升机底部充满物料,料斗插入其中,舀取物料,因此,挖取阻力显著增大。采用挖取式装载的斗式提升机的底部应设置与料斗运转轨迹相配合的挖取槽底。在装料处的料斗群旁使用侧挡板可防物料跑出。完全采用挖取式装载的只能是输送粉末状及小颗粒、流动性良好的物料的场合。

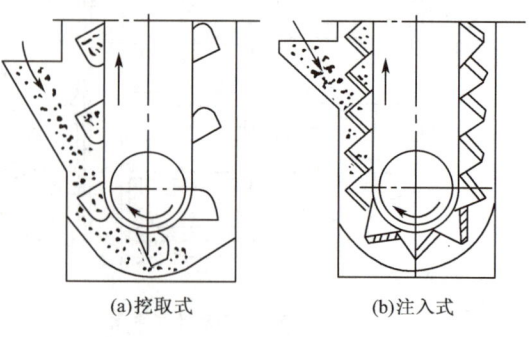

图9-40 斗式提升机的装载方式

2. 注入式装载

注入式装载如图9-40(b)所示,料斗在牵引构件上密集布置的斗式提升机多采用注入式装载。为减轻注入时的冲击力,避免物料从料斗中弹出,散料应以微小速度均匀地落入迎面而来的料斗中,以形成比较稳定的连续物流。如不能保证均匀供料,需要加装给料器,如往复式给料器。装料门的下边位置要有一定的高度。注入式装载的斗式提升机运行速度较低,一般不超过1 m/s,适用于输送较大块、有磨琢性的物料。

3. 混合式装载

料斗在牵引构件上稀疏布置时,注入在两料斗间的物料将跌落并集结于斗式提升机的底部。该部分物料将被料斗挖取,于是形成兼有注入与挖取的混合式装载方式。

(二)提升过程

提升过程如图9-41所示,料斗在提升过程中带条由机头牵引力 T 作用, T 的作用线沿着带条方向向上,料斗及物料的重力 G 中心作用在料斗中心,方向向下, T 和 G 形成一对力偶,其作用的结果有使料斗逆时针旋转的趋势。当带条的张紧力不够(带条松弛)时,料斗会旋转、摇晃而敲击机壳。

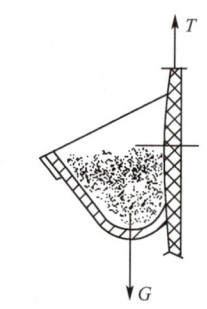

图9-41 料斗在提升过程中的受力情况

(三)卸料方式

1. 重力式卸载

物料颗粒的重力值比离心力值大时,料斗内物料颗粒向料斗的内边移动,物料颗粒受重力影响卸出,故称为重力式卸载,适用于堆积密度大、有磨琢性的物料。重力式卸载选用速度较低,一般取0.4~0.8 m/s。

2. 离心式卸载

物料颗粒的离心力值远大于重力值时,料斗内物料颗粒向料斗的外边移动,物料颗粒受离心力影响卸出,故称为离心式卸载。离心式卸载适用于流动性良好的粉末状、小颗粒物料,速度可取 1~3.5 m/s。

3. 混合式卸载

物料颗粒的离心力值与重力值差异很小时,料斗内物料颗粒一部分沿料斗外边卸出,一部分沿料斗内边卸出,故称为混合式卸载。混合式卸载适用于流动性不良的粉末状或含水物料,速度介于上述两种之间,可取 0.6~1.6 m/s。

四、斗式提升机的安全管理

(一)固定机座防松散

由于斗式提升机机身较高,且传动机构位于机头部位,呈头重脚轻状,故稳定性能较差。因此,在安装斗式提升机之前须打好地脚,预埋地脚螺栓。安装时,须将提升机下部机座牢牢地固定于地脚之上。为便于校正机座的水平度和扩大承重面积,在机座底部和基础之间应垫以 30~50 mm 厚的木板。在机座上依次连接提升机的机筒,并在法兰之间垫橡胶垫或防水帆布,以保证连接处的密封性能。

(二)平衡安装防倾斜

斗式提升机安装完毕后要求其中心线在同一垂直平面内,在 100 mm 高度上垂直偏差不得超过 2 mm,积累偏差不得超过 8 mm。斗式提升机安装后为防止倾斜,在提升机机筒穿过楼层处均须用法兰与楼板固定,若无楼板时,则应安装支梁,以使提升机上部不发生晃动。在安装斗式提升机机头和机座时,应保证头轮和底轮的传动轴处在同一垂直平面上,每根轴都应安装在水平位置上。机头顶部与建筑物之间应留有足够的空间,以便于打开机盖进行检修。斗式提升机安装结束后应对各润滑部位注油,然后空载运行,若发现有撞击声,应立即停机检查,及时排除故障。

(三)及时检修防事故

斗式提升机在使用过程中,应注重维修及保养,以防止发生事故。维修及保养的要点如下:

(1)进料必须均匀。当操作时,提升机的出料管应畅通无阻,以免因进料不畅而引起堵塞。如果发生堵塞现象,应立即停止供料,并将机座底部插板拉开,排出物料,直到料斗带重新正常运行,再把插板插上,并打开进料闸门。值得注意的是,在排除堵塞时,切不可将手伸到机器里,以免发生危险。在提升作业中,如提升机回料太多,势必会降低生产率,增大动力消耗和物料的破碎率。造成回料多的原因是料斗运行速度过快,或机头出口的舌板装得不合适,因此应及时查清原因,避免回料。

(2)严格防止异物。提升未经清理的毛粮时,在进料斗上应加装钢丝网,以防止稻草、麦秸和绳子等异物进入机内缠住机件而影响提升机的正常运行。

(3)定期检查保养。为提高提升机的工作效率和确保安全运行,一定要加强维修及保养工作。定期检查料斗与带子的连接是否牢靠,若发现螺钉松动、脱落和料斗倾斜等现象时,应及时检查和更换,以防发生重大事故;提升机在运行中,若发现料斗带跑偏和带子松弛导致料斗与机壳摩擦或碰撞时,应及时调节张紧装置,使机器正常运行;若操作时突然发生停机情况,必须先将提升机内的存积物排出后方可再开机;此外,还应定期检查润滑部位,及时加注润滑油;工作结束后,应将提升机擦拭干净;每年应对提升机进行一次全面检修,及时更换易损件并对关键部位进行调整。

斗式提升机内的粉尘通过提升机的运动、搅拌,与空气充分混合,如果提升机超载打滑、摩擦发热或料斗碰撞产生火花,就可能引起爆炸,因此必须采取适当的防范措施。比如:在提升机的装、卸料口附近加设除尘吸口,通风除尘;消除引燃源,避免明火操作、静电、摩擦发热、电火花等引起粉尘爆炸;在提升机顶部设活动顶盖,在罩壳的适当部位装泄爆口,以便及时排气、减压;改进设计布局,尽量将斗式提升机独立安装在圆筒仓外,避免进、出口与圆筒仓密闭连通。

第七节　气力输送机

一、气力输送机的分类

气力输送机(图9-42)是由具有一定速度和压力的空气带动相对密度比较小的物料在管道内流动,以实现在水平和垂直方向上输送物料的机械设备。其主要用于输送粒度为20～30 mm的小块物料,输送原理是将物料置于具有一定速度和压力的空气中,空气和物料形成悬浮的混合物(两相流),通过管道输送到卸料地点,然后将物料从两相流中分离出来卸出。

物料和空气的混合物能在管道中运动而被输送的必要条件是在管路两端形成一定的压力差。按压力差的不同,气力输送机可分为吸送式、压送式和混合式三种。此外,还有一种悬浮输送形式——空气槽。

图 9-42　气力输送机

(一)吸送式气力输送机

吸送式气力输送机是利用鼓风机对整个管路系统进行抽气,使管道内的气体压力低于外界大气压,形成一定的真空。吸嘴处在压力差的作用下,外界的空气透过料层间隙和物料形成混合物进入吸嘴,并沿管道输送。当空气和物料的混合物经过分离器时,带有物料的气流速度急剧降低并改变方向,使物料与空气分离,物料经分离器底部的卸料器卸出,含尘空气经第一级除尘器和第二级除尘器净化后,通过消声器排入大气中。

吸送式气力输送机供料简单方便,多在港口中用于车船卸料,它可以从多个供料点上吸取物料。由于真空的吸力作用,吸料点不会粉尘飞扬,对环境污染小,但对管路系统的密封性要求较高,输送距离不能过长,因为随着输送距离的增加,阻力也不断增加。吸送式气力输送机要求管路系统严格密封,避免漏气。为减少鼓风机的磨损,进入鼓风机的空气必须严格除尘。

（二）压送式气力输送机

压送式气力输送机中的空气在高于大气压的正压状态下工作，鼓风机把压缩空气压入管道，与由供料器装入的物料形成混合物，沿输料管送至卸料点，在那里物料通过分离器卸出，空气则经风管和除尘器排入大气中。压送式气力输送机可以实现较长距离和较高生产率的输送，也可由一个供料点送到几个卸料点。由于通过鼓风机的是清洁空气，鼓风机的工作条件较好。这种装置的供料器要把物料送入高于大气压的输料管中，因而结构比较复杂。

压送式气力输送机在散装水泥装卸作业中的应用很广。

（三）混合式气力输送机

混合式气力输送机（图 9-43）由吸送式和压送式两部分组成。物料从吸嘴进入输料管被吸至分离器，经下部的卸料器（它又起着压送部分的供料器作用）卸出并送入压送部分的输料管，而从分离器中的除尘器出来的空气经风管送至鼓风机压缩后进入输料管，把物料压送至卸料点，物料被再次分离出来，而空气则由分离器上部排出。

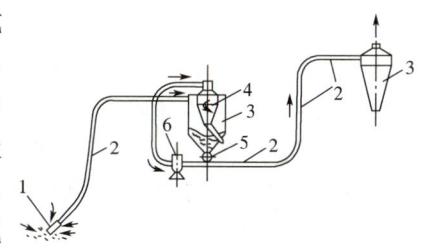

图 9-43　混合式气力输送机

1—吸嘴；2—输料管；3—分离器；
4—除尘器；5—卸料器；6—鼓风机

混合式气力输送机兼有吸送式和压送式的特点，可从多个供料点吸入物料并送至若干卸料点，但它的结构较复杂，而且鼓风机的工作条件较差，因为进入鼓风机的空气含尘较多。当卸货地点没有装卸设备时，船舶可在甲板上配置混合式气力输送机以便自行卸货，将物料从舱内吸出再压送到岸上。

（四）空气槽

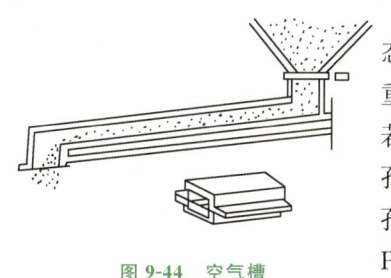

图 9-44　空气槽

空气槽（图 9-44）是利用空气通入粉料层中使物料流态化（粉料的摩擦角减小，流动性增加），并依靠粉料的自重沿斜槽向下输送的装置。斜槽向下倾斜 4°～10°，它由若干段薄钢板制成的矩形断面槽体连接而成。槽体由多孔板分隔成上、下两部分，上部为斜槽，下部为通风槽，多孔板可用多层帆布、多空水泥板等制造。低压（约 5 000 Pa）的压缩空气吹入通风槽后，通过密布孔隙的多孔板均匀分布在物料颗粒之间，使物料流态化，并在重力作用下沿斜槽输送至卸料口，通过粉料层的空气可由排气口经布袋过滤排出。

二、气力输送机的主要部件

（一）鼓风机

鼓风机（图 9-45）是将机械能传给空气使空气形成压力差而流动的设备。在气力输送机中，鼓风机用来使空气在管道内形成具有一定速度和压力的气流，以实现物料的输送。常用的鼓风机有离心式鼓风机、罗茨式鼓风机和往复式空气压缩机。

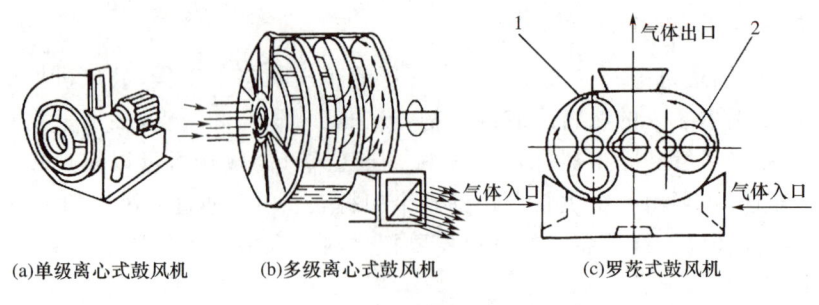

(a)单级离心式鼓风机　　(b)多级离心式鼓风机　　(c)罗茨式鼓风机

图 9-45　鼓风机
1—机壳；2—转子

离心式鼓风机由叶轮、机壳和机座等部分组成，利用离心力的作用使空气通过鼓风机后压力和速度得以提高并被输送出去。该鼓风机的优点是结构简单、紧凑，质量小，容易制造，可以在含尘空气中工作；缺点是当吸送物料量和输送系统的压力损失变化时，鼓风机的风量就会产生很大波动，因而工作不稳定。此外，其产生的风量虽然较大，但风压较低，因而只能用在小型气力输送机中。

罗茨式鼓风机由机壳、腰形转子等组成。两个腰形转子在一对齿数相同的齿轮的带动下旋转时，进入机内被转子与外壳包围的空气由于所在空间逐渐减小，空气被压缩，压力提高后排出。该鼓风机的优点是结构紧凑，管理简便，风压较大，流量稳定；缺点是有间断泄漏和脉冲送气，运转时噪声较大，要求清洁空气进入，否则会加剧转子的磨损，使鼓风机性能下降。

往复式空气压缩机是一种容积式鼓风机，靠活塞在气缸中做往复运动，改变气缸工作腔的容积而使空气被压缩，压力提高后排出，主要用于高压的压送式气力输送机中。

（二）输送管及管件

输送管及管件主要用来输送空气和物料以及连接其他构件，包括直管、弯管、伸缩管、分叉管、铰接弯头和切换阀等。在布置管道时，应根据作业要求和周围环境，尽量减少弯头数目，因为弯头处产生的压力损失大，而且弯头处容易造成物料堵塞。应采用直线配管并避免过长的水平管，因为其容易使物料停滞不前。

（三）供料装置

供料装置是把物料供入气力输送机的输料管内，并形成合适的物料和空气混合比的装置，其性能好坏对气力输送机的工作情况有着直接的影响，它的结构特点和工作原理取决于被输送物料的物理性质和气力输送机的形式。

1. 吸嘴

在吸送式气力输送机中，供料是在管道内的气体压力低于外界大气压的条件下进行的，故供料装置结构较为简单，常采用吸嘴形式。吸嘴种类很多，有简单吸嘴、双筒吸嘴、直吸嘴、角吸嘴和转动吸嘴等。角吸嘴[图 9-46(a)]是一种简单吸嘴，下端做成弯角形，便于伸入船舱、车厢和仓库内。直吸嘴[图 9-46(b)]一般用于难以触及的地方吸取剩余物料，故又称为清仓吸嘴。转动吸嘴[图 9-46(c)]下端装有松料刀(六把塌料刀和三把喂料刀)，工作时吸嘴转动，松料刀不断地耙料使物料塌落松动，物料从静到动处于运动状态而被吸入输料管，从而提高取料效率。

第九章　连续输送设备

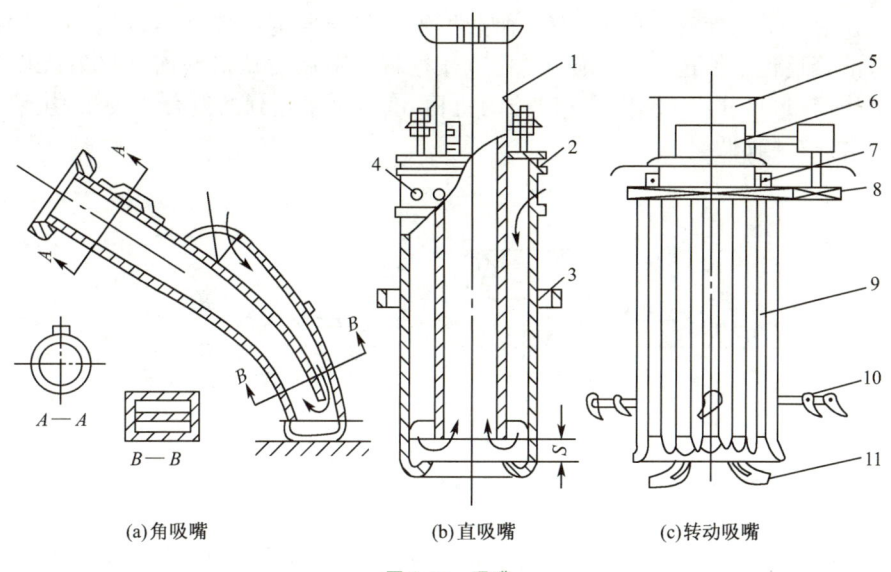

(a) 角吸嘴　　　(b) 直吸嘴　　　(c) 转动吸嘴

图 9-46　吸嘴

1—内筒；2—外筒；3—操作手柄；4—补充空气进口；5—输料管；
6—电动机；7—转台；8—开式齿轮；9—补充气管；10—塌料刀；11—喂料刀

2. 供料器

在压送式气力输送机中，供料是在管道内的气体压力高于外界大气压的条件下进行的，必须将物料送进管道，同时又不能使管道中的空气逸出。因此，供料器比较复杂，常用的供料器有旋转式、喷射式、螺旋式和容积式。

(1) 旋转式供料器（图 9-47）主要由壳体、叶轮等组成，壳体的上部与料斗相连，下部与输料管相通。当叶轮由电动机经减速器传动在壳体内旋转时，物料便从料斗进入旋转叶轮的格室中，然后被送进输料管。为了提高格室中物料的充满程度，在壳体上装有均压管，使叶轮格室在转到料斗之前，将格室中的高压气体从均压管引出，从而使其中的压力降低，便于物料填装。为了尽量减少漏气，叶轮与壳体之间的间隙应尽可能小。为了防止叶轮的叶片被异物卡死，在料斗处装有弹性的防卡挡板。旋转式供料器也可作为卸料（灰）器。只要将上部与分离器（除尘器）相连，下部与外界相通，随着叶轮的旋转，物料（灰尘）依次从带格的叶轮中卸出，而空气则不能自由进入分离器（除尘器）。

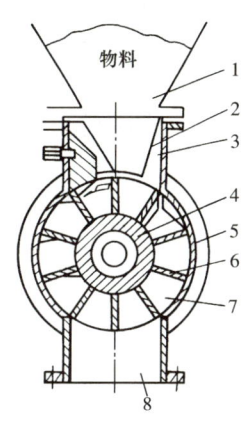

图 9-47　旋转式供料器

1—物料；2—料斗；3—进料接管；4—叶轮底；
5—壳体；6—叶轮；7—叶轮格室；8—输料管

(2) 低压、短距离的压送式气力输送机可采用喷射式供料器（图9-48）。它的工作原理是在混合室内装喷嘴或调节板，减小横断面以形成喷管，压缩空气流经此处时，其流速增大、压力降低，直至压力降到等于或略小于大气压力时，系统内空气不仅会向进料口吹出，还会有少量外界空气和物料一起从进料口顺利地进入混合室与其内的气流混合，并被气

177

流带走。在混合室后面有一段渐扩管,在渐扩管中气流速度逐渐减小,压力又逐渐提高,实现物料沿管道正常输送。为了便于加工,往往将喷嘴做成矩形截面。喷射式供料器的优点是结构简单,尺寸小,不需要任何传动机构;缺点是所达到的混合比较小,压缩空气的消耗量较大,效率较低。

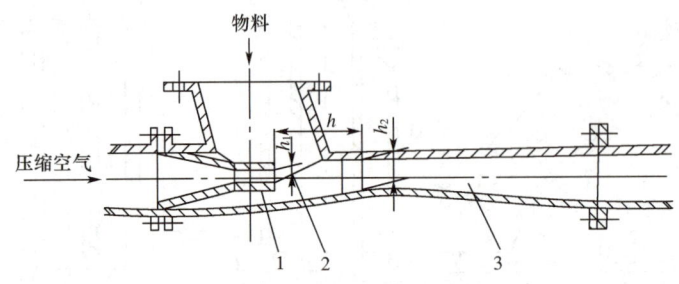

图 9-48 喷射式供料器

1—喷嘴;2—混合室;3—渐扩管

(3) 工作压力不高于 3 个大气压、输送粉状物料的压送式气力输送机可采用螺旋式供料器(图 9-49)。在带有衬套的铸铁壳体内有一段变螺距悬臂螺旋杆,其左端通过弹性联轴器与电动机相连,当螺旋杆在壳体内快速旋转时,物料从料斗和闸门经过螺旋杆被压入混合室。由于螺旋杆的螺距从左至右逐渐减小,进入螺旋杆的物料被越压越紧,组织混合室内的压缩空气通过螺旋杆漏出。移动杠杆上的对重可调节阀门对物料的压紧程度,同时使阀门在对重的作用下防止供料器空载时高压空气经螺旋杆漏出。在混合室下部设有压缩空气喷嘴,当物料进入混合室时,压缩空气将其吹散并使物料加速,形成压缩空气与物料的混合物,均匀地进入输料管。料斗下面低于螺旋杆的空间供装料时落入异物,防止螺旋杆被卡。螺旋式供料器的优点是高度尺寸较小,能够连续供料;缺点是动力消耗较大,工作部件磨损较快。

(4) 容积式供料器(图 9-50)又称为充气罐式供料器,是一种大容积、密闭的间歇供料容器,利用压缩空气将密闭容器内的粉状物料流态化,并压入输料管进行输送,适用于运送粉状物料的压送式气力输送机。

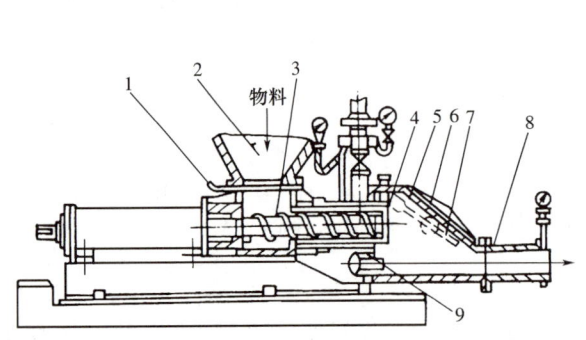

图 9-49 螺旋式供料器

1—闸门;2—料斗;3—变螺距悬臂螺旋杆;4—阀门;
5—混合室;6—对重;7—杠杆;8—输料管;9—压缩空气喷嘴

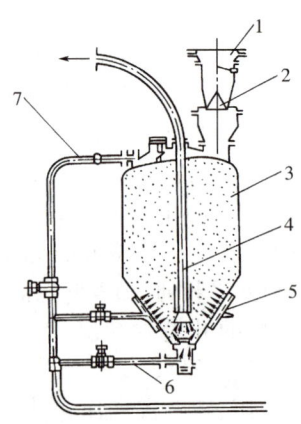

图 9-50 容积式供料器

1—进料口;2—料钟;3—容器;
4—输料管;5—多孔板;6、7—压缩空气管容积式供料器的工作原理是物料由进料口经料钟进入容器,当容器内物料充填至其容积的90%后,关闭料钟。向系统内供料时,压缩空气经三路进入容器:一路是通过多孔板进入容器,使物料流态化;一路是通过输料管进入容器,将物料从输料管吹出;一路是通过压缩空气管进入容器上方,以保证物料顺利地下流。容器内物料卸空后,关闭压缩空气管,打开容器顶部的出气口放出容器中的压缩空气,容器内压力降低后,再进行下一次供料。若需要连续供料时,则要采用两台容器轮换工作。

(四)分离器

分离器是把物料从输送出来的两相流中分离出来的装置,常用的有容积式和离心式两种。容积式分离器是一个直径较大的圆筒容器,当两相流由输料管进入断面突然扩大的容器中时,流速急剧下降,使气流失去了对物料的携带能力,物料在重力的作用下从两相流中分离出来。离心式分离器(图9-51)是利用两相流旋转时的离心力使物料被抛到分离器壁面并沿壁面下落被分离,其尺寸较小,容易制造,分离效率较高,在风量较大的情况下还可以两个或多个并联使用。

(五)除尘器

除尘器是用来清除气流中灰尘的装置。由于从分离器出来的气流含有大量的灰尘,为了保护环境和鼓风机,必须装设除尘器去除气流中的灰尘。除尘器按除尘方式分为干式和湿式两种。湿式除尘器是空气经过水来除尘的,除尘效果较好,但设备受各种条件的限制。干式除尘器常用的有离心式和袋式两种。离心式除尘器的结构、工作原理与离心式分离器相同,只是为了提升除尘效果,将除尘器直径做得更小些。袋式除尘器又称为袋式过滤器(图9-52),是利用特殊的滤袋来过滤含尘气流的。袋式除尘器的除尘效率高达99%,对极细的尘粒也具有较高的除尘效果,但不适用于含油雾、凝结水以及黏性粉尘的气流。袋式除尘器工作一定时间后,滤袋上的积灰必须及时清除,否则积灰过多会使除尘器阻力增加,除尘效率下降。

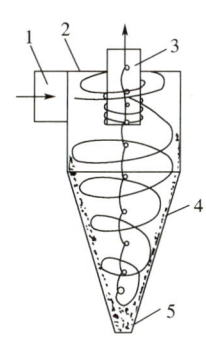

图9-51 离心式分离器

1—切向进口;2—圆筒体;3—排气管;
4—圆锥体;5—卸料口

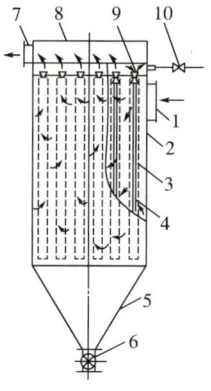

图9-52 袋式除尘器

1—进气口;2—中部箱体;3—滤袋;
4—滤袋骨架;5—灰斗;6—卸灰器;
7—排气口;8—上部箱体;9—喷吹嘴;10—控制阀

(六)卸料(灰)器

卸料(灰)器是一种将物料(灰尘)从分离器(除尘器)中卸出来,并阻止空气进入分离器(除尘器)的装置,应用较广泛的是旋转式(叶轮式)和阀门式。旋转式卸料(灰)器的结构与旋转式供料器相同。阀门式卸料(灰)器由上、下两道阀门构成。工作时,上阀门打开,下阀门关闭,使物料(或灰尘)落入卸料(灰)器中。需要卸料时,关闭上阀门,打开下阀门,即可在气力输送机不停机的情况下卸料。阀门式卸料(灰)器的结构较简单,气密性好,但其高度尺寸较大。

气力输送机采用的鼓风机功率较大,工作时发出的噪声也很大,因此必须采取消声、降噪措施,以免造成公害。常用的措施是在鼓风机的排气管上装消声器或安装减振器,并对整个机组设置隔声室。

三、港口吸粮机的结构及主要参数

气力输送机在港口主要用于散粮卸船、卸车作业。港口吸粮机(图 9-53)的主要部件包括吸嘴、输料管、风管、分离器、除尘器、卸料(灰)器、鼓风机、消声器等。

图 9-53 港口吸粮机

1. 吸嘴

吸嘴的作用是把物料吸入输料管中并形成合适的物料和空气的混合比。它的性能好坏对港口吸粮机的工作影响很大。对吸嘴的具体要求:轻便、牢固、便于操作和在料堆上吸料;在同样风量的条件下,吸料多而压力损失小;具有补充风量调节装置,以便获得更合适的混合比。

2. 输料管和风管

港口吸粮机的输料管连接在吸嘴(供料器)和分离器之间,有直管、软管、弯管、铰接弯管、伸缩管等多种结构;风管用来连接分离器、除尘器、鼓风机和作为通大气的排气管。

(1)输料直管:输料直管可采用无缝钢管或用厚度为 3~5 mm 的钢板卷焊制成,一般每段长度为 4~10 mm,常拆的管段长度可适当缩短。管段间用法兰连接,法兰间放进橡胶衬垫以保证气密性。

(2)输料软管:为了使吸粮机的输料管及吸嘴有一定的灵活性,在垂直输料管上端与弯管连接处和吸嘴与输料管连接处安装一段软管。但由于软管的阻力约为硬管阻力的两倍,故应少用。软管的形式主要有金属软管、耐磨橡胶软管等。金属软管(图 9-54)由内、外镀锌薄钢带绕制而成。在内、外薄钢带间装有密封填料。这种软管质量较轻,但抗拉强度很差,不能承受载荷。耐磨橡胶软管在橡胶中间嵌有小钢丝和夹布层,强度好,不易漏气,但比较重。

(3) 输料弯管:输料弯管用来改变输送物料的方向。为了减少压损、磨损和避免堵塞,它的曲率半径通常取管道直径的6~10倍。吸粮机的输料弯管断面可为圆形、方形或矩形。

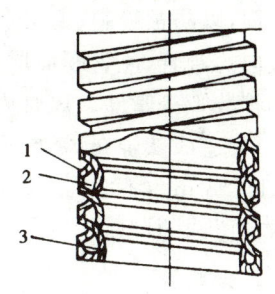

图 9-54　金属软管

1—外螺旋线薄钢带;2—密封填料
3—内螺旋线薄钢带

(4) 输料铰接弯管:由于卸船作业要求输料管能够俯仰变幅和左右回转,因此要在输料管与分离器连接处装设铰接弯管,主要采用皮碗式或柱铰式结构。皮碗式铰接弯管上下俯仰由输料管与铰接弯管壳体间的销轴和橡皮碗来实现。橡皮碗厚度为4~10 mm,保证了气密性。铰接弯管的左右回转由回转机构实现。在铰接弯管下部装有滚动轴承和蜗轮齿圈,由蜗杆带动其回转,回转的角度要考虑卸船作业的要求和整机的稳定性。皮碗式铰接弯管结构比较简单,但橡皮较易老化,且俯仰摆角不大于55°(图9-55)。

柱铰式铰接弯管在壳体内装有一个圆柱形的转动体,转动体中间开孔并与连接料管相连(图 9-56)。当圆柱体在弯管壳体内转动时,输料管就可上下俯仰。柱铰式铰接弯管可达到较大的俯仰摆角,使用寿命也较长,适用于大型吸粮机。

(5) 输料伸缩管:在卸船作业中,由于船型不同和货载、水位的变化,经常要求改变吸嘴的工作幅度和伸入船舱的深度,而且为使吸粮机的操作灵活方便,往往除了输料管俯仰变幅和左右回转之外,还需在垂直输料管和水平输料管上采用伸缩管。伸缩管应保持气密状态,尽可能做到伸缩动作灵活平稳,要求结构简单、维修方便,伸缩行程视作业需要取2~10 mm。伸缩速度一般为4~6 m/min。伸缩动作可通过钢丝绳牵引来实现。

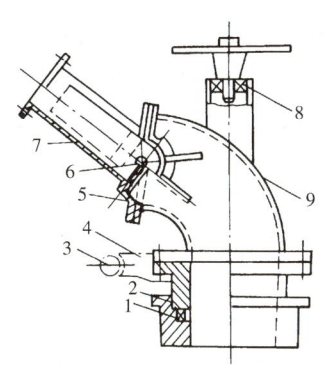

图 9-55　皮碗式铰接弯管

1—轴承;2—密封圈;3—蜗杆;4—蜗轮;5—橡皮碗
6—销轴;7—连接料管;8—上轴承;9—壳体

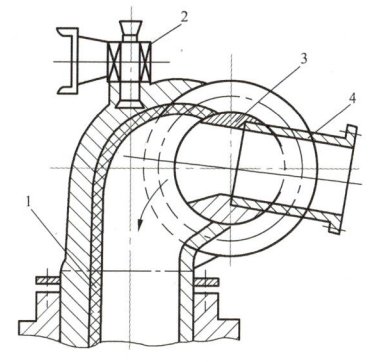

图 9-56　柱铰式铰接弯管

1—壳体;2—上轴承;3—圆柱体;4—连接料管

(6) 风管:断面较小的风管可用各种圆钢管,断面较大的风管通常用钢板焊接而成。风管断面为圆形或矩形,但矩形断面抗压性差,所以若要真空度较大应在其外表面焊上角钢加固,以防被吸扁、变形。由于输送系统布置的需要,风管不仅有直长段,而且还有使气流改向的弯管、风管断面增大或减小时用的渐扩管或减缩管、管路进口的集风管、排气出口的扩散管等管件。风管内的风速选取要适当,若风速过高,会使压力损失增大;而风速过低,会造成灰尘在风管中沉积和风管断面过大。通常,分离器至除尘器之间的风管速度取 14~18 m/s,除尘器以后可取 10~14 m/s。风管断面尺寸可根据风量的大小、布置的要求和所选的风速来决定。

3. 分离器

为了把物料从两相流中分离出来,要采用分离器。港口吸粮机的分离器一般采用容积式或离心式。

4. 除尘器

由于经分离出来的气流含有大量灰尘,为了保护环境、保护鼓风机和回收气流中有经济价值的粉末,需要在分离器和鼓风机之间装设除尘器。港口吸粮机常用离心式除尘器和袋式除尘器。

5. 卸料(灰)器

卸料(灰)器的作用是将物料(粉尘)从分离器(除尘器)中卸出并阻止空气自由进入港口吸粮机内,以避免减少吸送物料的有效风量、降低生产率,应用较广泛的是旋转式卸料(灰)器。

6. 鼓风机

鼓风机是把机械能传给空气,使空气产生压力而流动的机械。对鼓风机的具体要求:效率高;风量、风压达到输送物料的要求;风压变化时,风量变化要小;有一些灰尘通过也不会发生故障;经久耐用,便于维修。港口吸粮机常采用离心式鼓风机或罗茨式鼓风机。

7. 消声器

消声器一般是利用吸声材料消声,也可利用流通面积突变使声波反射回声源。消声器可根据鼓风机的型号配套使用。除选用消声器以外,还可在鼓风机和电动机组下面安装减振器,并对整个机组设隔声室,使机组封闭在一个小的空间中而与周围环境隔开。浮式吸粮机由于位置允许可设置消声舱,如长沙港的浮式吸粮机,鼓风机的排气经甲板下的消声舱再排出,效果也较好。消声舱结构简单,用钻有小孔、厚度为 3~3.5 cm 的木板做消声舱内围板,内围板与舱壁隔板间相隔 10 cm,形成夹层,里面填满锯木屑。消声舱中间还设两道隔板,通道位置错开,使气流迂回行进,便于消声舱壁更好地吸收噪声。

四、气力输送机的安全操作管理

(一)日常安全操作管理

(1)加强维修。随时保证各作业机器正常运行,按物料需要精确设计管网,使气流充分发挥作用。

(2)加强密闭。及时焊补管道、管件上的缝隙;观察门应密闭,防止漏风。

(3)减少阻力。设备阻力增大应及时检查:鼓风机和各作业机器的进、出风口,是否因堵塞而导致进风口变小,影响风网正常工作;管道内部有无沉积物料;滑门阀是否处于正确位置。

(二)开车和停车安全操作管理

在气力输送系统中开车和停车是非常重要的,操作正确与否,关系着整个风运系统是否能安全正常运行。因此对于运行中的风运设备,在开车前应进行日常检查和准备工作。停车后要进行一般的检查和保养维护;及时检查电动机和鼓风机轴承的升温情况;做好管道、管件的磨损和密闭情况检查及卸料器的清理工作;检查传动带的松紧程度,并及时维修好,确保再开车时能正常生产。

(1)开车前要检查滑门阀是否关闭,各作业机器的风门阀是否在正确位置,重力压力门是否有杂物卡住,除尘器下部的灰箱是否堵塞,密闭处理是否良好,有无漏风现象。

(2)在技师指导下,按与工艺流程相反的顺序依次开动气力输送流程之后的各工艺作业机器。

(3)开动各卸料器下部的关风机,对于料封压力门,应注意检查压力门启闭是否灵活,有无异物卡住。

(4)在启动电动机前,先关闭总风门,待启动恢复正常后,徐徐打开总风门至规定位置。

(5)鼓风机运转正常后,按与工艺流程相反的方向,依次开动各工序的作业机器。

(6)空车运转正常后,投料生产。

(7)停车应按开车时的反方向顺序进行。

(三)运行中的安全操作管理

风网运行中的操作和维护是正常生产的关键,只有按运行规范和操作规程操作才能取得较好的工艺效果。

(1)在运行中,经常注意进入各供料器的物料是否均匀稳定,因物料变化而引起供料量变化时,必须进行适当调整。对于要返工回机的物料,应按"同质合并"的原则,经供料器均匀加入。对于流动性差的物料,应及时消除物料在进料口偶然成拱现象。

(2)对输料管掉下的物料,避免在供料器下部堆积过高影响供料器的进风。

(3)在运行中,要特别注意闭风器有无异物卡住,以免造成整个风运系统运转失调。对于料封压力门,要经常观察存料管内的料封高度,防止进风。

(4)在运行中,随时检查各管道风门是否在规定位置,如果输送物料的空气是随物料从作业机器经溜管进入供料器的,则必须经常检查作业机器的进风口情况,确保各输料管风速的稳定性。

(5)在运行中,若发现风网有漏风现象,应立即采取补救措施。先稳定生产,待停车后再修理。

(6)注意鼓风机的运转是否正常,有无异声,皮带是否打滑,轴承是否发热,润滑状况和减振器的配备及减震状况是否良好,否则应立即组织抢修。

总之,气力输送最基本的技术条件,就是要保持在同一网路中的各根输料管的物流量稳定,特别是不能间断供料。因为任何一根输料管断料,其阻力就随之降低,空气就会从断料的管道中大量进入,形成输料管空气"短路",影响整个风网中其他输料管的正常工作,所以在气力输送网络中,每根输料管的流量,彼此都应保持一定的比例。气力输送机只有在物料流量均匀、稳定的条件下,才能发挥较好的作用,最大限度地降低风速,提高物料和空气的混合比,从而降低能耗,减少费用,提高企业效益。

实训任务

参观散货码头,观察相关设备的工作情况,写出参观调研报告。

关键概念提要

输送机是在一定的线路上连续输送物料的物料搬运机械,又称为连续输送机。输送机可进行水平、倾斜和垂直输送,也可组成空间输送线路,输送线路一般是固定的。输送机输送能力大,运距长,还可在输送过程中同时完成若干工艺操作,所以应用十分广泛。

思考与练习

1. 连续输送设备是如何分类的?有什么特点?
2. 简述带式输送机的组成和布置形式。
3. 链式输送机有哪些?特点是什么?
4. 简述辊道式输送机的组成和实施方案。
5. 螺旋输送机主要由哪些部件组成?各有什么作用?
6. 简述斗式提升机的结构组成、特点,并分析其卸载过程。
7. 气力输送机如何分类?特点是什么?
8. 简述气力输送机的主要部件和作用。
9. 气力输送机如何进行安全操作管理?

阅读案例:烟台这个年轻团队攻克世界级难题

第四篇

包装与流通加工设施与设备

知识和技能目标

掌握包装机械设备的类别和作用,了解常用包装机械设备的基本组成和特点。掌握流通加工设备的结构组成和工作原理,了解常见流通加工设备的工作原理、适用范围。了解冷链物流设施设备的基本构成。

素质目标

通过新冠肺炎疫情下物流企业的发展和承担的社会责任案例学习,感受职业使命感和责任感。

食品的流通加工

我们留意超市里的货柜就可以看出,那里摆放的某些干净的蔬菜、水果、肉末、鸡翅、香肠、咸菜等是流通加工后的产品。这些产品的分类、清洗、贴商标和条形码、包装、装袋等是在摆进货柜之前就已进行了加工作业,这些流通加工不是在产地进行的,已经脱离了生产领域,进入了流通领域。食品流通加工的具体项目主要有如下几种。

1. 冷冻加工

冷冻加工是为了保鲜而进行的流通加工。为了解决鲜肉、鲜鱼等在流通中保鲜及装卸搬运的问题,采取低温冻结方式加工。这种方式也适用于某些液体商品、药品等。

2. 分选加工

分选加工是为了提高物流效率而进行的对蔬菜和水果的加工,如去除多余的根叶等。农副产品规格、质量离散情况较大,为获得一定规格的产品,采取人工或机械分选的方式加工称为分选加工。这种方式广泛用于果类、瓜类、谷物、棉毛原料等。

3. 精制加工

农、牧、副、渔等产品的精制加工是在产地或销售地设置加工点,去除无用部分,甚至可以进行切分、洗净、分装等加工,可以分类销售。这种方式不但大大方便了购买者,而且还可以对加工过程中的淘汰物进行综合利用。比如,鱼类的精制加工所剔除的内脏可以制成某些药物或用作饲料,鱼鳞可以制成高级黏合剂,头、尾可以制成鱼粉等;蔬菜的加工剩余物可以制成饲料、肥料等。

4. 分装加工

许多生鲜食品零售起点较小,为了保证高效输送出厂,包装一般比较大,也有一些是采用集装运输方式运达销售地区。为了便于销售,在销售地区可以按所要求的零售起点进行新的包装,即大包装改小包装,散装改小包装,运输包装改销售包装,以满足消费者对不同包装规格的需求,从而达到促销的目的。

此外,半成品加工、快餐食品加工也成为流通加工的组成部分。这种加工形式,节约了运输等物流成本,保证了产品质量,增加了产品的附加值。如葡萄酒是液体,从产地批量地将原液运至消费地配制、装瓶、贴商标,包装后出售,既可以节约运费,又安全保险,以较低的成本,卖出较高的价格,附加值大幅度增加。

【案例思考】

1. 对食品进行流通加工,其作用体现在哪些方面?
2. 与生产加工相比,流通加工有何特点?
3. 流通加工会用到哪些设备?试选择一种你熟悉的产品进行说明。

第十章 包装机械设备

第一节 包装机械设备基本知识认知

一、包装机械的概念、分类与作用

(一) 包装机械的概念

包装机械是指完成全部或部分包装过程的一类机器。包装过程包括充填、裹包、封口等主要包装工序,以及与其相关的前后工序,例如,清洗、干燥、杀菌、计量、成型、标记、紧固、多件集合、集装组装、拆卸及其他辅助工序等。

(二) 包装机械的分类

包装机械的分类方法很多,按包装机械的功能,可将其分为充填机械、灌装机械、裹包机械、封口机械和贴标机械等。

1. 充填机械

充填机械即将精确数量的包装品装入到各种容器内的机械。按计量方式不同可分为容积式充填机、称重式充填机、计数式充填机;按充填物的物理状态可分为粉状物料充填机、颗粒物料充填机、块状物料充填机、膏状物料充填机。

2. 灌装机械

灌装机械是指将液体产品按预定的量充填到包装容器内的机械。按包装容器的传送形式可分为直线式灌装机、旋转式灌装机。

3. 裹包机械

裹包机械是指用挠性材料全部或局部裹包产品的机械。按裹包方式可分为全裹式裹包机、半裹式裹包机、缠绕式裹包机、拉伸式裹包机、贴体包装机、收缩包装机。

4. 封口机械

封口机械是指将容器的开口部分封闭起来的机械。按其封口方式可分为无封口材料的封口机、有封口材料的封口机。

5. 贴标机械

贴标机械是指在产品或包装件上加贴标签的机械。按自动化程度可分为半自动贴标机和全自动贴标机;按容器的运行方向可分为立式贴标机和卧式贴标机;按标签的种类可分为片式标签贴标机、卷筒状标签贴标机;按运动形式可分为直通式贴标机和转盘式贴标机;按贴标机结构可分为龙门式贴标机、真空转鼓贴标机、多标盒转鼓贴标机、拨杆贴标机、旋转式贴标机;按贴标工艺特征可分为压式贴标机、滚压式贴标机、搓滚式贴标机、刷抚式贴标机等。

此外,包装机械按自动化程度可分为全自动包装机和半自动包装机;按包装材料和容器可分为塑料包装机、纸袋包装机、玻璃瓶包装机和金属罐包装机;按被包装物的物理状态可分为液体包装机、粉状物料包装机、颗粒物料包装机和黏稠体包装机。

(三) 包装机械的作用

在社会生产过程中,产品包装处于生产过程的尾端和物流过程的开头,既是生产的终点又是物流的起点,而包装机械是使产品包装实现自动化、机械化的根本保证。随着科学技术的发展和市场需求的扩大,包装机械在包装工业上发挥的作用越来越大,主要表现在以下几个方面。

1. 大幅度地提高生产率

机械包装在速度上比人工包装快,如糖果包装,利用人工包装每分钟完成十几块,而利用糖果包装机每分钟可完成上千块。啤酒灌装机的生产率可高达 36 000 瓶/小时,这是人工灌装无法比拟的。同时,包装机械的使用也节省了劳动力,如使用包装生产线后,原来数百人的工作现在由几个人就可完成。

2. 改善劳动条件,降低劳动强度

对于包装体积大、质量大的产品,用人工包装既消耗体力,速度又慢;对于有毒、带放射性的产品,人工包装既影响环境,又影响人的身体健康。采用包装机械,就能完成人工包装无法实现的包装操作,同时改善了工人的工作环境。

3. 节约原材料,降低产品成本

在包装液体产品或粉状产品时,由于液体飞溅、粉尘飞扬,不仅污染环境,而且浪费了原材料,采用包装机械能防止产品的散失,不仅保护了环境,而且节约了原材料。

4. 保证产品卫生,提高包装质量

有些产品的卫生要求很严格,如食品、药品等,采用包装机械,可以避免人手直接接触食品和药品,而且由于包装速度快,食品和药品在空气中停留的时间短,减少了污染的机会,有利于产品保洁,保证了产品的卫生质量。机械包装更易于实现包装的规格化、标准化。

5. 降低包装成本,节约储运费用

对一些松散产品,如棉花等采用包装打包技术,可缩小体积,节省包装材料,降低包装成本,同时还可以节省仓库容量,有利于运输。

6. 延长保质期,方便产品流通

采用真空、无菌等包装机进行产品包装,可以延长食品和饮料的保质期,使产品的流通范围更加广泛。

7. 减小包装场地面积,节约基建投资

采用人工包装,由于包装工人多,工序不紧凑,包装作业占地面积大,基建投资多。采用机械包装,产品和包装材料的供给比较集中,各包装工序安排紧凑,因而减小了包装作业占地面积,节约了基建投资。

包装机械应用范围甚广,涉及食品、医药、化工、邮电、出版、机械、电子、纺织、钢铁、冶金以及军工等各个领域,其中以食品行业应用最多,约占50%。

二、包装机械的设备组成、特点和技术参数

(一)包装机械的设备组成

1. 包装材料的整理与供送系统

包装材料的整理与供送系统是将包装材料(包括挠性、半刚性、刚性包装材料和包装容器及辅助物等)进行定长切断或整理排列,并逐个输送到预定工位的系统。例如,糖果包裹机中包装纸的供送、切断机构,有的封罐机的供送系统还可完成罐盖的定向、供送等工作。

2. 被包装物品的计量与供送系统

被包装物品的计量与供送系统是将包装物品进行计量、整理、排列,并输送到预定工位的系统。有的还可完成被包装物品的定型、分割,例如,饮料灌装机的计量和液料供送系统。

3. 主传送系统

主传送系统是将包装材料和被包装物品由一个包装工位按顺序传送到下一个包装工位的系统。全部包装工序在包装机械上往往分散成几个工位来协同完成,所以必须有专门的机构来传送包装材料和被包装物品,直到把产品输出。主传送系统的形式一般决定了包装机械的形式并影响其外形,但是单工位包装机械没有主传送系统。

4. 成品输出机构

成品输出机构是把包装好的产品从包装机械上卸下、定向排列并输出的机构。有的包装机械的成品输出是由主传送系统完成的,或是靠包装产品的自重卸下的。

5. 动力机与传动系统

动力机与传动系统是机械工作的原动力,在现代包装机械中通常为电动机,也有使用其他动力机的,通常可由电、液、气等动力源进行驱动,如液压马达、气动马达等。

6. 控制系统

控制系统是由各种手动装置和自动装置组成的。在包装机械中,从动力的输出、传动机构的运转、包装执行机构的动作和相互配合以及包装产品的输出,都是由控制系统操纵的。它主要包括包装过程控制、包装质量控制、故障控制与安全控制等。

7. 包装执行机构

包装执行机构是指用以完成直接包装过程及包装辅助操作的机构,由一系列相关装置构成。完成直接包装过程的装置为包装执行装置,它可完成成型、充填、封口、裹包、贴标、捆扎等工序;完成包装辅助操作的装置有包装材料、包装物料供送与传送以及成品输出等装置。

8. 机身

机身是用于安装、固定、支撑包装机械所有的零部件,并能够满足其相互运动和相互

位置要求的部分。机身必须具有足够的强度、刚度和稳定性。

(二)包装机械的设备特点

包装机械的设备特点表现在以下几个方面。

(1)包装机械技术含量日益提高。很多先进技术应用在包装机械上,如远距离遥控技术(包括监控)、步进电机技术、自动柔性补偿技术、激光切割技术、信息处理技术等。

(2)包装机械零部件生产专业化。现代包装工业十分重视提高包装机械和整个包装系统的通用能力,因此包装机械零部件生产专业化是发展的必然趋势,很多零部件不再由包装机械厂生产,而是由一些通用的标准件厂生产,某些特殊的零部件由高度专业化的生产厂家生产。包装机械厂可能是组装厂,因为包装机械的很多控制部件或结构部件与通用设备相同,可以借用。

(3)包装机械一般都采用无级变速装置,以便灵活调整包装速度、包装机械的生产能力,同时保证包装机械的电动机功率较小。由于影响包装质量的因素很多,诸如包装机械的工作状态(机构的运动状态、工作环境的温湿度等)、包装材料和被包装物品的质量等,因而为便于机器的调整,满足质量和生产能力的需要,往往把包装机械设计成无级可调的形式,即采用无级变速装置。

(4)对工作环境有特殊的要求。食品包装机械在包装机械中占有很大的比例,其对工作环境的卫生、腐蚀等条件通常都有一定的要求,对机器的润滑、密封、安装、调试、维护、保养等的要求更高。用于食品和药品的包装机械要便于清洗,与食品和药品接触的部位要用不锈钢或经化学处理的无机材料制成。

(三)包装机械的设备技术参数

在正常使用的期限内,包装机械在操作、维护、技术管理等方面表现出的功能性和可靠性,主要包括生产能力,对包装对象品种、规格的适应程度,完成工序操作的准确性,"人—机"关系的协调性,运行功率消耗,维修周期及工作量等。

本教材中主要介绍几种常见的包装机械设备。

第二节 封口机械

封口机械的作用主要是在包装容器内盛装产品后,为了使产品得以密封保存,保持产品质量,避免产品流失,对容器进行封口。制作包装容器的材料有很多,如纸类、塑料、玻璃、陶瓷、金属、复合材料等,封口机械适合于用任意材料制成的包装容器的封口,容器内可以盛装任意产品,但装置不一样。

一、封口机械的分类

按照封口方式的不同,封口机械可分为以下几种。

(1)热压式封口机,即使用加热、加压的方式封闭包装容器的机器。使用的加热元件有加热板、加热环带、加热辊等。

(2)熔焊式封口机,即通过加热方式使包装容器封口处熔融而将包装容器封闭的机器。常用的加热方式有超声波、电磁感应和热辐射等。

(3)缝合式封口机,即使用缝线缝合包装容器的机器,多用于麻袋、布袋、复合编织袋等的封口。

(4)卷边式封口机,即使用滚轮将金属盖与包装容器开口处相互卷曲勾合以封闭包装容器的机器。卷边式封口机又叫封罐机,是罐头食品生产过程中的重要机械设备之一。

(5)液压式封口机,即使用滚轮滚压金属盖使之变形以封闭包装容器的机器。

(6)旋合式封口机,即使用旋转封口器材封闭包装容器的机器。封口器材通常是带有螺纹的瓶盖或带有向内卷曲的盖爪的罐盖,以旋拧的方式旋紧在带有螺纹的瓶口或罐口上。

(7)结扎式封口机,即使用线绳等结扎材料封闭包装容器的机器。

二、常见的封口机械

(1)手压式封口机。手压式封口机(图10-1)是常用且简单的封口机,其一般采用热板加压封合或脉冲电加热封合。这类封口机多为袖珍型,造型美观,质量轻,占地小,适于放在桌上或柜台上使用。它由手柄、压臂、电热带、指示灯、定时旋钮、外壳等部件组成。该机不用电源开关,使用时只要把交流电源线插头插入插座,根据封接材料的热封性能和厚度,调节定时旋钮,确定加热时间,然后将塑料袋口放在封接面上,按下手柄,指示灯亮,电路自动控制加热时间,时间到后指示灯熄灭,电源被自动切断,约1~2 s后放开手柄,即完成塑料袋的封口。

(2)落地式自动封口机。落地式自动封口机主要由环带式热压封口器、传送装置、电气控制装置和落地支架等组成。环带式热压封口器是完成塑料袋封口的主要部件,它的全部元件安装在一个箱形结构的框架上,整个装置固定在落地支架的后部。

(3)卧式自动封口机。卧式自动封口机的工作原理及结构形式与落地式自动封口机基本相同,不同之处是卧式自动封口机没有落地支架。卧式自动封口机体积较小,可放在桌上、柜台上或其他工作台上使用,主要用于包装体积小的干燥物品。

(4)脚踏式封口机。脚踏式封口机(图10-2)由踏板、拉杆、工作台面、上封板、下封板、控制板、立柱、底座等部分组成,它与手压式封口机的热封原理基本相同,不同之处是采用脚踏的方式拉下压板。操作时双手举袋,脚轻踩踏板,瞬间通电完成封口,既方便,封口效果又好。该类封口机可采用双面加热,以减小热板接触面与塑料袋口封接面间的温差,提高封接速度和封口质量。有的还配有印字装置,在封口的同时可以打印出生产日期、质量、价格等。有些脚踏式封口机的工作台面可以任意倾斜,以适应封接包装液体或粉状物料的塑料袋。

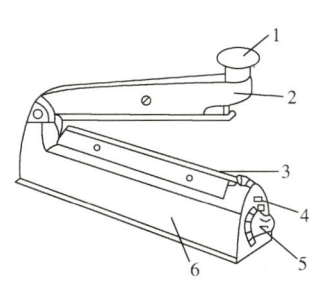

图10-1 手压式封口机
1—手柄;2—压臂;3—电热带;
4—指示灯;5—定时旋钮;6—外壳

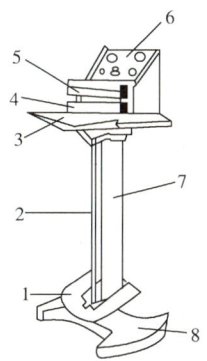

图10-2 脚踏式封口机
1—踏板;2—拉杆;3—工作台面;4—下封板;
5—上封板;6—控制板;7—立柱;8—底座

(5)立式自动封口机。立式自动封口机的工作原理与落地式自动封口机基本相同,主要区别是在落地式自动封口机中,环带式热压封口器的带轮轴是水平安放的,而在立式自动封口机中,其带轮轴是垂直安放的。这样使包装袋立在输送带上运行并进行封口,因此这种封口机可以用于内装物不能平放的(如液体、黏稠体)包装袋的封口。

(6)超声波封口机。超声波封口机是适应薄膜种类较多的热封设备,常用于封合塑料软管、铝塑复合管等较厚的材料,对于厚度不均匀的材料也能取得较好的封口效果。塑料软管超声波封口机是常见的一种超声波封口机,该机能对直径为20~50 mm的塑料圆筒状软管(如牙膏管、化妆品管、饮料管、果酱管和药膏管等)进行超声波封口。塑料软管超声波封口机(图10-3)主要由加料斗、超声波封头、回转台、箱体、超声波发生器等部件组成。回转台有8个工位:第1工位灌装;第2工位封尾;第3工位切尾;第4工位出管;其余各工位插管。工作时,第8工位回转台逆时针间歇回转,当塑料软管进入第1工位时,红外线检测器发出信号,进行灌装;灌装后进入第2工位,红外线检测器发出信号,封尾夹头闭合,即超声波发生,进行封尾;第3工位将封合好的软管后部裁切整齐,并使软管的长度一致;第4工位将封合好的软管卸出。

(7)缝合式封口机。缝合式封口机(图10-4)主要由机头、线挑、机头支架、备用支架、输送带、脚踏开关等部件组成。工作时,从连续式称量充填机输送过来的包装袋依次于输送带上行进,袋口从机头经过,此时踩脚踏开关,封口机工作,将袋口封合。输送带的高度可以调整,以适应不同高度的包装袋。输送带的速度也可以调整,以便与各种包装生产线匹配,完成封口工作。

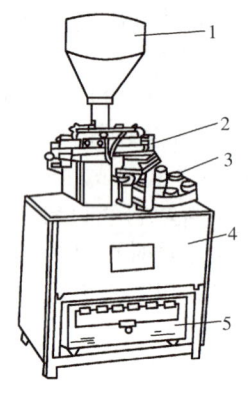

图10-3 塑料软管超声波封口机
1—加料斗;2—超声波封头;3—回转台;
4—箱体;5—超声波发生器

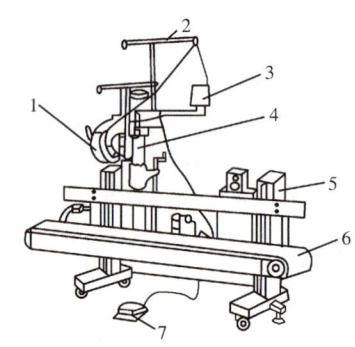

图10-4 缝合式封口机
1—机头;2—线挑;3—缝纫线;4—机头支架;
5—备用支架;6—输送带;7—脚踏开关

第三节 灌装机械

灌装机械是将液体产品按预定的量充填到包装容器内的机器。它不仅可以依靠自重以一定速度流动而灌装黏度较低的物料,例如,酒类、油类、饮料、药水等,也可以依靠压力以一定速度流动而灌装某些黏稠物料或半流体物料,例如,酱类、牙膏、洗发膏、药膏等。灌装机械多用于食品工业,尤其是饮料制造业。现代包装工业中,液体的灌装设备多为"灌装—封口""清洗—灌装—封口"等多功能设备。如图10-5所示为洗灌封一体机,它将容器清洗、液体灌装、封口三种功能合为一体(在一台设备上完成),故而称之为一体机。

一、灌装机械的组成

灌装机械主要由包装容器和灌装物料的供送装置、灌装机械的供瓶部分、灌装阀等组成。

图 10-5　洗灌封一体机

包装容器供送装置的作用主要是将包装容器间隔地送至灌装工位,待灌装后,再将包装容器送出灌装机械。灌装物料供送装置的作用主要是将物料提供给灌装阀,再灌装入包装容器。常压供送装置是在常压下利用物料的重力向处于低位的灌装阀流送,物料装在处于高位的储液箱中。这种供送装置主要用于低黏度、流动性好的物料,例如,牛奶、墨水、酱油、醋等;对于中等黏度、流动性不好的物料,例如,果酱、牙膏、洗发膏等,它们在重力作用下难以自流,这就必须施加机械压力使其流动,利用活塞或柱塞的往复运动来压送液料。供送装置需要先将包装容器(如瓶子)抽成真空,然后再进行灌装。灌装机械的供瓶部分是将瓶子间隔地送至灌装工位,物料由供料装置装入包装容器。

灌装阀的作用是根据灌装工艺要求切断或沟通液室、气室和待灌容器之间液料流通的通道。显然,灌装阀是灌装机械进行灌装的关键部件。不同的灌装方式采用不同的灌装阀,常用的有常压灌装阀、压力灌装阀、真空灌装阀、等压灌装阀等。

二、灌装机械的分类

(1)按罐装阀的罐装原理分类,可分为等压灌装机、负压灌装机、压力灌装机、常压灌装机等。

(2)按灌装阀的排列形式分类,可分为直线式灌装机、回转式灌装机等。

(3)按包装容器分类,可分为玻璃瓶灌装机、聚酯瓶灌装机、金属易拉罐灌装机、复合纸包装灌装机等。

三、常见的灌装机械

(1)膏状灌装机。膏状灌装机主要用于灌装膏状产品。针对不同物料物理特性与不同行业灌装工艺的要求,为了更广泛地适用于不同行业的充填方式,可在同一机型上配备圆口单向阀门与软管注射式两种方式,以满足用户对大口瓶装、小口瓶装、软塑管装与袋装等不同要求。因此,技术参数充分体现了膏状灌装机的使用性、可靠性、经济性与适应性。

(2)液体灌装机。台式灌装机就是一个典型的液体灌装设备,其灌装范围从 30 ml 到 100 ml,计量精度为±1%,主要用于洗涤液、糖浆、果汁、食用油、乳剂、乳液等的定量灌装。该设备对于具有一定黏度且生产规模一般,但品种繁多、灌装容器多样化的液体的灌装显得十分优越。

(3)颗粒灌装机。颗粒灌装机专门进行颗粒物的灌装,它采用单相调速电动机进行传送,所有接触灌装品的部分均由符合食品卫生标准的不锈钢组成,且设置了 8 个灌装工位。

第四节 装箱机

对于啤酒、饮料等产品,灌装之后必须进行装箱包装,才能进入流通领域,这就必须使用装箱机。装箱机按自动化程度分为全自动装箱机和半自动装箱机;按装箱的运动形式分为连续式装箱机和间歇式移动装箱机。

装箱机的工作原理是通过机械运转、气动和电控装置,将瓶子成组、准确、可靠地放入包装箱中,适用于啤酒、饮料和其他行业的装箱工作。

这里主要介绍连续式装箱机和间歇式移动装箱机。

一、连续式装箱机

连续式装箱机是指瓶子和箱子在整个装箱过程中处于连续运动状态,分为水平旋转式和垂直旋转式两种。

(一)水平旋转式装箱机

水平旋转式装箱机(图10-6)主要由同步输送带、同步输箱带、水平环形导轨及垂直升降抓头等部件组成。该机种运动简单,出厂是连续运动,减少了主电动机的频繁启动和停止,减少了瓶子、箱子位置核准及缺瓶、缺箱等检测的等待时间。因此,生产率高,噪声小,而且动作正确、可靠、安全。

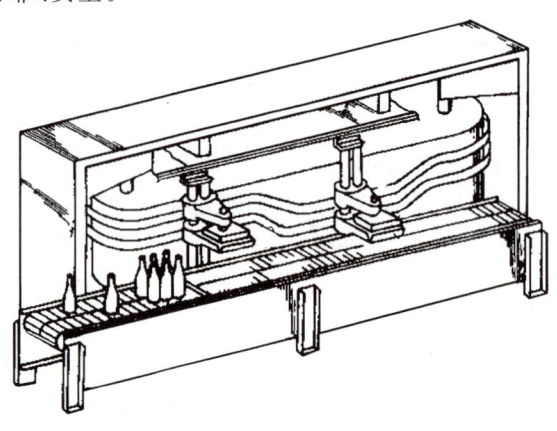

图 10-6 水平旋转式装箱机

水平旋转式装箱机的抓头架和导瓶框架在传动链的带动下,绕轴在输瓶台和输箱带的上空做循环运动;同时,在导轨的作用下,抓头架和导瓶框架按一定的规律做垂直运动。在输瓶台上的瓶子,经过栏杆的阻挡作用,编组整齐排列,并与抓头架同步前进。当瓶子与抓头架同步进入抓瓶位置时,在导轨的作用下,抓头架向下运动,抓头正好套入瓶颈中,并把瓶子抓牢。随着运动的进行,在导轨的作用下,抓着瓶子的抓头升起,使瓶子离开输瓶台。在传动链的作用下,抓着瓶子的抓头绕轴转到输箱带的上空;同时,在输箱带上由于推箱块的作用,箱子有规律地排列并与抓头架同步前进;当进入装箱位置时,在导轨的作用下,导瓶框架下降,导瓶弹簧片插入箱格中;在导轨的作用下,抓头下降,通过导瓶弹簧片将瓶子顺利地放入箱子中。随后抓头架和导瓶框架升起,再绕轴旋转到输瓶台上方,开始下一个装箱过程。

（二）垂直旋转式装箱机

垂直旋转式装箱机（图 10-7）主要由同步输瓶台、同步输箱台、垂直双凸轮槽导轨和大十字臂式抓头等部件组成。瓶子和箱子分别排列于输瓶台与输箱台上，抓瓶装置在大十字回转架的带动下，沿着导轨做有规律的回转运动，抓瓶装置始终处于垂直状态。当抓瓶装置到达瓶子上方时，由于导轨的作用，抓头套瓶颈中，抓牢瓶子，随后离开输瓶台，回转一圈之后，落到输箱台的正上方。此时，抓瓶装置继续下降，将瓶子顺利装入箱子中，抓瓶装置随即离开，再回到输瓶台上方，准备下一个装箱过程。

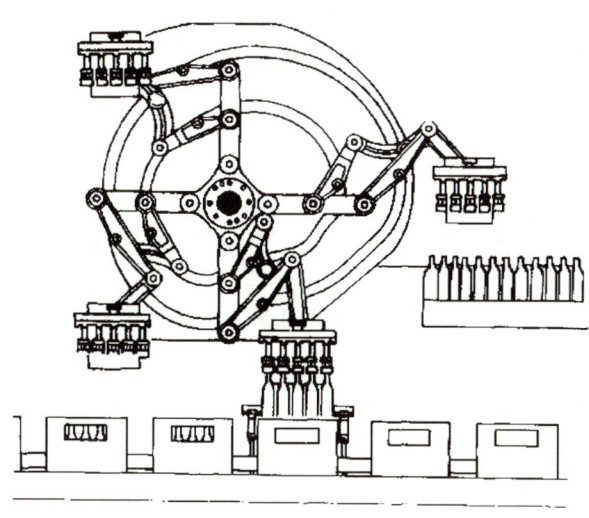

图 10-7　垂直旋转式装箱机

二、间歇式移动装箱机

间歇式移动装箱机是指瓶子和箱子在整个装箱过程中有停顿的过程，分为抓头移动式和箱式结构型两种。

（一）抓头移动式装箱机

抓头移动式装箱机（图 10-8）具有机构简单，无复杂且精度高的导轨和运动杆件的特点，但单机产量低、磨损大。抓瓶装置在完成装箱工作时，采用以微处理器为主体的可编程控制器，对整机进行自动控制。

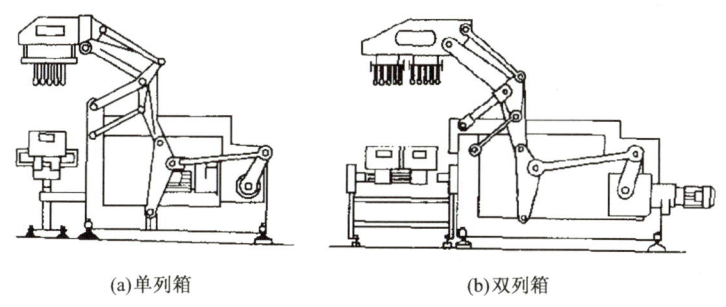

(a) 单列箱　　　　　　　　　　(b) 双列箱

图 10-8　抓头移动式装箱机

抓头移动式装箱机主要由输箱装置、输瓶和排瓶装置、抓瓶装置、举瓶机构（双四杆机构）及一系列光电控制装置等组成。该机在工作时，通过主传动机构带动举瓶机构做来回运动，并通过抓瓶装置把瓶子从输瓶台上抓起，然后平移至输箱带上方，最后把瓶子准确、可靠地放进箱子里，完成整个装箱过程。

抓头移动式装箱机的主要特点如下：

（1）工作可靠。该机是由抓头充、排气来实现抓、放瓶子的。通过机械运转、气动和电控装置把瓶子准确、可靠地放进箱子里。

（2）运行平稳。装箱运动由带制动器的双速电动机驱动，通过独特的双四杆机构，使箱子提升和降落运动平稳。

（3）生产率高。该机在工作过程中，起步和终止均缓慢平稳，中途运动较快，空回程快速运行，缩短非工作时间，提高生产率。

（4）操作容易。该机全自动运转，能自动调节运转速度，与整条生产线同步运转。

（5）结构合理。该机由合理的机械结构、可靠的气动装置和先进的电控技术组成，技术先进，结构简单。

（6）安全可靠。该机除了设置保护罩和保护网以外，还设有光电安全保护装置，操作人员误入危险区时，即可自动停机。

（7）符合卫生要求。该机噪声小，而且采用无油润滑的气动元件，可避免油污染。

（二）箱式结构型装箱机

箱式结构型装箱机主要由输瓶装置、输带装置、抓瓶装置、回杆机械臂及凸轮导轨等部件组成。该机在工作时，瓶子由输瓶带送到正确的抓瓶位置，箱子由输送带送至正确的装箱位置，回杆机械臂在电动机的带动下沿凸轮导轨运动，装在其上面的抓瓶装置能准确地将瓶子从输瓶带上抓起，移动到装箱位置将瓶子装入箱中，然后装好瓶子的箱子被输出。当箱子输出后，就进入下一个循环过程。

第五节　封箱机

封箱机采用即贴胶带对纸箱封口，经济快速，容易调整，可一次完成上、下封箱动作，也可以采用印字胶带，提高产品形象，是企业自动化包装的首选。封箱机可分为半自动封箱机、自动封箱机、全自动封箱机、气动封箱机、折盖封箱机、角边封箱机、侧边封箱机等。封箱机轻巧耐用，操作简单，广泛适用于电子、食品、化妆品等行业。

一、折盖封箱机

折盖封箱机（图10-9）适用于一定规格纸箱的上箱盖自动折合，并随即用自黏性胶带封箱。除了按纸箱的大小手工调整该机外，可实现自动折合上箱盖和胶带封箱。该机可单箱作业，也可与纸箱成型开箱机、装箱机、贴标机、捆包机、栈板堆叠机、输送机等设备配套成包装流水线使用，是包装流水线作业必需的设备之一。

折盖封箱机的特点如下：

（1）采用高强抓力PVC胶带对纸箱两侧传动，传动运行平稳，胶带封箱对中。

（2）可依纸箱大小调整，并依次实现上箱盖的前、后、两侧盖折合，以及上、下箱动作。

（3）采用气动装置实现纸箱上箱盖的自动折合。

（4）胶带封合平整、牢固、规范、美观，不会撕箱。

折盖封箱机的工作原理：接上电源插头，打开电源开关，机器开始运转，此时手工推动箱子，到达侧动力装置位置时，通过摆锤箱子自动折盖，侧动力皮带带动箱子自动封箱，机芯刀片自动切断胶带。

二、工字型封箱机

工字型封箱机（图 10-10）适用于家用电器、纺织、食品、药品、化工等行业的产品包装。

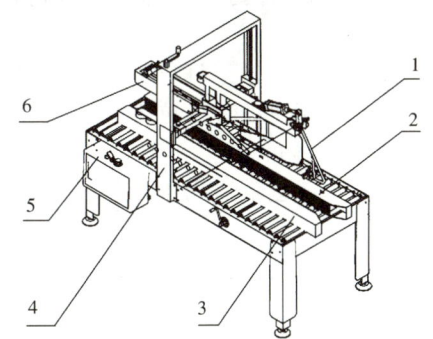

图 10-9　折盖封箱机

1—折盖部件；2—底座；3—侧动力装置；
4—立柱部件；5—电气箱；6—飞机头

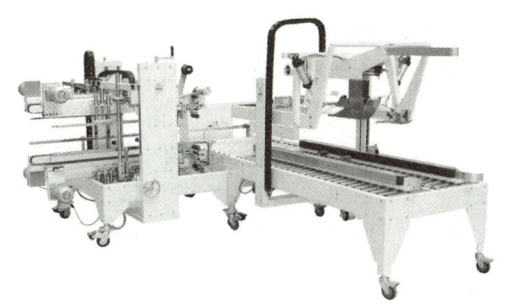

图 10-10　工字型封箱机

工字型封箱机的性能特点如下：

自动折盖封箱机将纸箱中缝封好，然后让纸箱通过 90°转角器，进入自动角边封箱机，将与中缝垂直的 4 个角用胶带封好，完成工字型自动封箱。该机采用可编程控制器控制系统，机器自动调节各种纸箱规格的封箱宽度及高度。封箱过程自动化，适合同一时段封箱多种规格的纸箱。全自动角边封箱机的设计特殊，胶带粘贴、抚平，封箱整齐美观，易于保养，可一次完成角边上、下封箱动作，既可单机作业，也可以与流水线配套使用。

三、码垛机器人

码垛机器人是机械与计算机程序有机结合的产物。码垛机器人为现代生产提供了更高的生产效率。码垛机器人在码垛行业有着相当广泛的应用。码垛机器人大大节省了劳动力和空间。码垛机器人运作灵活精准、快速高效、稳定性高，作业效率高。

码垛机器人能够使在较小的占地面积范围内建造高效节能的全自动砌块成型机生产线的构想变成现实。

码垛机器人是一种用来自动执行工作的机器装置，使用中它可接受人的指挥，又可正确地运行预先编排的程序，能根据用人工智能技术制定的原则纲领行动，将已装入容器的物体，按一定排列方式码放在托盘、栈板（木质、塑胶）上，进行自动堆码，可堆码多层，然后推出，便于叉车运至仓库储存。其目的是协助或取代人类的重复工作，如生产业、建筑业都可应用。码垛机器人可以集成在任何生产线中，实现生产现场智能化、机器人化、网络化，实现饮料和食品行业等多种多样作业的码垛物流，广泛应用于纸箱、塑料箱、瓶类、袋类、桶装、膜包产品及灌装产品等，配套于三合一灌装线等，对各类瓶罐箱包进行码垛。码垛机自动运行分为自动进箱、转箱、分排、成堆、移堆、提堆、进托、下堆、出垛等步骤。

【知识拓展】

观看本书配套视频——码垛机器人。

四、PP带打包机和缠绕膜包装机

PP带打包机是使用打包带（PP带或PET带）缠绕产品或包装件，然后收紧并将两端通过热效应熔融或使用包扣等材料连接的机器。打包机又称为捆包机、打带机或捆扎机。打包机的功能是加固包装物品，使物品在搬运过程中、贮存中不因捆扎不牢而散落，同时还应捆扎整齐美观。

打包带按照生产原料可以分为PP打包带（聚丙烯）和PET打包带（以聚对苯二甲酸乙二醇酯为主要原料生产的打包带）。PP打包带可塑性好、耐弯曲、断裂拉力强、材质较轻、色泽鲜艳，使用起来方便，适合于纸箱打包或者其他较轻物体的打包。PET打包带的抗拉力强、延伸度小、耐温性好、安全性好、经济效益佳。PET打包带适用于纸箱、塑料膜（袋）等材料包装，更适合长途运输使用。

PP带打包机主要由送带、退带、接头连接切断装置、传动系统、轨道机架及控制装置组成。

PP带打包机分为手动、半自动和全自动打包机。全自动打包机的PP带插入包装带后能自动完成聚带、热合、切断、出带的捆扎过程，且能自动停机。打包物体基本处于打包机中间，首先右顶体上升，压紧带的前端，把带子收紧捆在物体上，随后左顶体上升，压紧下层带子的适当位置，加热片伸进两带子中间，中顶刀上升，切断带子，最后把下一捆扎带子送到位，完成一个工作循环。

缠绕膜包装机（图10-11）又被称为拉伸薄膜缠绕机或拉伸薄膜缠绕包装机。缠绕膜包装机是目前使用较广的一种货物包装设备，适用于产品的托盘集装包装，能够防止产品在运输及储藏的搬运过程中发生摩擦破损，并起到一定的防尘、防潮作用，是一种为适应货物集装化储存、运输及机械化装卸作业的缠绕打包机械。从设备结构上可以分为托盘缠绕膜包装机、摇臂式缠绕膜包装机、圆筒缠绕薄膜包装机、水平式拉伸薄膜缠绕包装机；从膜架结构上可以分为预拉伸薄膜缠绕机、自动拉伸薄膜缠绕机。

图10-11 缠绕膜包装机

【知识拓展】

观看本书配套视频资源——PET打包机和摇臂式缠绕膜打包机。

第六节 包装生产线

一、包装生产线的概念

包装生产线是一个系统的总称，一般的生产厂家都拥有一条自己的包装生产线。包装生产线一般是由几种不同的包装机以及传输带组成的，生产中的产品或者已经完成加工的产品被运送到包装生产线上进行包装加工,完工后被送出就成了完整的便于运输的产品了。

包装生产线的包装过程包括充填、裹包、封口等主要工序。因此,包装机可分为充填机、封口机、裹包机、多功能包装机等;包装生产线可分为成型—充填—封口包装生产线、装盒—装箱包装生产线、液体灌装机及其流水线等。

随着包装工业的迅猛发展,产品的包装不再是以单机完成一道道工序、生产率极低的作业过程了,取而代之的是包装流水线及包装自动生产线。

包装流水线是将相互独立的自动或半自动包装设备、辅助设备等按包装工艺的先后顺序组合起来,使被包装物品从流水线一端进入,经过不同的包装设备,包装材料在相应的包装工位加入,包装成品从流水线的末端不断输出。在包装流水线中,工人只参与一些辅助的包装作业,例如,整理、输送、包装容器供给等。

二、包装自动生产线

(一)包装自动生产线的工艺特征

从工艺角度来看,包装自动生产线除了具有包装流水线的一般特征以外,还具有更严格的生产节奏性和协调性。在我国各行业中已广泛地应用着不同程度的包装流水线和包装自动生产线。包装自动生产线的建立,不仅提高了产品包装质量、包装速度,减轻了工人劳动强度,减小了占地面积,而且为产品包装过程的连续化、高速化奠定了基础。

(二)包装自动生产线的基本组成

包装自动生产线是由基本的工艺设备——包装机及将包装机连线的辅助设备(输送装置等),依靠自动控制系统完成确定的工作循环。其中,辅助设备和自动控制系统是区别包装流水线与包装自动生产线的重要标志。

(三)包装自动生产线的主要类型

包装自动生产线按照包装机排列形式可分为串联、并联和混联生产线,一般串联和混联生产线应用较多;按照包装机之间的联系特征可分为刚性、挠性和半挠性生产线,下面主要介绍此三种类型。

1. 刚性生产线

被包装物在生产线上完成全部包装工序,均由前一台包装机直接传递给下一台包装机,所有机器按同一节拍工作。如果其中一台包装机出现故障,其余各台包装机均应停机。

2. 挠性生产线

被包装物在生产线上完成前道包装工序后,经中间存贮装置存贮,根据需要由输送装置送至下一包装工序。即使生产线中某台包装机出现故障,也不影响其余包装机正常工作。

3. 半挠性生产线

生产线由若干个区段组成,每个区段内的各台包装机之间为刚性连接,各区段之间为挠性连接。目前,刚性和半挠性生产线较常用。

(四)包装自动生产线的包装工艺路线

包装工艺路线是进行包装自动生产线总体设计的依据,它是在调查研究和分析所收集资料的基础上确定的。在设计包装工艺路线时,应保证包装质量高、效率高、成本低、结构简单、便于实现自动控制、维修和操作方便等。根据包装自动生产线的工艺特点,提出以下设计原则。

1. 合理选择包装材料和包装容器

包装机中采用卷筒包装材料,有利于提高包装机的速度;对于衣领成型器而言,宜选用强度较高的复合包装材料;制袋—充填—封口所使用的塑料薄膜应预先印上定位色标,以保证包装件的正确封切位置;为使自动灌装机连续稳定运行,瓶口的形状与尺寸应符合精度的要求等。

2. 满足工序的集中与分散

由于工序集中,减少了中间输送、存贮、转向等环节,机构得以简化,可缩小生产线的占地面积。但是工序过分集中,会对包装工艺增加更多的限制,降低通用性,提高机构的复杂程度,不便于调整。所以,采用集中工序时,应保证调整、维修方便,工作可靠,有一定通用性等。

3. 平衡工序的节拍

平衡工序的节拍是确定包装自动生产线工艺方案的重要考量之一。各台包装机具有良好的同步性,对于保证包装自动生产线连续协调地生产非常重要。在平衡节拍时,反对压抑先进、迁就落后的平衡办法。具体可采取如下措施:

(1)将包装工艺过程细分成简单工序,再按工序的集中、分散原则和节拍的平衡,组合为一定数量的合理工序。

(2)受条件限制,不能使工序节拍趋于一致时,则尽可能使其成倍数,利用若干台包装机并联达到同步的目的。

(3)采用新技术,改进工艺,从根本上消除影响生产率的工序等薄弱环节。

4. 设备布局简单、实用

(1)包装工艺路线和设备确定后,本着简单、实用、经济的原则布置设备,力求方案最佳。另外,可根据厂房的变化,灵活安排布局,为以后的技术改造留有余地。

(2)平面布置应力求生产线短、布局紧凑、占地面积小、整齐美观,以及调整、操作、维修方便。

三、包装自动生产线的效率影响因素

(1)对于刚性生产线来说,随着包装机台数的增加,生产率相应提高,但不是简单的正比关系。当台数增加到一定数量后,再增加包装机台数,生产率反而下降。循环外时间损失成为影响生产率的主要因素。

(2)对于挠性生产线来说,随着包装机台数的增加,生产率初始提高得很快,随后变得缓慢,直至稳定。在循环外时间损失相同的条件下,挠性生产线的生产率高于刚性生产线。

四、提高生产率的方法

(1)采用先进设备,提高设备本身的可靠性,减少调整、维修时间。

(2)采用连续性包装机,尽可能减少或消除辅助操作时间。

(3)将工艺时间较长的包装工序用若干台包装机并联完成,或者分散在若干个工位上联合完成。

(4)定期对设备进行检修和保养,可减少设备的事故次数。

(5)设置必要的自动检测系统,实现自动诊断、自动排除、自动报警和自动保护等功能,减少因事故造成的停机损失。

(6)提高生产和组织者的操作、管理水平,尽量消除人为因素造成的影响。

阅读资料

全自动打包机的操作方法

1.一定要注意做好电源的接地工作,插头上必须有合乎要求的接地插脚,这样做是为了避免操作不当而引起的触电。

2.机器在运行过程中或者是盖板后,不能用手随意触摸机器的运动部位,以免造成人身危害。

3.在具有腐蚀性和粉尘较大的工作环境中应尽量降低机器的使用频率,避免因使用不当而缩短使用寿命。尽量避免全自动打包机在潮湿或者是粉尘比较大的环境中操作,防止造成全自动打包机的损坏。

4.需要特殊打包操作的产品,最好是在经过机器的调试之后再进行工作,比如易碎物品和易漏物品。

5.全自动打包机还有一个相适宜的操作条件:温度一般在-25~50 ℃,应该能满足正常操作。

6.在打包机的正常工作期间,如非专业的技术人员,请保持1 m以上的距离,技术人员也不能随意将头、手伸入环形圈内,以免造成不必要的伤害。

实训任务

1.观看本书配套视频资源——无菌机器人瓶灌装生产线。

分析视频中的主要设备、瓶子从空瓶到装满液体封口经过了哪些步骤?机器人的动作在哪些环节出现?

2.观看本书配套视频资源——重庆火锅底料包装生产线。

说明机器人在包装生产线中完成的工作有哪些?

3.观看本书配套视频资源——自动包装生产线。

说明视频中出现了哪些包装设备?主要完成了哪些工作?

4.打包机的操作训练。

观察或操作打包机(手动打包机、半自动打包机、全自动打包机)。

包装机械是完成全部或部分包装过程的一类机器,品种很多,可完成充填、裹包、封口等主要包装工序,以及与其相关的前后工序,这样就有了灌装机、裹包机、封口机、装箱机、贴标机等众多的包装设备。

思考与练习

1. 简述包装机械设备的作用。
2. 简述包装机械设备的组成部分。
3. 按包装容器分类,灌装机有哪些类型?
4. 包装流水线和包装自动生产线有什么不同?哪个机械化、自动化程度高?

第十一章 流通加工设备

第一节 流通加工设备基本知识认知

一、流通加工的概念

流通加工是指在某些原料或成品从供应领域向生产领域,或从生产领域向消费领域流动的过程中,为了促进销售,维护产品质量和提高物流效率,而对产品进行的初级或简单再加工,使产品发生物理或化学变化,以满足消费者的多样化需求和提高产品的附加值。流通加工设备是完成流通加工任务的专用机械设备。

二、流通加工设备的分类

(一)按流通加工的形式分类

按照流通加工形式,流通加工设备可分为剪切加工设备、集中开木下料设备、配煤加工设备、冷冻加工设备、分选加工设备、精制加工设备、分装加工设备、组装加工设备等。

1. 剪切加工设备

剪切加工设备是进行下料加工或将大规格的钢板裁小或裁成毛坯的设备。例如,用剪板机进行下料加工,用切割设备将大规格的钢板裁小或裁成毛坯等。如图 11-1 所示为数控激光切割机。

图 11-1 数控激光切割机

2. 集中开木下料设备

集中开木下料设备是在流通加工中将原木材锯裁成各种锯材,同时将碎木、碎屑集中起来加工成各种规格的板材,还可以进行打眼、凿孔等初级加工的设备。

3. 配煤加工设备

配煤加工设备是将各种煤及一些其他发热物质,按不同的配方进行掺配加工,生产出各种不同发热量燃料的设备。

4. 冷冻加工设备

冷冻加工设备是为了解决鲜肉、鲜鱼或药品等在流通过程中保鲜及搬运装卸问题而采用低温冷冻方法的加工设备。

5. 分选加工设备

分选加工设备是根据农副产品的规格、质量离散较大的情况,为了获得一定规格的产品而采取的分选加工的设备。

6. 精制加工设备

精制加工设备是主要用于农牧副渔等产品的切分、洗净、分装等简单加工的设备。

7. 分装加工设备

分装加工设备是为了便于销售,在销售地按照所要求的销售包装进行新包装、大包装改小、散装改小包装、运输包装改销售包装等加工的设备。

8. 组装加工设备

组装加工设备是采用半成品包装出厂,在销售地由流通部门所设置的流通加工点进行拆箱组装的加工设备。

(二)按流通加工的对象分类

根据流通加工对象的不同,流通加工设备可分为金属加工设备、水泥加工设备、玻璃加工设备、木材加工设备、煤炭加工设备、食品加工设备、组装产品的流通加工设备、生产延续的流通加工设备及通用加工设备等。

1. 金属加工设备

某些金属材料的长度、规格不完全适用于用户,若采用单独剪板下料方式,设备闲置时间长、人力消耗大,而采用集中剪板下料方式,可以避开单独剪板下料的一些弱点,提高材料利用率。

在流通中进行加工的金属材料主要有钢材、铝材、合金等。金属加工设备是对上述金属材料进行剪切、折弯、下料、切削加工的机械,它主要分为成型设备和切割加工设备等。其中,成型设备包括锻压机、液压机、冲压设备、剪折弯设备、专用设备等;切割加工设备包括数控机床(加工中心、铣床、磨床、车床)、电火花成型机、线切割机床、激光成型机、雕刻机、剪板机、组合机床等。此外,还有金属切削机床、金属焊接设备、机械手、工业机器人等。

利用金属加工设备进行流通加工,可以提高加工精度,减少边角废料,减少消耗;可以增加加工批量,提高加工效率,降低成本;可以简化生产环节,提高生产水平,并有利于进行高质量的流通加工。

2. 水泥加工设备

水泥加工设备主要包括混凝土搅拌机械、混凝土搅拌站、混凝土搅拌运输车、混凝土输送泵车等。混凝土搅拌机械是水泥加工中常用的设备之一,它是制备混凝土,将水泥、骨料、砂和水均匀搅拌的专用机械。

3. 玻璃加工设备

玻璃加工设备主要是指对玻璃进行切割等加工的专用机械,包括各种各样的切割机。在流通中对玻璃进行精加工还需要清洗机、磨边机、雕刻机、烤花机、钻花机、丝网印刷机、钢化和夹层装备、拉丝机、拉管机、分选机、堆垛机、瓶罐检验包装设备、玻璃技工工具、金刚石砂轮等。

4. 木材加工设备

木材是容重小的物资,在运输时占有相当大的空间,往往使车船满装却不能满载,同时装车、捆扎也比较困难,需要利用机械设备对木材进行磨制、压缩、锯裁等加工。这类设备主要有如下两类:

(1)磨制、压缩木屑机械。从林区外送的原木中有相当一部分是造纸树,美国采取在林木生产地将原木磨成木屑,然后压缩的方法使之成为容重较大、容易装运的形状,运至靠近销售地的造纸厂,取得了较好的效果。根据经验,采取这种方法比直接运送原木可节约一半的运费。

(2)集中开木下料机械。在流通加工点利用木锯机等机械可将原木锯裁成各种规格的锯材,可将碎木、碎屑集中加工成各种规格的板材,还可根据需要进行打眼、凿孔等初级加工。如果用户直接使用原木,不但加工复杂,加工场地大,加工设备多,而且资源浪费大。实行集中开木下料,按用户要求供应规格料,可以提高原木利用率和出材率,产生相当大的经济效益。

第二节 金属板材剪切设备

剪板加工是在固定地点设置剪板机进行下料加工或设置切割设备将大规格钢板裁小或切裁成毛坯,降低销售起点,便利用户。与钢板的流通加工类似的还有型钢、线材的集中下料及线材冷拉加工等。下面我们介绍几种金属板材剪切设备。

一、切割机

切割机是常用的流通加工设备之一,其种类繁多:按切割方式可分为等离子切割机、高压水切割机、数控火焰切割机、激光切割机、电火花线切割机等;按切割的材质可分为金属切割机、玻璃切割机、石材切割机、布匹切割机、半导体切割机等。

(一)电火花线切割机床

在电火花线切割机床的床面上设置一个稳定的双层缩放尺机构,在缩放尺上设置一个运丝系统,在工作台与床面之间设置初始进给系统,可解决电火花线切割机床不便制作工艺品冲模的问题。该机利用缩小仿形的原理可将工件加工部位比靠模缩小 $\frac{1}{2}$、$\frac{1}{3}$ 和 $\frac{1}{5}$。

(二)钢管切割机

钢管切割机包括割具总成部分、回转机构、驱动机构、固定机架部分、升降机构和重锤机构等,主要用于钢管切割。升降机构安装在固定机架的底部,驱动机构安装在固定机架的一侧,回转机构安装在固定机架的中部并连接驱动机构,割具总成部分安装在回转机构上,重锤机构和割具总成部分配合安装并配合工作。驱动机构转动带动回转机构转动,再带动割具总成部分围绕被切割钢管回转,完成切割任务。

如图11-2所示的钢管切割机适合锯切不锈钢、无缝钢等金属管材或棒材。它采用可编程控制器自动送料、自动夹料、自动锯切,周而复始地自动循环工作。浮动式送料系统精确、快速,不伤工件表面,单次送料行程可达650 mm,可连续3次送料。冷却循环系统使工件切面光洁、无毛边,延长了锯片的使用寿命,适合多量、长时间锯切,特别适用于短料锯切及多支小管一次性锯切。

图11-2 钢管切割机

二、剪板机

(一)剪板机的组成

剪板机一般由机身、传动系统、刀架、压料器、前挡料架、后挡料架、托料器、刀片间隙调整装置、光线对线装置、润滑装置、电气控制装置等部件组成。

(二)剪板机的分类

剪板机属于直线剪切类型,有多种分类方式:按其工艺用途的不同,可分为多用途剪板机和专用剪板机;按其传动方式的不同,可分为机械传动式剪板机和液压传动式剪板机;按其上刀片相对下刀片位置的不同,可分为平刃剪板机和斜刃剪板机;按其刀架运动方式的不同,可分为直线式剪板机和摆动式剪板机。

1. 圆盘剪板机

圆盘剪板机是利用两个圆盘状剪刀进行剪切的,按其剪刀轴线相互位置的不同及与板料的夹角不同可分为直滚剪、圆盘剪等。直滚剪主要用于将板料裁成条料,或由板边向内剪裁圆形坯料;圆盘剪主要用于剪裁条料、圆形坯料和环形坯料。常见的圆盘剪板机为手动式圆盘剪板机,它由上刀体、下刀体、手柄、曲梁和机座等组成。手柄通过棘轮与装有上刀体的上刀轴配合连接,上刀体通过曲梁固定在机座上,下刀体与机座通过螺栓相连接,机座水平支架上有可左右调节位置的定位尺,用以确定被剪板材的宽度。手动式圆盘剪板机可对板材连续剪切,既可剪直线,也可剪曲线,适用于剪切厚度在3 mm以下的钢板、铁板,厚度在 6 mm 以下的纸板、橡胶、皮革等。

2. 多用途剪板机

多用途剪板机有板料折弯剪板机和板材型材剪板机两种。板料折弯剪板机可以完成两种工艺:下部进行板料剪切,上部进行板料折弯;有些是前部进行板料剪切,后部进行板料折弯。板材型材剪板机的刀架上一边装有剪切板材的刀片,另一边装有剪切型材的刀片。

3. 多条板料滚剪机

为了将宽卷料剪成窄卷料,或者将板料同时剪裁成几条条料,可以利用多条板料滚剪机下料。滚剪机在两个平行布置的刀轴上,按条料的宽度安装若干个圆盘形刀片,由电动机通过 V 形胶带及齿轮传动装置驱动刀轴转动,刀轴带动圆盘形刀片转动,把宽卷料剪成若干所需宽度的卷料。一般在滚剪机前、后分别配置展卷机和卷绕机,将卷料展开、滚剪之后再绕成卷料放在支架上。这类滚剪机的剪切材料宽度由圆盘形刀片的垫圈宽度决定,因此滚剪的材料宽度精度较高。

4. 摆动式剪板机

摆动式剪板机又可分为直剪式和直、斜两用式,直、斜两用式主要用于剪切 30°焊接坡口断面。摆动式剪板机的刀架在剪切时围绕一个固定点做摆动运动,剪切断面的表面粗糙度数值较小,尺寸精度高,而且切口与板料平面垂直。

5. 振动剪板机

振动剪板机又称为冲型剪板机,它的工作原理是通过曲柄连杆机构带动刀杆做高速往复运动,行程次数从每分钟数百次到数千次不等。振动剪板机是一种万能板料加工设备,它在进行剪切下料时,先在板料上划线,然后刀杆上的上冲头能沿着划线或样板对被加工的板料进行逐步剪切。此外,振动剪板机还能进行冲孔、落料、冲口、冲槽、压肋、折弯和锁口等工序,用途相当广泛,被加工的板料厚度一般小于 10 mm。振动剪板机具有体积小、质量轻、容易制造、工艺适应性广、工具简单等优点,但是生产率较低,工作时要人工操作,振动和噪声大,加工精度不高。

三、T44QK 系列数控板料开卷校平剪切线

T44QK 系列数控板料开卷校平剪切线(图 11-3)可将冷轧、热轧钢卷板校平剪切成各种规格的定型板材,适用于车辆制造、家用电器、开关电器、钢结构办公用品、不锈钢厨房用品、机器制造等行业。

图 11-3　T44QK 系列数控板料开卷校平剪切线

T44QK 系列数控板料开卷校平剪切线的性能与特点:具有高效定尺剪切钢板的功能,可将各种卷板材料经开卷、整平、定尺、分条,同时剪切成不同规格的板材,分类堆放整齐;对于大量使用不同规格板材的企业,能够显著地增加产量,降低成本,保证质量,提高生产率;在剪切线之后可配置数控回转头压力机、双动薄板拉伸机,可加工零件一次成型,是一种高效加工机械。

第三节 混凝土搅拌及输送设备

混凝土搅拌及输送设备主要包括混凝土搅拌楼(站)、混凝土搅拌运输车、混凝土输送泵车等。

一、混凝土搅拌楼(站)

混凝土搅拌楼(站)是用来集中搅拌混凝土的联合装置,由于机械化、自动化程度高,生产率高,并能保证混凝土的质量和节省水泥,因而常用于混凝土工程量大、施工周期长、施工地点集中的大中型水利水电工程、桥梁工程、建筑施工等。

(一)混凝土搅拌楼(站)的组成

混凝土搅拌楼(站)主要由物料供给系统、称量系统、控制系统和搅拌主机四大部分组成。

1. 物料供给系统

物料供给系统是指组合成混凝土的石子、砂、水泥、水等几种物料的堆积和提升。砂和石子的提升,一般是以悬臂拉铲为主,另有少部分采用装载机上料,配以皮带输送机输送的方式。水泥以压缩空气吹入散装的水泥筒仓,辅之以螺旋机给水泥秤供料。搅拌用水一般用水泵实现压力供水。

2. 称量系统

砂、石子一般采用累积称量,水泥单独称量,搅拌用水一般采用定量水表计量和用时间继电器控制水泵运转时间实现定量供水两种方式。称量系统的误差应满足一定的精度要求。

3. 控制系统

控制系统一般有两种方式:一种是采用开关电路,继电器程序控制方式;另一种是采用运算放大器电路,也是继电器程序控制方式。近年来,微机控制技术应用于控制系统,增加了配比储存、自重除皮、落差迫近、物料消耗和搅拌罐次累计等功能,提高了控制系统的可靠性。

4. 搅拌主机

搅拌主机的选择决定了搅拌楼(站)的生产率。常用的搅拌主机有锥形反转出料式

(JZ)、立轴涡桨式(JEW)和双卧轴强制式(JS)三种,搅拌主机的规格按搅拌楼(站)的生产率选用。

(二)混凝土搅拌楼(站)的分类

(1)混凝土搅拌楼(站)按其结构不同可分为固定式、装拆式及移动式。其中,装拆式由几个大型部件组装而成,能在短时期内组装和拆除,可随施工现场转移,适用于建筑施工现场。移动式是把搅拌装置安装在一台或几台拖车上,可以移动,机动性好,主要用于一些临时性工程和公路建设项目。

(2)混凝土搅拌楼(站)按其作业形式不同可分为周期式和连续式。周期式的进料和出料按一定周期循环进行;连续式的进料和出料则为连续进行。

(3)混凝土搅拌楼(站)按其工艺布置形式不同可分为一阶式和二阶式。一阶式把砂、石子、水泥等物料一次提升到楼顶料仓,各种物料按生产流程经称量、配料、搅拌,直到制成混凝土出料装车。搅拌楼自上而下分成料仓层、称量层、搅拌层和底层。一阶式工艺流程合理,但要求厂房高,因而投资较大。二阶式物料的储料仓同搅拌设备大体是在同一水平。物料经提升送至储料仓,在储料仓下进行累计称量和分别称量,然后再用提升斗或皮带输送机送到搅拌机内进行搅拌。二阶式高度降低,拆装方便,可减少投资,为一般搅拌站所采用。

搅拌站与搅拌楼的区别主要是搅拌站生产能力较小,结构容易拆装,能组成集装箱转移地点,适用于施工现场;搅拌楼体积大,生产率高,只能作为固定式的搅拌装置,适用于产量大的商品混凝土供应。

二、混凝土搅拌运输车

混凝土搅拌楼(站)所生产的混凝土拌合物需要输送到施工现场,并且在输送过程中,混凝土拌合物不得发生分层离析与初凝。混凝土搅拌运输车(图11-4)是适应这一要求的专用机械,其特点是在运送量大、运距较远(一般10 km左右)的情况下,能保证混凝土拌合物的质量均匀,不会发生离析、泌水的现象,适合在市政、公路、机场、水利工程,以及大型建筑物基础和特殊混凝土工程机械化施工中使用,是商品混凝土生产中不可缺少的一种配套机械。

图11-4 混凝土搅拌运输车

混凝土搅拌运输车由载重汽车底盘和混凝土搅拌运输专用装置组成。混凝土搅拌运输专用装置主要包括取力装置、液压系统、减速机、拌筒、操纵机构、清洗系统等。其工作原理:通过取力装置将载重汽车底盘的动力取出,并驱动液压系统的变量泵,把机械能转化为液压能传给定量马达,马达再驱动减速机,由减速机驱动搅拌装置,对混凝土进行搅拌。

(1)取力装置的作用是通过操纵取力开关将发动机动力取出,经液压系统驱动拌筒,拌筒在进料和运输过程中正向旋转，以利于混凝土混合均匀。

(2) 液压系统将经取力装置取出的发动机动力转化为液压能，再经马达输出为机械能，为转动拌筒提供直接动力。

(3) 减速机的作用是将液压系统中马达输出的转速减速后传给拌筒。

(4) 搅拌装置主要包括拌筒和装料与卸料机构。

拌筒是混凝土搅拌运输车的主要专用设备，其结构和形状直接影响混凝土的运输和搅拌质量，以及进料和出料的速度。当拌筒按顺时针方向回转时，筒壁和叶片使混凝土拌合物在不断提升与向下翻落的过程中，同时沿螺旋叶片的螺旋方向（向筒底）运动，而拌筒底部的混凝土拌合物受端壁作用又向上做翻滚运动，从而使混凝土拌合物受到较强烈的搅拌；当拌筒按逆时针方向回转时，螺旋方向向上，螺旋叶片推压混凝土拌合物向上运动，并由料口卸出。为了便于进料和均匀出料，在拌筒料口内装有导向管，混凝土拌合物由导向管内壁进入拌筒，并沿导向管外壁卸出。

装料与卸料机构装在拌筒料口的一端。混凝土搅拌运输车进料斗的斗壁用销轴铰接在支架上，进料斗底部的进料口与进料导向管口相贴合，以防止进料时混凝土外溢。进料斗还可以绕销轴向上翻转，露出拌筒的料口，以便清洗拌筒。在拌筒料口两侧的支架上，装有固定卸料槽，其下又装有活动卸料槽。活动卸料槽可以通过调节杆改变倾斜角，因此，它可以适应不同卸料位置的要求。

三、混凝土输送泵车

混凝土输送泵车是在拖式混凝土输送泵的基础上发展起来的一种专用机械设备。它将混凝土的运输和浇筑工序合二为一，节约了劳动时间，同时完成水平和垂直运输，省去了起重设备。混凝土输送泵车如图11-5所示，它由载重汽车底盘、柱塞泵、液压折叠臂架、料斗和输送管等组成。

图 11-5　混凝土输送泵车

混凝土输送泵车的布料装置类似一台全液压式的动臂挖掘机。在其臂架上安装着混凝土输送管，因此，混凝土输送管既可随臂架折叠、变幅和回转，在一定范围内变换浇筑位置，又可在小范围内进行混凝土摊铺，由人工摆动出口处的橡胶管来完成。

第四节　木工锯机

在流通加工点利用木工锯机等机械可将原木锯裁成各种规格的锯材，将碎木、碎屑集中加工成各种规格的板材，还可根据需要进行打眼、凿孔等初级加工。

一、带锯机

带锯机是以张紧在锯轮上的环状无端带锯条沿一个方向连续运动而实现切割木材的锯机。其主参数为锯轮直径,通常锯轮直径大于等于 1 500 mm 的带锯机称为重型,小于等于 900 mm 的称为轻型,两者之间称为中型。带锯机按工艺用途的不同可以分为:原木带锯机,主要用于将原木锯解成板材;再剖带锯机,将毛方、厚板材、厚板皮等再剖成薄板材;细木工带锯机,可用于成批、较小零件的加工或外形为曲线的零件加工。

对于原木带锯机和再剖带锯机,根据其锯轮布局的位置不同有立式和卧式之分:一般立式居多,不特别注明者均为立式;卧式常用于贵重原木或厚板皮的锯解。传统使用的带锯机是单锯条,称为单锯带锯机。为了提高生产率,可以实行在一个进给机构条件下,用多台带锯机同时锯剖木材,称为多联带锯机。

细木工带锯机主要用于纵向剖分木材,锯条运动方向垂直于木材纵向轴线。但也有个别采用锯条与木材纵向轴线相平行的布局来剖分木材,或做截断原木之用。

原木带锯机的锯轮直径通常在 1 m 以上,立式居多。为适应原木带锯机在车间工艺布置中位置不同的要求,有右式和左式之分。一般不特别说明者均为右式,即站在进锯处观察,锯轮按顺时针方向回转;反之则为左式,并在型号中加有结构特性代号。

与圆锯机、框锯机相比,带锯机所用锯条较薄。在大多数剖割木材的工序中,带锯机使用广泛,可以减少锯路损失,提高成材出材率。就整个生产过程平均计算,锯路损失可比圆锯机减少 1/2~2/3,比框锯机减少 1/3~1/2。跑车木工带锯机以跑车夹持并送进原木,易于实现看材下锯,能够充分地锯割出等级较高的成材,有利于成材质量和等级的提高,因而带锯机尤其是跑车木工带锯机是较常见的主要机械之一,应用广泛,发展也较迅速。

二、框锯机

框锯机主要用于将原木或毛方锯解成板材。其主要特点是生产率较高,其锯框上安装多片锯条,在一次进给中能锯得较多的木材。现代框锯机自动化程度较高,使用锯条刚性好,锯得的板面质量较好,对操作工技术要求低。但框锯机锯条较厚,锯路大,原材损失大,出材率不及带锯机。框锯机主运动是直线往复运动,有空行程损失,且换向时限性较大,限制切削速度的提高。框锯机按锯框的运动方向可分为立式和卧式两种,以立式应用居多。

三、圆锯机

圆锯机结构简单,效率较高,类型众多,应用广泛,按照切削刀具的加工特征可分为纵剖圆锯机、横截面圆锯机和万能圆锯机。纵剖圆锯机主要用于对木材进行纵向锯解;横截面圆锯机限于对木材进行横向截断。

四、锯板机

随着人造板的大量应用,传统的万能圆锯机无论是加工精度、结构形式以及生产率等都已不能满足生产要求。因此,各种专门用于板材开料的圆锯机——锯板机获得了迅速发展。从生产率较低的手工进给或机械进给的中小型锯板机到生产率和自动化程度均很高的、带有数字程序控制器或由微机优化处理并配以自动装卸料机构的各种大型组合纵横锯板自动生产线,品种及规格繁多。这类锯板机主要用于软硬实木、胶合板、纤维板、刨花板,以及一面或两面贴有薄木、纸、塑料、有色金属的饰面板等板材的纵切横截或成角度的锯切,以获得尺寸符合规格要求的板件;同时,还可以用于各种塑料板、绝缘板、薄铝板和铝型材等的锯切。通常经锯板机锯切后的规格板件尺寸准确,锯切表面平整光滑,无须再做进一步的精加工就可以进入后续工序。

五、削片机

削片机也称为木材切片机,属于木材加工系列设备之一,广泛应用于纺织、造纸、制浆、人造板等行业生产过程中的备料工段。削片机的主要切削原料是剥皮后的小径材、竹材、板皮材及次小薪材余料等。

削片机按机械结构可分为两类:切削刀装在圆盘上的盘式削片机和切削刀装在圆柱形鼓上的鼓式削片机。盘式削片机主要用于切削原木,削出木片质量较好,在制浆造纸厂采用得较多,而鼓式削片机对木料品种适应性广,可用于板皮等各种木料。

盘式削片机分为普通削片机(4~6把刀)、多刀削片机(8~12把刀)和螺旋面削片机三种。这三种削片机喂料方式又有斜口喂料和平口喂料(或称水平喂料)两种。长原木的削片,一般采用平口喂料;短原木和板皮的削片可采用斜口喂料,亦可采用平口喂料。

【知识拓展】

观看本书配套视频资源——800型木材削片机—嵩原机械四种产品。

六、多联带锯机

为提高成材出材率和木材的综合利用率,从20世纪60年代起,许多国家开始研制新型制材设备,出现了双联带锯机、多联带锯机和削片制材联合机等现代化新型机械,并已成为国外不少现代化制材厂的主要生产设备。

多联带锯机大多是由多台单锯条立式带锯机组合而成的。根据组合在一起的锯条数,可分为双联、三联、四联、五联和六联带锯机等多种组合形式。根据各锯条相对于工件的位置又可分为对列式(或称并列式)和纵列式。前者各锯条配置在原木纵向轴线两侧的对称位置上;后者则安置在原木纵向轴线的一侧。多联带锯机各锯条之间的距离可根据所需板材的宽度,按指令自动、快速和准确地调整,是一种新型高效的制材机械。它可以作为主锯机把原木剖成毛方和毛边板或将毛方、厚板材锯剖成较薄的板材。

多联带锯机既具有普通带锯机锯条薄、锯路窄、出材率较高的优点,同时又具有连续进料、一次能完成多道锯口、生产率较高的优点。它的生产率高于一般带锯机,灵活性优于框锯机,成材出材率又好于削片制材联合机,且锯切精度也较高,因而已获得广泛应用,尤其适用于中、小径级软材原木的大批量制材生产。

七、削片制材联合机

削片制材联合机是将削片和锯切合在一起,或以削片代替锯切的一种新型制材设备。它可以将经过剥皮的原木外部不适宜制成成材的部分削制成工艺木片,而对原木中间形成的主料则可再锯切成成材。削片制材联合机主要有四面削片制方机、三面削片裁边机和双面削片裁边机等形式。削片与锯切组合形式主要有四面削片与圆锯机或双联、四联带锯机组合,双面削片与双联带锯机或四联带锯机组合,单面削片与跑车木工带锯机或圆锯机组合等。

实训任务

1. 调研本地区的流通加工产品和企业。选择一种,说明产品流通加工选用的主要设备(3 种以上),了解其工作原理和设备适用条件。

2. 观看本书配套视频——净菜加工生产线。

指出生产线上有哪些设备以及每台设备的作用。

金属加工设备是对流通中的金属材料(钢材、铝材、合金等)进行剪切、折弯、下料、切削加工的机械。混凝土搅拌及输送设备主要包括混凝土搅拌楼(站)、混凝土搅拌运输车、混凝土输送泵车等。在流通中对玻璃进行精加工还需要清洗机、磨边机、雕刻机、烤花机、钻花机、丝网印刷机、钢化和夹层装备、拉丝机、拉管机、分选机、堆剁机、瓶罐检验包装设备、玻璃技工工具、金刚石砂轮等。木材加工设备主要有磨制、压缩木屑机械和集中开木下料机械。

思考与练习

1. 简述流通加工的意义及发展趋势。
2. 金属流通加工设备的使用对机械类产品加工厂有什么意义?
3. 混泥土搅拌站都有哪些设备?在城市建设中混泥土搅拌站有哪些作用?

第十二章 冷链与气调设备

冷链物流是指冷藏、冷冻类商品在生产、贮藏、运输、销售各个环节中始终处于规定的低温环境下,以保证商品质量和性能的一项系统工程。它是随着科学技术的进步,尤其是制冷技术和物流技术的发展而建立起来的。冷链物流的主要技术设备有冷库设备、制冷设备、预冷设备、冷链运输设备、冷链物流管理系统等,本章主要介绍预冷设备及冷库设备,同时基于气调保鲜技术的发展与应用,介绍气调设备。

第一节 预冷设备

一、预冷

(一)预冷的概念

预冷是指农产品(如果蔬)、食品等从初始温度(30 ℃左右)迅速降至所需要的终点温度(0~15 ℃)的过程,即在冷藏运输和高温冷藏之前的冷却以及快速冻结前的快速冷却工序统称为预冷。

为了延长水果、蔬菜的货架期,减少其干耗和流通中的各种损耗,使消费者获得高鲜度、洁净的水果、蔬菜,还必须在工厂进行一系列采收后的加工处理,如挑选、去蒂和叶、清洗预冷、滤水、包装等,因此预冷是不可缺少的环节。

(二)预冷的方法

预冷的方法主要有空气预冷、水预冷、真空预冷等。

空气预冷可分为常规室内预冷、压差预冷、流化床连续预冷或隧道连续预冷等。空气预冷具有空气温湿度易调节,可用于各种食品冷却、冷藏运输,以及设备造价低等优点,但也存在冷却速度慢、冷却不均匀、干耗大等缺点。

水预冷有两种:冷水预冷和冰水预冷。

真空预冷是利用果蔬在低压环境下水分的蒸发,快速吸收果蔬蓄存的田间热量,同时不断去除产生的水蒸气,使果蔬温度得到快速降低。真空预冷可分为间歇式真空预冷、连续式真空预冷、喷雾式真空预冷等。

二、常用的预冷设备

(一)冷库预冷

固定式冷库和移动式冷库均可用于果蔬等农产品预冷,可以利用库内货架,均匀摆放产品,经过一段时间,果蔬的温度与库内温度一致,达到预冷的目的。

(二)真空冷却设备

真空冷却设备主要由真空槽、捕水器、制冷机组、真空泵和测控系统等组成。某些厂家的真空冷却设备中配有喷雾加湿器,可在盘装的鲜肉表面适量、均匀地喷雾加湿。真空冷却时,鲜肉表面水分和盘内残留水分首先得到蒸发,在鲜肉达到冷却温度之前,喷入的水分蒸发完毕。因此,真空冷却鲜肉,操作方便,如果隔夜屠宰生猪,应用真空冷却保鲜,次日就可进入市场销售,使顾客吃到口味更佳的鲜肉。

真空快速预冷机(图12-1)可用于果蔬预冷。将新鲜果蔬置于预冷机真空槽内,随着真空槽压力持续降低,果蔬会因不断、快速地蒸发水分而迅速冷却,通过加温系统可防止果蔬萎软、失鲜。在真空冷却情况下,有效延迟呼吸高峰的到来,有利于产品保鲜。

图12-1 真空快速预冷机

(三)高湿度差压预冷设备

图12-2 高湿度差压预冷设备

高湿度差压预冷设备(图12-2)适用于多种水果、蔬菜及鲜花等含水量高的产品预冷。0 ℃左右的库温和90%以上的湿度,使果蔬在预冷过程中的干耗很小;在对果蔬的预冷运行中不需要专门的化霜装置;压差送风方式能确保在很短的时间内降低温度,且产品内、外温度基本一致;设备外壳采用全玻璃钢制作,外形美观、密封好、强度高、耐腐蚀;采用轴流风机,电动机防护等级IP54,并采用脉冲运行,高效节能;加湿系统使得温度可以根据用户需求调节,并且性能稳定可靠。

(四)真空预冷保鲜系统

真空预冷保鲜系统(图12-3)是集真空预冷、气调、常压储存等多种功能为一体的设备。贮藏箱是一个专用的真空密闭的小型气调库,箱的顶部装有密闭硅橡胶膜作为气体交换窗,起自动调节气体成分的作用,称为硅橡胶窗气调储藏。

真空系统由真空泵、油雾阱、油水分离器、管道、阀门等构成。

制冷系统由盐水冷却器、冷却塔、循环泵、盐水泵、盐水槽、冷阱、管道、阀门等构成。

气调装置由真空容器、气瓶等构成。

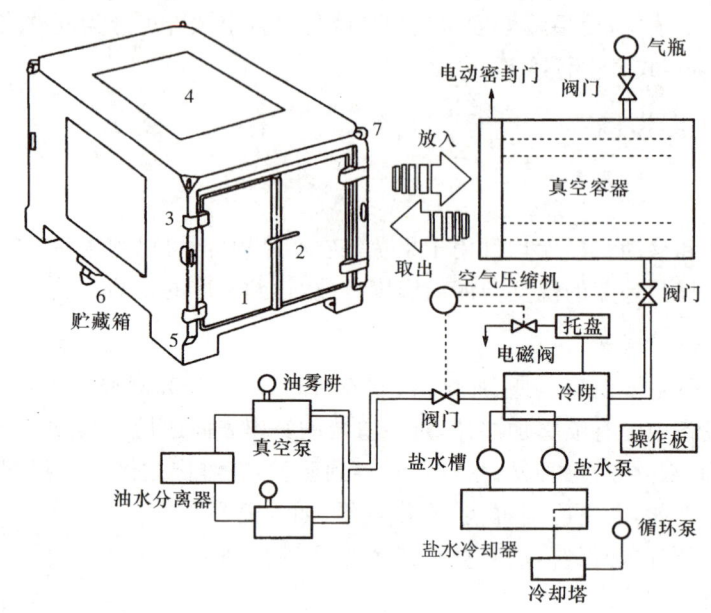

图 12-3 真空预冷保鲜系统结构示意图

1—平开门；2—门锁；3—铰链；4—密闭硅橡胶膜；5—支脚；6—紧固零件；7—起吊连环

第二节 冷库设备

一、冷库

(一)冷库的类型

(1)土建式冷库。国内数万吨级以上的大型冷库,基本采用的是土建式冷库,其建筑一般是多楼层、钢筋混凝土结构,在结构内部再用聚氨酯冷库板组装冷库,或使用聚氨酯喷涂四周的方式建造。

(2)装配式冷库。在国内之前一般用小型拼装冷库,随着钢结构在许多大型建筑中广泛使用,大型的钢结构装配式冷库也在不断建设。大型钢结构装配式冷库柱网跨度大,柱子较小,施工周期短,更适合内部物流设施与设备的规划,如货架布局、站台设备规划、内部物流动线规划等。

(3)库架合一结构。随着货架在物流中心的广泛使用,国外一些大量存储的自动冷库、多层高位货架冷库已大量采用库架合一结构进行建设。同时,在非货架区域配合采用聚氨酯冷库板拼装在钢结构外侧的施工方式,整体建成室外型冷库。库架合一结构由于物流中心内部没有柱网,可以达到单位面积存量最大化及物流动线最顺畅化。

(二)冷库各门组及库板工程

(1)各型门组在冷链物流中心起着至关重要的作用,对冷链物流中心的能耗影响较大。例如,冷冻库使用的电动平移门、封闭式低温站台区使用的滑升门、人员进出门等,都需要足够的保温性能与气密性。此类门组属于低温专业用门。

(2)与门组配套的各型防撞杆。

(3)冷冻、冷藏库建设使用的聚氨酯冷库板、聚苯冷库板也是冷链物流建设的关键材料。

二、冷库设备的组成

虽然每个冷库使用的冷库设备不尽相同,但是其配置大体是由制冷设备系统、管路工程系统、库体工程系统、配电及照明系统等组成的。

(1)制冷设备系统:风冷机组、吊顶冷风机、膨胀阀、电磁阀、制冷剂 R22、减震垫、铝排支吊架、角铁等。

(2)管路工程系统:连接制冷管道、辅材(焊条、铜管配件、支吊架)等。

(3)库体工程系统:墙体保温、平移门(1 200 mm×2 000 mm)等。

(4)配电及照明系统:微电脑控制箱、数显温度控制器、照明灯具(专用三防灯罩)、内外机控制线路及套管、冷库内照明线路及套管等。

三、常用的冷库设备

(一)冷凝器

冷凝器的作用是将压缩机送出的高压高温的制冷剂蒸汽冷凝成液体。冷凝器按其冷却形式可分为三大类型:水冷式、风冷式、蒸发淋水式(图 12-4)。

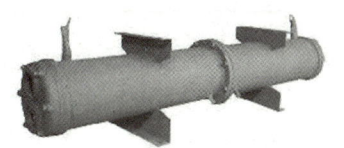
(a)水冷式

(b)风冷式

(c)蒸发淋水式

图 12-4　冷凝器

(1)水冷式以水作为冷却剂。在水冷式冷凝器中,制冷剂放出热量被冷却水带走。冷却水可以一次流过,也可以循环使用。当使用循环水时,需要有冷却塔或冷水池。水冷式有管式冷凝器、套管式冷凝器及螺旋板式冷凝器三种。

(2)风冷式以空气作为冷却剂,即空气冷凝器。制冷系统的高温高压氟利昂从压缩机出来后进入冷凝器中,向冷却介质释放出大量热量,被冷却液化。在风冷式冷凝器中,制冷剂放出的热量被空气带走。它的结构形式主要由若干组铜管所组成,由于空气传热性能很差,故通常都在铜管外增加肋片,以增加空气侧的传热面积,同时采用通风机来加速空气流动,使空气强制对流以提升散热效果。

(3)蒸发淋水式同时以水和空气作为冷却剂,有淋水式冷凝器(空气为自然对流)和蒸发式冷凝器(空气为强制对流)两种。

(二)蒸发器

蒸发器又称为吸热器,是通过液态制冷剂的沸腾汽化使载冷剂或被冷却物体降温的传热设备。蒸发器可分为两类：一类是冷却液体式，用于冷却液体载冷剂，有管壳式蒸发器及各种浸没式蒸发器（如立管式、螺旋管式、蛇管式等）。浸没式蒸发器是将整个换热面浸入盛有载冷剂的槽中，槽内经搅拌，强化换热；另一类是冷却空气式，用于冷却作为载冷剂的空气，又分为管排和冷风机两种。管排由垂直管、水平管或盘管组成，制冷剂在管内沸腾，管外空气做自然对流。冷风机则是由管组与风机组成，使管外空气做强制对流。

（三）制冷机

制冷机是将具有较低温度的被冷却物体的热量转移给环境介质从而获得冷量的机器。从较低温度物体转移的热量习惯上称为冷量。制冷机内参与热力过程变化（能量转换和热量转移）的工质称为制冷剂。制冷的温度范围通常在 120 K 以上，120 K 以下属深低温技术范围。

1. 制冷机的分类

（1）压缩式制冷机依靠压缩机的作用提高制冷剂的压力以实现制冷循环，按制冷剂种类又可分为蒸气压缩式制冷机（以液压蒸发制冷为基础，制冷剂要发生周期性的气—液相变）和气体压缩式制冷机（以高压气体膨胀制冷为基础，制冷剂始终处于气体状态）两种。

（2）吸收式制冷机依靠吸收器—发生器组（热化学压缩器）的作用完成制冷循环，又可分为氨水吸收式、溴化锂吸收式和吸收扩散式三种。

（3）蒸汽喷射式制冷机依靠蒸汽喷射器（喷射式压缩器）的作用完成制冷循环。

（4）半导体制冷器利用半导体的热—电效应制取冷量。

2. 制冷机的主要性能指标

制冷机的主要性能指标有工作温度（对蒸汽压缩式制冷机为蒸发温度和冷凝温度，对气体压缩式制冷机和半导体制冷器为被冷却物体的温度和冷却介质的温度）、制冷量（制冷机单位时间内从被冷却物体移去的热量）、功率或耗热量、制冷系数（衡量压缩式制冷机经济性的指标）以及热力系数（衡量吸收式和蒸汽喷射式制冷机经济性的指标）等。现代制冷机以蒸汽压缩式制冷机应用较广。

四、存储及相关设备

与常温物流中心相同，冷链物流中心内部存储同样需要各型货架或自动化立体系统。在国外，食品类商品不允许直接堆叠在地面，必须使用塑料托盘，使用货架存储。各型货架（从自动化立体仓库使用的超过 20 m 的高位货架，到拆零拣货使用的流力架）在冷链物流中心均有大量使用。与常温货架不同的是，低温库内使用的货架对钢材的材质、载荷、货架的跨度设计均有特殊要求。

为配合存储，满足生鲜食品的特殊要求，冷链物流中心的仓库内会配置臭氧发生器、加湿器等。

知识拓展：各种蔬菜瓜果保鲜冷库的库温及推荐冷藏保鲜时间

> **阅读资料**
>
> **如何确定冷库的温度等参数**
>
> 　　不同冷库的库温设定、所冷藏物品、库容等不一样,但每一种货物对冷库温度要求是一样的,比如海鲜类产品温度就需要在 1~3 ℃,如果温度达不到这个要求,海鲜味道会发生很大变化。储鲜牛奶等乳制品的冷库温度一般要求保持在 2~6 ℃,以防止鲜奶中的微生物"活跃"起来。我国对于乳制品的保鲜冷库通常采用蒸发温度。蒸发温度与库房温度之差一般为 10 ℃,乳制品保鲜冷库的蒸发温度一般为－10~10 ℃,冷藏库为－28 ℃,冻结库为－33 ℃(实际运行中,许多乳制品保鲜冷库的温差在 15 ℃左右)。
>
> 　　虽然这两种冷库温度似乎差距不大,但冷库所需要配置的材料却大不相同,而且在冷库安装成本上差距也相当明显。
>
> 　　不要认为冷库温度越低越好,其实不尽然,不同产品应该选择适合储存的库温,比如蔬菜等就需要在温度稍微高点儿的冷库储存,如果放到超低温冷库中,毫无疑问会出现冻伤,这样对蔬菜也就产生损伤,蔬菜失去本来味道。在建造冷库的时候尽量按照实际情况来判断冷库配置选择,特别是肉类冷库,如果就几天,周转保鲜冷库也能满足其需求(如保鲜冷柜)。按照冷藏库标准配置,一般能储存四五个月的时间。这两种冷库建造费用差别也很大,所以一定要结合企业需求(如产品、市场等)来确定自己究竟需要一个什么样的配置。

第三节　气调设备

　　气调库是人为控制气体中氮气、氧气、二氧化碳、乙烯等成分比例、湿度、温度(冰冻临界点以上)及气压,通过抑制储藏物细胞的呼吸量来延缓其新陈代谢过程,使之处于近休眠状态,而不是细胞死亡状态,从而能够较长时间地保持被储藏物的质地、色泽、口感、营养等基本不变,进而达到长期保鲜的效果。即使被保鲜储藏物脱离开气调保鲜环境后,其细胞生命活动仍将保持自然环境中的正常新陈代谢,不会很快成熟腐败。气调库一般在冷库内安装气调设备而成,可以理解为货物是基于冷链环境下进行气调储存的。

知识拓展:水果冷库中冷藏管理

　　气调库是在果蔬冷库的基础上发展起来的,一方面与果蔬冷库有许多相似之处,另一方面又与果蔬冷库有较大的区别,其主要特点如下:

　　(1)气调库的容积以 30~100 t 为一个开间。

　　(2)因为要在气调库内形成要求的气体成分,并在果蔬贮藏期间较长时间地维持设定的指标,减免库内外气体的渗气交换,所以气调库必须具有良好的气密性。

　　(3)由于气调库是一种密闭式冷库,当库内温度升降时,其气体压力也随之变化,常使库内外形成气压差。为此,通常在气调库上配有平衡袋和安全阀,以使压力限制在设计的

219

安全范围内。

(4)气调库一般应建成单层建筑。果蔬在库内运输、堆码和贮藏时,地面要承受很大的载荷。较大的气调库的建筑高度一般在6 m左右。

气调设备主要包括制氮机、二氧化碳脱除机、乙烯脱除机和加湿器等,其中制氮机利用率较高,所以显得更为重要。

一、制氮机

依据制氮设备的工作原理,可以将其分为3种类型,即吸附分离制氮类型、膜分离制氮类型和燃烧降氧制氮类型。

碳分子筛制氮机与中空纤维膜制氮机比较,前者具有价格较低,配套设备投资较小,单位产气能耗较低,更换吸附剂比更换膜组件便宜,有脱除乙烯功能等优点。而工艺流程相对复杂,占地面积较大,噪声较大,运转稳定性不及中空纤维膜制氮机,这是碳分子筛制氮机的相对弱势。

(一)碳分子筛制氮机

碳分子筛制氮机是根据先进的变压吸附原理,利用碳分子筛对压缩空气进行氮氧分离,专门为食品保鲜行业设计的一种制氮机,可以为食品包装、饮料搅动、果蔬贮存、谷类熏蒸、食品氮气膨化等用途提供干燥、持续的纯净氮气,具有制氮速度快、纯度高、结构紧凑、移动方便、投资省、易维护、微电脑自动控制、节约能源等优点,缺点是设备体积庞大,需要定期更换碳分子筛。碳分子筛制氮机结构及工艺流程如图12-5所示,该设备的核心是碳分子筛(装在吸附塔内),工作时,压缩空气经过过滤和净化后,分别进入两个吸附塔内,两个塔内的碳分子筛交换进行加压吸附和减压解析再生的操作,实现氧气和氮气的分离,获得高纯度的氮气。

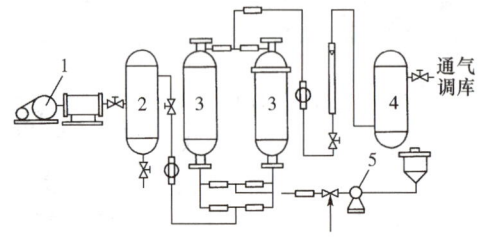

图12-5 碳分子筛制氮机结构及工艺流程

1—空压机;2—除油塔;3—吸附塔;4—储气塔;5—真空泵

(二)中空纤维膜制氮机

中空纤维膜制氮机的结构如图12-6所示。

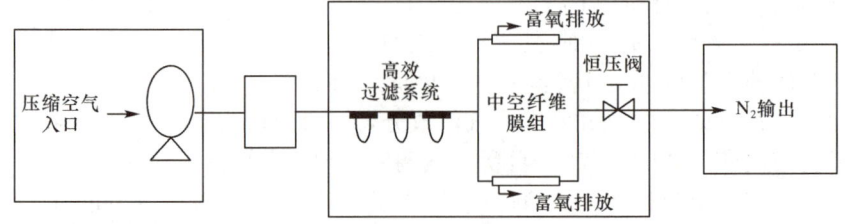

图12-6 中空纤维膜制氮机的结构

二、二氧化碳脱除机

不同蔬菜、水果对氧气和二氧化碳的敏感度不一样,设定参数时须考虑蔬菜、水果自身呼吸作用造成的氧气消耗和二氧化碳增加的情况,一般实现库内气体成分中的氧气含量在3%～5%为宜。适量的二氧化碳含量对果蔬有保护作用,但若二氧化碳浓度含量值过高,将会导致果蔬产品的二氧化碳中毒,产生一系列不良症状,会使产品变质腐烂,造成贮藏损失。

知识拓展:罐式二氧化碳脱除机的选型

采用二氧化碳脱除机能全自动、快速地将二氧化碳浓度降至气调参数要求的合适范围含量。二氧化碳脱除机主要是将库内气体抽到吸附装置中,经处理后,再将达到浓度要求的二氧化碳气体送回库房。

二氧化碳脱除机主要与制氮机等气调库设备配套或单独使用,用以控制气调库中二氧化碳的百分比含量,使库内的果蔬产品处于理想的贮藏条件下。二氧化碳脱除机最为关键的技术是,脱除二氧化碳时应保持库内氧含量的稳定。

该设备的工作原理:利用高效的活性炭吸附二氧化碳,工作一段时间后,当吸附装置达到饱和状态时,须使用空气进行活化再生。

二氧化碳脱除装置分间断式(通常称单罐机)和连续式(通常称双罐机)两种。

三、乙烯脱除机

知识拓展:气调库的乙烯脱除系统应用

脱除乙烯的方法有多种,如水洗法、稀释法、吸附法、化学法等,但被广泛用来脱除乙烯的方法主要有两种:高锰酸钾氧化法和高温催化分解法。前一种方法是用饱和高锰酸钾水溶液浸湿多孔材料(如膨胀珍珠岩、膨胀蛭石、氧化铝、分子筛、碎砖块、泡沫混凝土等),然后将此载体放入库内、包装箱内或闭路循环系统中,利用高锰酸钾的强氧化性将乙烯氧化脱除。这种方法脱除乙烯虽然简单,但脱除效率低,适用于小型或简易贮藏。高温催化分解法的原理是采用光催化剂分解乙烯技术,这种光催化剂可以把含在流动气体中的碳氢化合物(如乙烯)氧化成无害的二氧化碳和水蒸气,同时可杀死浮在空气中的细菌和病原体。其最大优点在于低能耗、无污染、分解彻底,可在低温下分解乙烯,不会造成库温的波动,这种方法主要应用于大中型气调库的建设。

四、加湿器

水混合加湿、超声波加湿和离心雾化加湿是气调库中常见的三种加湿方式,国际上比较流行的是超声波加湿和离心雾化加湿。

(一)超声波加湿器

超声波加湿器采用超声波高频震荡,将水雾化为1～5 μm 的微小颗粒,通过风动装置,将水雾扩散到空气中,使空气湿润并伴生丰富的负氧离子,能清新空气,增进健康,一改冬季暖气的燥热,营造舒适的生活环境。

超声波加湿器对水的纯净度要求很高,水必须经过软化处理。

果蔬保鲜加湿器是超声波加湿器的一种应用机型（图12-7），其工作原理是利用雾化振子将电能转换成机械能，雾化器有压电陶瓷固有超声波振荡特点，通过一定的振荡电路手段与压电陶瓷固有振荡频率产生共振，向水中发射1.7 MHz超声波，就能直接将与压电陶瓷接触的液体雾化成1～5 μm的微小颗粒。将水抛离水面而产生自然飘逸的水雾并吹出机外，不需要加热或化学剂而产生微小水雾颗粒漂浮于空气中，从而达到等焓加湿空气的目的。

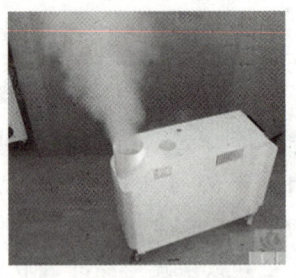

图 12-7 果蔬保鲜加湿器

（二）离心雾化加湿器

离心雾化加湿器的工作原理是离心式转盘在电动机作用下高速转动，将水强力甩出，打在雾化盘上并再一次经由雾化盘边缘的雾化格栅，破碎成细微水粒，把自来水雾化成5～10 μm的微小颗粒后喷射出去。吹到空气中后，通过空气与水微粒热湿交换，达到空气充分加湿和降温的目的。离心雾化加湿器可吊挂、壁挂、墙挂穿孔等随意设置安装，不占用工作场地，安全可靠。离心雾化加湿器的显著特点是经久耐用，加湿量大，能耗低，一般不需维修及更换配件。

知识拓展：气调保鲜库降氧方式

实训任务

1. 参观本地的一家冷库企业，了解冷库设备系统构成与特点。
2. 学习冷库安全管理制度。
3. 气调保鲜库降氧操作。
4. 气调库的乙烯脱除系统应用。
5. 罐式二氧化碳脱除机的选型。

关键概念提要

预冷机、冷库、气调库、制冷机、制氮机、加湿器等。

思考与练习

1. 简述真空冷却设备的构成及作用。
2. 冷库的建筑有哪些类型？
3. 气调库建筑与冷库建筑有何区别？
4. 简述碳分子筛制氮机的工作原理。

第五篇

物流信息技术设施与设备

 知识和技能目标

掌握条码设备的技术特征和选型原则,掌握无线射频设备的基本结构和技术性能,了解GPS设备的基本结构特点的运用,掌握POS机的功能、类型。了解和学习北斗卫星导航知识、AI技术知识和物联网技术知识。

 素质目标

培养对于卫星导航技术开发和应用的认知,增强民族自豪感和民族自信。通过对AI技术和互联网技术知识的认知,了解中国应急物流发展现状和未来发展趋势。

 导入案例

智能物流仓储管理系统应用

仓储管理广泛应用于各个行业,设计及建立整套的仓储管理流程,提高仓储周转率,减少运营资金的占用,使冻结的资产变成现金,降低由于仓储淘汰所造成的成本,是为企业提高生产率的重要环节。

仓储管理系统通常使用条码标签或是人工仓储管理单据等方式,这些管理方式有着明显的缺点:

条码管理:易复制,不防污,不防潮,而且只能近距离读取。

人工录入:工作繁杂,数据量大易出错,增加仓储环节人工成本。

手工盘点工作量大,导致盘点周期长,货物缺失或被偷盗不能及时发现。

一、无线射频识别(RFID)技术

无线射频识别(RFID)技术的引入,使得企业仓储管理变得透明且工作效率更高:将电子标签封装在条形码标签内,贴在每个货物的包装或托盘上,在标签中写入货物的具体资料、存放位置等信息;同时在货物进、出仓库时可写入送达方的详细资料,在仓库设置固定式或手持式阅读器,以辨识、监测货物流通。其优点主要有:

1. 人工可降低20%～30%。
2. 99%的仓库货物可视化,降低缺失风险。
3. 改良的供应链管理将节约20%～25%的工作服务时间。
4. 提高仓储信息的准确性与可靠性。
5. 高效、准确的数据采集,提高作业效率。
6. 入库、出库数据自动采集,减少人为失误。
7. 降低企业仓储物流成本。

在物流自动化技术高速发展的今天,借助RFID快速扫描、无障碍阅读等特点,可以快速、准确地进行数据采集和处理,实现仓库的标准化和高效化运营;实现快速查货、找货,堆存直观,科学合理;通过先进的网络技术,实现入库、出库、库存等管理信息在企业运营过程中的实时共享;方便企业对货物进行监管;方便仓库对货物进行入库、出库、盘点、拣货操作;方便企业了解货物在仓库的情况。

二、需求分析

1. 实现办公用品出入库的实时监控和管理。
2. 实现人员出入库的实时监控和管理。
3. 实现办公用品的库存状态管理。

三、仓储管理系统的功能

1. 物品入库

采购在和商家确定购物清单后,将清单传一份给库管,库管根据清单,可以充分利用

时间提前写入标签,此时标签状态为未入库。当物品送到仓库门口,库管拿已写好的标签用手持机扫描,找到对应的物品,贴上标签,同时信息自动上传到管理软件,等所有物品全部确认无误后,放入货架,完成入库程序,同时管理软件中标签状态改变为入库。

2. 领取物品

员工到库房,找到库管读取员工卡,管理软件记录读卡时间并显示员工已领取物品数量,是否有权限再次领取。库管在管理软件中查看该物品库存状态、位置。库管配好所需要物品后拿手持机扫描,物品自动登记到该员工信息中,员工拿物品出库,同时管理软件记录时间并将库存状态改变为已出库。确保出库物品无误,也能让库管详细了解每次出库物品的种类和数量,直接上传而不用像以前那样去人工清点和在电脑上登记。

3. 库存盘点

库管打印现有库存表,到各库区拿手持机经过物品时,自动扫描物品信息,手持机显示并自动上传到管理软件,扫描完后比对物品数量是否一致,库管做相应处理。在做到准确的同时减少了盘点库存人员的工作量,缩短盘点时间,提高效率。

4. 辅助防盗

仓库门口装一台固定式读卡器,当有物品出库时,如果物品的状态信息是入库,此物品不应该出现在库房之外,存在被盗拿的可能,此时管理软件自动弹出警告信息,提示管理人员。如果物品的状态信息是已出库,则忽略此信息。

以上行为管理软件自动生成日志,可以每月打印和报表一起提供给管理层查阅。

【案例思考】

该仓储管理系统有哪些优点?

第十三章 物流信息技术设备

第一节 条码技术设备及应用

物流信息是现代物流的核心,是物流现代化的重要标志。条码识别具有快速、准确、易于操作的特点,被广泛应用于物流领域的入库、出库、上架、分拣、运输、仓储管理等过程。

一、条码设备系统

(一)条码的概念

条码是由一组宽度不同、反射率不同的条和空按照规定的编码规则组合起来,用以表示一组数据的符号,可以用来表示一定的信息。

条码的制作、识别都非常简单,但所包含的信息量非常大,特别是二维条码。条码信息采集速度快,自动化程度高,可靠性好,因此广泛应用于商品标识、货位管理等领域。

条码可分为一维条码和二维条码。一维条码即我们常说的传统条码。一维条码按照应用可分为商品条码和物流条码。商品条码包括 EAN 码和 UPC 码,物流条码包括 128 码、ITF 码、39 码、库德巴码等。二维条码根据构成原理和结构形状的差异,可分为两大类型:一类是行排式二维条码,如 Code 49、PDF 417、Code 16K 等;另一类是矩阵式二维条码,如 Datamatrix、Maxicode、QR Code 等。

(二)条码识别系统的组成

条码识别系统由扫描系统、信号整形、译码三部分组成,扫描系统由光学系统及探测器(光电转换器)组成,信号整形部分由信号放大、滤波和波形整形组成,译码部分则由译码器及通信部分组成,如图 13-1 所示。

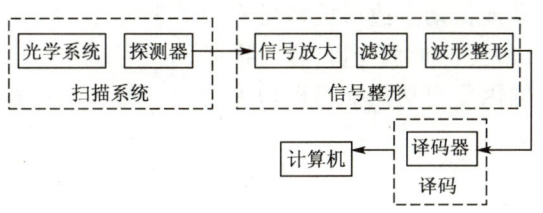

图 13-1 条码识别系统的组成

二、条码识读设备

(一)条码识读设备的概念

条码识读设备是指具有条码符号识读功能的设备。条码识读设备一般都配有专用的光源,光线经发射返回到光电转换器上,转变为电信号,并经过编码器最终转变为人可以识读的数字信息。

(二)常用的条码识读设备

1. 光电扫描器的结构原理

光电扫描器的结构如图 13-2 所示。这种扫描器的光束是相对固定的,靠手动接触条码符号才能进行扫描动作。由于扫描器的光学系统设计都有一定的扫描景深,因而允许使用透明薄膜保护条码符号。从图 13-2 可以理解条码的识别原理:不同颜色的物体,反射可见光的波长不同,经过光电转换器转换成相应的电信号,经过滤波整形后,模拟电信号转换为数字电信号,经由译码器转换为数字、字符信息,再送往计算机进行处理。

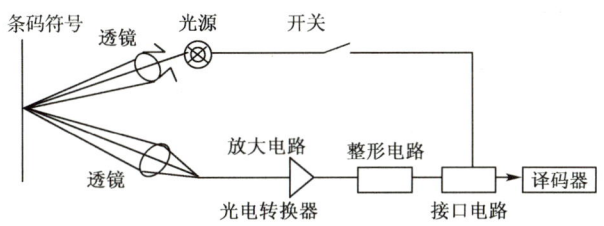

图 13-2 光电扫描器的结构

2. 几种常用的光电扫描器

光电扫描器没有固定的自动移动机构,光束相对于它的物理基座是固定的,扫描动作是靠操作者手动来实现的。

(1)手持固定光束非接触式扫描器。这种扫描器也是靠手动实现扫描的,其扫描光束相对于它的物理基座是固定的。在扫描时,扫描器不直接与条码符号接触,而是与条码符号有一定的距离,因而特别适合于软体物品或表面不平物品上的条码符号的扫描,同时也能对具有较厚保护膜的条码符号进行扫描。由于这种扫描器受扫描景深的限制,操作者在使用时必须使扫描器与被扫描的条码符号保持在一定的距离范围内。为便于操作,通常将这种扫描器设计成手枪形,如图 13-3 所示。这种扫描器可装有阅读成功指示器,如 15D 指示灯或微型蜂鸣器。每次扫描后,操作者都可以通过指示器是否发出提示信号来判断扫描是否成功。

(2)手持移动光束扫描器。这种扫描器一般采用非接触式,扫描动力由扫描器内装的机电系统提供,通过转动或振动多边形棱镜反光装置实现自动扫描。扫描频率每秒40次左右。这种扫描器的外形类似于手枪,只要对准条码符号就可以实现自动扫描。它的扫描首读率和精度较高,原因是自动扫描器机构可在快速的多次扫描中选择一个正确的结果作为扫描的最终结果。

如图 13-4 所示的 A268 激光条形码扫描器,连接简单方便,识读能力强,性能稳定,被应用于工厂、商业 POS 系统、图书馆、保险等多个领域。

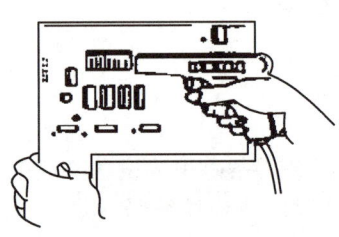
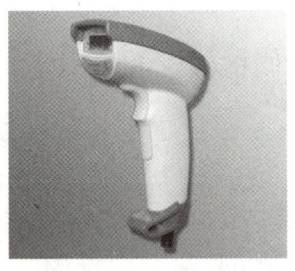

图 13-3　手持固定光束非接触式扫描器　　　　图 13-4　A268 激光条形码扫描器

(3)固定安装固定光束扫描器。这是一种安装在某一固定位置的扫描器,一般采用非接触式扫描。它的光束相对于物理机座是固定的,操作方式是利用条码符号相对于扫描器的相对运动来实现扫描。由于它是非接触扫描,因而具有一定的工作距离和扫描景深。对于被扫描的条码符号必须在有效的扫描景深和距离范围内从扫描窗口前移动,才能有效地实现扫描。固定安装固定光束扫描器(图 13-5)常用于自动流水线上,用来扫描传送带上运动的物品。在这种工作条件下,由于扫描机会只有一次,因而要求首读率高。

(4)固定安装移动光束扫描器。这种扫描器安装在固定的位置上,其工作方式类似于手持移动光束非接触式扫描器,扫描动作由其内部的机电系统提供。它通常是利用转动或振动多边形棱镜反光装置而实现自动扫描的。扫描频率一般为每秒 40 次左右。这种扫描器常用于无人操作的环境中,用来对流水生产线和自动传送带上的物品进行分类或对数据进行自动采集。它通过扫描器内扫描机构的高速运动实现对条码符号的扫描,如图 13-6 所示。这种扫描器的扫描光束可以横向扫描,也可以纵向扫描。当条码符号采用"栅栏式"印刷时,进行横向扫描,如图 13-7(a)所示;当条码符号采用"阶梯式"印刷时,进行纵向扫描,如图 13-7(b)所示。由于这种扫描器扫描速度高,以及存在着一定的扫描距离范围和景深,因而限制了条码符号的长度,并且需要配备专用的解码电路。在这种扫描器前边,通常安装一个光电感应器,如图 13-8 所示。当光电感应器测到有运动过来的物品时,便能触发扫描器工作,直到扫描成功或内部计时器关闭电路为止。

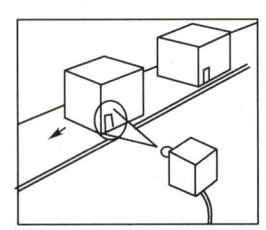

图 13-5　固定安装固定光束扫描器　　　　图 13-6　固定安装移动光束扫描器

(a)栅栏式

(b)阶梯式

图 13-7　栅栏式条码和阶梯式条码

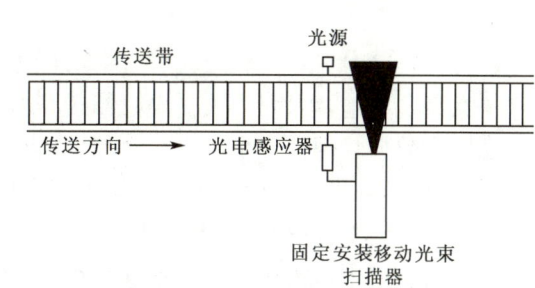

图 13-8　在自动传送系统中光电感应器的设置

（5）CCD 扫描器。这种扫描器与前面介绍的几种扫描器的扫描机理不同，其主要区别是采用了 CCD——电荷耦合装置。CCD 元件是一种电子自动扫描的光电转换器，也叫 CCD 图像感应器，它是可以代替移动光束的感应器。

MS320 长距 CCD 移动式扫描器（图 13-9）的性能与激光扫描器相当，是手持式扫描器，可读取常用一维条码及二维条码 PDF417，可运用在商场自动化、物流仓储管理、EMS 窗口收发、产线追踪、卖场即时管理、货物追踪、文件追踪等方面。8600 固定式 CCD 线型扫描器（图 13-10）是采用 CCD 线型光源的固定式一维条码扫描器，体积小，扫描速度快，是应用于生产流水线、自动分拣系统、仓储系统的条码扫描设备。其特征是固定式 CCD 线型光源扫描，扫描速度为 500 回/秒，读取距离为 2.5～4.5 cm。

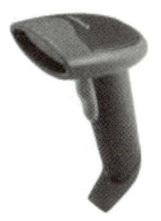

图 13-9　MS320 长距 CCD 移动式扫描器

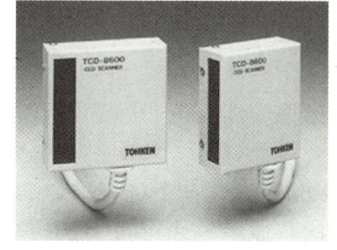

图 13-10　8600 固定式 CCD 线型扫描器

三、无线射频识别技术

（一）无线射频识别技术的概念和分类

无线射频识别（Radio Frequency Identification，RFID）技术的基本原理是利用空间电磁感应或者电磁传播进行通信，以达到自动识别目标信息的目的，其作用是利用无线射频方式进行非接触双向通信，以达到识别和交换数据的目的。

根据 RFID 系统完成的功能不同，可以粗略地把 RFID 系统分成四种类型：EAS 系统、便携式数据采集系统、网络系统、定位系统。

（1）电子商品防盗（Electronic Article Surveillance，EAS）系统是一种设置在需要控制物品出入的门口的 RFID 技术。这种技术的典型应用场合是商店、图书馆、数据中心等，当未被授权的人从这些地方非法取走物品时，EAS 系统会发出警告。典型的 EAS 系统一般由附着在物品上的电子标签、电子标签灭活装置、监视器组成。

（2）便携式数据采集系统是使用带有 RFID 阅读器的手持式数据采集器采集 RFID 标签上的数据。这种系统具有比较大的灵活性，适用于不宜安装固定式 RFID 系统的应用环境。

(3)网络系统是指在物流控制系统中,RFID阅读器分散布置在给定的区域并与数据管理信息系统相连,当物品、人流经过阅读器时,阅读器会自动扫描标签上的信息并把数据信息输入数据管理信息系统进行存储、分析、处理。

(4)定位系统用于自动化加工系统中的定位以及对车辆、轮船等进行运行定位支持。

(二)无线射频识别技术的特点

无线射频识别技术属于无接触式识别,最大识别距离可以达到几十米,使用方便,同时可以识别高速运动物体。无线射频识别技术采用无线电波来传递信息,因此不受非金属障碍物影响,没有传输屏障,其特点如下:

(1)识别效率高。无线射频识别技术可以同时识别多个标签。

(2)体积小。标签可以制作得很小,且形状不受限制。

(3)可靠性好。无线射频识别设备可使用几十年,而且对外界环境干扰不敏感。

(4)存储量大。标签的存储量以兆字节为基本单位,且可以更新,适合数据容量大且信息需要变更的情况。

(5)准确性好。无线射频识别设备的信息读取精度高、误差小。

(6)安全性好。标签的存储信息可以进行保密,难以伪造。

(三)无线射频识别设备

1. 无线射频识别设备的组成

(1)阅读器

阅读器也称为读写器,是联系标签以及数据管理系统的接口,其主要作用是完成标签信息读出或者写入,阅读器和计算机之间可以通过标准接口进行通信。阅读器具有防冲撞功能,能一次性读取多个标签信息,并具有纠错功能,对标签信息进行校验。

阅读器按照使用方式可以分为以下几种:①固定式阅读器具有识别率高、识别距离远的特点,适用于使用地点相对固定、频率高的场合。②手持式阅读器是一种便携式的识别装置,自身具有信息处理功能,一般配有显示装置和操作键盘,可完成信息处理任务,适用于盘点、拣选等作业。手持式阅读器可以和计算机相连,并可以集成条码扫描功能,形成复合式识别装置。③读卡器主要用于射频卡的识别操作,具有发射功率小、识别距离短的特点,可用于公共交通缴费等场合。

阅读器按照使用环境还可以分为商用读卡器、工用读卡器以及军用读卡器等。

(2)标签

标签是信息的载体,一般情况下是由标签天线和标签芯片构成的,可以完成信息的发射、传输和存储。标签内的存储信息还可以进行修改、编程,便于进行信息管理。标签的外形很小,而且外形可以任意改变,适合印制在包装上,使用非常方便。

2. 无线射频识别设备的选型

无线射频识别设备在选型时应该重点考虑以下技术参数。

(1)识别距离。在物流管理中,识别距离越大,使用越方便,比如车辆的运输管理,在无线射频识别系统中可以通过选配天线扩大识别距离。

(2)存储容量。识别标签的存储容量越大,可存储的货物的信息就越多,越方便进行管理。

(3) 通信性能。无线射频识别的实质是数据的传递,因此必须保证通信的可靠性,要选择合理的通信模式,以保证一定的数据传输速度,满足实际使用需要。

(4) 最大识别数量。最大识别数量是指一次可以最多识别的标签数量,最大识别数量直接影响识别的效率。

(5) 能量供应模式。无线射频识别设备按照能源形式分类可以分为有源系统、无源系统以及半有源系统。有源系统由内部电池供电,系统识别距离长,但体积大、成本高;无源系统体积小、质量轻、寿命长、成本低廉,但是识别距离短;半有源系统标签带有电池,但是只限于标签内部电路使用,并不用于标签发射识别信号。

(6) 标准化。在选用无线射频识别设备的时候,应尽量选用同一标准,便于系统集成。

(7) 系统性。无线射频识别设备的应用必须考虑整个系统的情况,是否能够和物流系统中的其他环节相结合,否则系统无法形成一个有机的整体,比如,库存管理中的自动化系统必须考虑和机械设备、信息管理系统的配合。

(8) 经济性。无线射频识别设备在使用过程中必须综合考虑经济性、效率等方面的因素,才能确定最优的方案。

(四) 无线射频识别技术的应用

无线射频识别技术被广泛应用于工业自动化、商用自动化、交通运输控制管理等众多领域,如流水线自动化、邮政分拣、超市货物管理、仓储管理、车辆防盗等。

1. 商用应用

利用无线射频识别技术可以实现机动结算,顾客可以通过设置的固定识别设备直接确定购买商品的总额,而不必采用专用的条码扫描设备,极大地提高了工作效率。

2. 运输管理

无线射频识别乘车卡具有交易便捷、快速通过、可靠性高的特点,在高速公路利用无线射频识别技术可以实现自动收费。

RFID 智能交通管理的工作原理是:在系统工作过程中,读卡器首先通过天线发送加密数据载波信号到 RFID 汽车标签,标签的发射天线工作区域被激活,同时将加密的载有目标识别码的高频加密载波信号采用某种调制方式经卡内高频发射模块发射出去,接收天线接收到射频卡发来的载波信号,经读卡器接收处理后,提取出目标识别码送至计算机,完成预设的系统功能和自动识别,实现目标的自动化管理。在 RFID 智能交通管理系统中,RFID 标签可安装在汽车内部的仪表盘上,在一级公路上可以在不减速、不停车的情况下使用。经过国内测试,RFID 智能交通管理系统的数据传输速率可以达到 300 千比特/秒,标签移动速度(车速)可以达到 300 公里/小时。读卡器还可直接安装在各个站台或交通流量大的路口,并通过全球移动通信系统(GSM)用通用无线分组业务(GPRS)方式或短信通信方式传输到公交信息中心。为避免多辆公交车同时经过站台附近或路口时可能形成的径向干扰,造成相移,影响天线对信号的接收,在部分流量大的站台和地点,可考虑将天线埋地。

3. 仓储管理

利用带有无线射频识别功能的读卡器可获得 RFID 标签的数据,并可把数据暂时存放或者直接传送给信息管理系统,用此项技术可以实现仓库的高效管理,有效地解决货物的动态信息管理问题,实现存取货物和库存盘点的自动化,增强作业的准确性和快捷性,提高管理质量,降低劳动强度。

(1)人工移动作业。当需要指定物品并完成一系列作业时,由移动 RFID 读卡器和移动电脑配合组成一套移动作业平台,可同时对 RFID 标签读写和对条码扫描,并进行相应的处理、存储和通信。可与外设系统构建成面向不同应用的个域网(PAN)、局域网(LAN)和广域网(WAN)。

(2)RFID 应用于托盘包装工作站时,托盘包装工作站上安装的 RFID 读卡器,需要及时地识别和分类托盘上的货物,并将其与 RFID 标识的托盘联系起来。

(3)RFID 应用于叉车移动作业时,由 Intermec IF4 固定式 RFID 读卡器和 Intermec CV60 车载电脑构成的移动作业平台,可以读写托盘货物的 RFID 标签。

(4)仓库发货时,在托盘进出货车车厢和集装箱时,其金属箱体对无线电波有较强反射,严重影响到 RFID 标签的识读效果和准确性。智能化的 RFID 读卡器提供的由四个天线接口组成的扫描隧道,可有效地提高识读效果和准确性。

4. 传送带运输及货物分拣

对传送带上的货物进行分拣,需要用多天线构成的 RFID 扫描隧道,以提高首读率。同时,RFID 读卡器需要接入传送带或其他控制主机。可重复使用的 RFID 标签和读卡器构成经济、高效的 RFID 系统。

5. 定位跟踪系统

RFID 标签可以存储信息,可以实现商品的信息化管理,对于危险品或者集装箱等通过自动识别可以跟踪记录其运输过程以及使用情况,便于管理。

6. 军事物流

RFID 接收转发装置通常安装在运输线的一些检查点上(如门柱上、桥墩旁等)以及仓库、车站、码头、机场等关键地点。接收转发装置收到 RFID 标签信息后,连通接收地的位置信息,上传至通信卫星,再由通信卫星传给运输调度中心,送入中心信息数据库中。

第二节　POS 设备及应用

一、POS 机概述

(一)POS 机的概念

POS 是英文 Point of Sale 的缩写,是指销售点终端,它是配有条码或 OCR 码的终端阅读器,也称为收银机、收款机、电子收款机。POS 机广泛用于零售业和服务业的交易处理和记录,如在银行、百货商店、超市、医院、药店、娱乐等产生消费的场所都需要用到 POS 机。

(二)POS 机的特点

(1)效率高。POS 机是一种典型的专用设备,为提高效率采用了专用的外设,比如收银设备等,以提高操作效率。

(2)功能全面。POS 机不但具有信息采集功能,还可以对录入的信息进行存储和处理,比如完成货物初步的数量和价格统计,并可以将数据传输给物流管理系统,作为决策分析的原始基础数据,还可以实现电子货币的实时转账。

(3)专用性。POS 机与普通计算机的结构相似,但是为了提高工作效率、降低成本,只能作为简单的终端使用,因此具有很强的专用性。

(4)适应性强。POS 机可与多种设备相连接,还可以采用联网结构,所以系统的适应性强。

(5)使用方便。POS 机是开放的系统,组件是相对独立的,所以使用相当方便。

(6)经济性好。POS 机价格比较低廉,性价比高。

(三)POS 机的功能

1. 结算功能

POS 机具有商品的结算功能。使用 POS 机进行收款可以使用现金、信用卡、购物券、会员卡等多种方式。POS 机使用简单方便:具有重复商品输入、增加商品输入等多种信息输入方式,可以实现大量同种货物信息的快速输入;可以实现销售信息的合计和小计操作;折扣输入分折扣额,且可以多次进行;可以实现收款信息的在线接收及新增加商品的接收,并可以提供与销售有关的报告。

2. 盘点功能

POS 机可以实现盘点功能。在停业盘点时,可以利用条码识别设备读入商品信息,或者输入商品编码找到商品,然后可以统计相应的商品数量,并将信息传递给仓库管理系统,进行盘点作业。

3. 到货确认功能

当商品入店时,POS 机可以实现到货输入的功能,可以利用条码识别设备读入商品信息,然后输入商品数量,POS 机将这些数据传到后台进行到货处理。

二、POS 机的基本组成

POS 机的基本组成包括主机与外部设备,其中,主机的结构和普通电子计算机类似,POS 机的主要外部设备包括票据打印机、顾客显示屏、显示器、专用机箱、编程键盘、条码识别设备、磁卡阅读器、收银钱箱等。

(一)票据打印机

票据打印机是打印收款小票的打印设备,由于收款小票打印内容简单,打印质量要求不高,且颜色种类单一,因而只对打印速度有一定的要求。目前使用的主要是针式打印机和热敏式打印机两种:针式打印机与常用的计算机打印机设备原理相同;热敏式打印机小巧轻便,易装纸,结构合理,使用维护简便,打印质量高,低噪声高速打印,内置数据缓冲器(打印时可以接收打印数据),具有过高温度时自动中断打印的保护功能,同时能够提供串口、并口的选择,功耗小,运行成本低。

(二)顾客显示屏

顾客显示屏是顾客观察相关信息的显示设备。由于 POS 机只要求显示价格、数量等常用信息,因而没有图形显示要求,对显示面积也没有特殊要求。常用顾客显示屏一般由真空荧光显示屏(VFD)显示,并提供多谢惠顾、动态线、单价、总计、收款、找零等多种中文彩色字符显示,可接收指令后向收银钱箱输出驱动指令,打开收银钱箱,并可以上下、前后、左右调节,为顾客提供舒适的视觉角度,适合商场、超市、医院、机场、车站、银行等收费窗口使用。

(三)识别设备

(1)条码识别设备。POS机常用的条码识别设备有激光或CCD型手持条码阅读器和激光卧式条码阅读器两种,对于作业不频繁的场合可以选用成本较低的激光或CCD型手持条码阅读器。

(2)磁卡阅读器。用于读取磁卡上的信息,可以实现实时查询。磁卡阅读器可读两轨或三轨的数据。

(3)IC卡机或IC卡阅读器。IC卡机可以记录信息,并且可以实时修改信息;IC卡阅读器可以读入卡上的信息,并将新的信息写到IC卡上,或利用IC卡存储的运算方式进行运算。

(4)与银行联网的授权机。通过读入由银行发行的各种信用卡的卡号,实时查询银行系统,以得到银行的授权。

(四)通信设备

通信设备是实现POS机与外部设备信息通信的设备,目前主要是通过网络实现,常用的通信设备包括通信卡、调制解调器以及无线网络设备等。

三、POS机的配置

POS机形式多样,要结合具体的使用情况进行选择,应重点考虑以下几个因素。

(一)功能

随着技术的进步,POS机的功能越来越全面,比如验货功能等,但是功能强的POS机其价格比较昂贵,因此要根据实际需要选择合理的设备。小型超市完全可以采用成本比较低的手持式激光条码识别设备,且无须配有磁卡识别设备。

(二)效率

POS机主要作为使用频率比较高的结算终端使用,只有较高的作业效率才能满足使用要求,比如条码识别效率。在大型的超市一般都采用固定式的全方位条码扫描设备,以减轻劳动强度,提高作业的自动化程度,以提高效率。

(三)接口类型

POS机与普通计算机类似,有多个外设接口,因此在选择时要注意接口类型,特别是键盘、打印设备以及网络通信设备与主机之间的接口。

(四)信息处理能力

信息处理能力除考虑处理速度外,还应重视信息处理的功能类型,为适应现代物流一体化发展趋势,POS机除具备传统的总额结算功能外,还应具有简单的统计功能,便于管理者了解整个系统的运作情况,为合理决策提供有力的参考依据。

（五）安全性

POS 机的安全性包括现金的安全以及信息的安全两个方面的内容。POS 机有专用的钱箱,并用钥匙控制,一般分为普通收银员级、收银主管级、经理级、系统操作员级,每个级别都有不同的权限。

四、POS 终端的类型

POS 终端分为三种类型:简易授权型专用终端、转账终端和收银式 POS。

（一）简易授权型专用终端

简易授权型专用终端包括读卡器、键盘、显示器和内置调制解调器等,起沟通银行主机和持卡人的作用。这种终端操作简单,能有效防止人工输入,自动查找黑名单;通过自动拨号即可将磁卡上的资料及键盘输入的金额送往银行主机,银行主机处理后授权进行交易,通过联机方式提高系统的可靠性和保密性。实际上,持卡人和特约商户是通过这种类型的终端直接跟银行主机进行交易,POS 终端主要起到信息传输的作用,所以这种终端重点在其网络部分。

（二）转账终端

转账终端除用作信用卡授权以外,还具有查询余额、转账、冲正、清算等多种功能。转账终端一般带有密码键盘和收据打印机,比起授权终端,保密性和灵活性提高了许多。

（三）收银式 POS

如图 13-11 所示为 POS 收银系统框架。

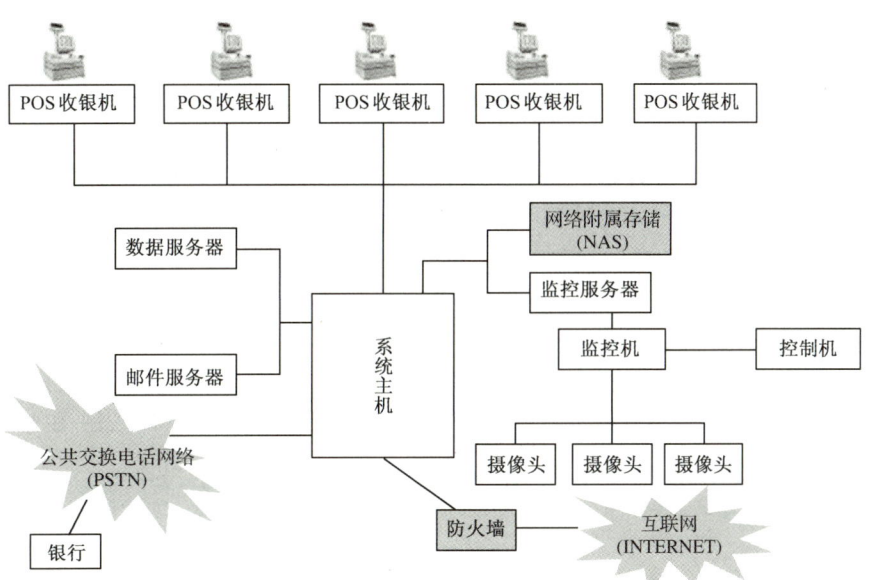

图 13-11　POS 收银系统框架

以上三种类型的 POS 终端,从简易授权型到收银式,结构越来越复杂,功能也越来越齐全,反映了 POS 发展的一个趋势。同时,随着 POS 终端提供功能的增多,用户购物消费将更加方便。

五、POS 系统的构成与应用

POS 系统一般包括三部分，即银行主机、通信网络和金融终端。

典型的 POS 系统的结构是：多台主机利用网络相互连接，众多的 POS 终端直接或通过网络连到主机上，主机放在银行内，存放用户和商户的账目。用户通过设在商户中的 POS 终端进行交易。主机接到 POS 终端传来的信息后，检查账号的合法性，是否超过有效期，要求的授权额是否超过可授权限额等。如发现问题，主机发送相应错误信息到 POS 终端；如检查通过，主机修改账户文件的授权限额（或账户余额），将回答码回送至 POS 终端。这个过程不论授权成功与否，主机自动记录授权、交易情况，以备查询。

从计算机应用的角度来看，这种 POS 授权系统是一种实时信息交换系统；而从银行业务的角度来看，POS 授权系统是电子化的支付系统。

有的大型商户在构建系统时，POS 终端并不直接与银行主机或金融网相连，而是先在商户内部自成网络系统，再与银行主机或金融网相接。这样构成的系统，融电子资金转账与商店管理于一体，既可通过金融网对持卡用户授权，又可收集用户信息，进行进货、销售、库存、财务等方面的管理，供决策者使用，可以大大提高商户自动化水平，从而提高效率，增强商户的竞争力。同时，商户通过自己的网络系统对交易做预处理，等金融网空闲时再成批地与银行主机进行资金清算（批处理），这样既提高了交易效率，又缓解了金融网因拥挤而造成的压力。在这种系统中，POS 终端不仅充当信用授权的角色，还具有数据处理能力，真正发挥了 POS 系统的潜力。

根据商户自动化水平、银行金融网的发展状况以及用途的不同，POS 系统的构成方式多种多样，典型的有独立型和联机型两种方式。

1. 独立型 POS 系统

独立型 POS 系统由 POS 终端和外围设备构成。这种 POS 系统用在商户自动化程度低的场合，只是起到电子收款机的作用。用户将现金或支票交给收款人，收款人通过 POS 机打印一个收款凭据交给用户作为收费完成的标志。用户也可以持信用卡进行一定限额的消费。每天 POS 终端将当天交易的流水账打印出来，报告给商户和银行对账，进行清算。这种 POS 系统的功能非常有限，不能充分发挥作用，严格地说，这种构成方式甚至不能称为系统。

2. 联机型 POS 系统

联机型 POS 系统是一种销售点电子资金转账服务系统，它是指利用银行、商业网点或特约商户的信用卡授权机，由银行计算机通过公用数据交换网构成的电子转账服务系统，其功能是使持卡人在指定销售点购物或消费后，通过电子扣款或信用记账。

第三节 GPS 和 GIS 设施与设备

一、GPS 设施与设备

（一）GPS 概述

1. GPS 的概念

全球定位系统（Global Positioning System，GPS）是美国从 20 世纪 70 年代开始研

制,历时 20 余年,耗资 200 亿美元,于 1994 年全面建成,具有在海、陆、空进行全方位实时三维导航与定位能力的新一代卫星导航与定位系统。

全球定位系统是利用导航卫星进行测时和测距,使地球上的任何用户都能确定自己所处的方位,是由一系列卫星组成的,它们 24 小时提供高精度的世界范围的定位和导航信息。全球定位系统具有性能好、精度高、应用广的特点。随着全球定位系统的不断改进,硬件、软件的不断完善,其应用领域已深入人们的日常生活。

2. GPS 的特点

(1)全球、全天候工作。GPS 能够为用户在全球范围内提供连续实时的三维位置、三维速度和精密时间服务,不受天气、地点的影响。

(2)定位精度高。单机定位精度优于 10 m,采用差分定位,精度可达厘米级和毫米级。

(3)自动化程度高。GPS 是在计算机集中控制下工作,不需人工干预,自动化程度高。

(4)功能多、应用广。随着人们对 GPS 认识的加深,GPS 应用领域不断扩大,已经成功用于大地测量、工程测量、航空摄影测量、运载工具导航和管制、地壳运动监测、工程变形监测、资源勘察等多个领域。

3. GPS 的功能

(1)定位功能。当 GPS 能够收到 4 颗或 4 颗以上卫星信号时,它能计算出本地的三维坐标,即经度、纬度、高度;若只能收到 3 颗卫星的信号,它只能计算出二维坐标,即经度和纬度。GPS 的水平精度在 50~100 m 之间,视接收到的卫星信号的多少和强弱而定。

(2)路标功能。GPS 可以将选定的地点作为路标,还可以给它选定一个图标来表示。路标是 GPS 数据的核心,它是构成"路线"的基础。标记路标是 GPS 主要功能之一,通过路标可以从地图上读出一个点的坐标,一般 GPS 能够记录 500 个以上的路标。

(3)线路功能。线路是 GPS 内存中存储的一组数据,包括一个起点坐标和一个终点坐标,还可以包括若干个中间点坐标,常见的 GPS 能存储 20 条线路,可以根据线路确定运输的路径。

(4)确定前进方向功能。GPS 没有指北针的功能,静止不动时它是不知道方向的。但是一旦动起来,它就能知道自己的方向。GPS 每隔一秒更新一次当前的地点信息,每一点的坐标和上一点的坐标一比较,就可以知道前进的方向,通过确定前进方向可以判断运输方向正确与否。

(二)GPS 设备

1. GPS 设备分类

GPS 主要包括三大部分,分别是空间部分(GPS 卫星星座)、地面监视控制部分以及用户设备部分(GPS 信号接收设备)。其中,GPS 空间部分是由 24 颗沿距地表 20 200 km 高度的轨道运行的卫星组成的,它们 24 小时提供高精度的世界范围的定位和导航信息。而物流作业中主要应用的是用户设备部分。

GPS 用户设备种类众多,可以参照以下方法进行分类。

(1)按照作用可分为导航设备和查询设备。

(2)按照通信原理可分为有线通信设备、卫星通信设备以及蓝牙通信设备。

(3)按照使用方法可分为手持设备、嵌入式设备以及车载设备等。

2. GPS 接收设备

GPS 接收设备同时接收 3~12 颗卫星的信号,从而判断地面上或接近地面的物体的位置及其移动速度和方向等,不停地发送回精确的时间和它们的位置。

GPS 接收设备的基本功能是在地图上指出当前的位置,主要的应用领域为航空、航海、通信、测绘、车辆导航、户外娱乐、军事等。GPS 接收设备可以按照应用方式分为以下几种:轿车中提供的导航系统,安装在计算机上的 GPS 附件,以及自助旅行或野外探险者使用的单独的 GPS 设备等。

(1) GPS 车载终端。GPS 车载终端又称为车载机,具体是指一种具有 GPS 卫星定位功能和通信功能的设备,它通常安装在车、船等移动目标上,对移动目标进行监控调度和管理。GPS 车载终端与普通 GPS 手持机和 GPS 导航仪的核心区别就在于它具有通信功能,能把自身的 GPS 位置信息通过特定的通信方式发送到指定系统。GPS 车载终端的基本结构可分为 GPS 模块和通信模块两部分,GPS 模块负责采集 GPS 信号,通信模块负责与 GPS 平台进行通信。根据 GPS 车载终端的功能不同还有 LCD 显示模块、通话手柄、图像采集器和各类专用传感器。

(2) 蓝牙 GPS 接收器。蓝牙 GPS 接收器是采用蓝牙接口的 GPS 接收器,它只是一个接收 GPS 信号的装置,不具备像手持机或车载机一样的显示屏。蓝牙 GPS 接收器一般由自身带的锂电池供电,通过蓝牙接口与具备蓝牙接口的装置连接。蓝牙 GPS 接收器本身不具备地图存储功能,所有地图都安装在与之连接的装置内。蓝牙 GPS 接收器具有体积小、使用方便、价格低廉、兼容性高、可以和计算机直接相连的优点,应用范围包括汽车导航、车队管理、个人导航。

(3) GPS 对讲机。GPS 对讲机有 GPS 功能,在定位后,会显示位置信息和定位误差,在通话过程中会同时显示对方的名字、经度、纬度、距自己的距离及方位等。同时,具有运动路径显示功能。

(4) GPS 手机。GPS 手机是指配有 GPS 功能的移动通信设备,以内部集成的 GPS 部件为基础,结合手机的显示装置等硬件设备实现 GPS 功能。GPS 手机使用方便,灵活性好,但是定位精度不如专用设备。

(三) GPS 在物流领域中的运用

1. 军事

GPS 首先是因为军事目的而建立的,GPS 最初是为军方提供精确定位。军用 GPS 产品主要用来确定并跟踪在野外行进中的士兵和装备的坐标和航海中的军舰,为军用飞机提供位置和导航信息等。在军事物流中,如后勤装备的保障等方面,GPS 应用相当普遍。

2. 商业

GPS 在商业领域也大显身手,消费类 GPS 主要用在勘测制图,航空、航海导航,车辆追踪系统,移动计算机和蜂窝电话平台等方面。勘测制图由一系列的定位系统组成,一般都要求特殊的 GPS 设备。在勘测方面的应用包括结构和工程勘测、道路测量、地质研究等。收集到的数据可以以后再估算,也可以在野外实时使用。许多商业和政府机构使用 GPS 设备来跟踪他们的车辆位置,这一般需要借助无线通信技术。一些 GPS 接收器集成了收音机、无线电话和移动数据终端来适应车队管理的需要。消费类 GPS 手持机基本上都有12个并行通道和数据功能,有些甚至能与便携电脑相连,可以上传、下载GPS信息,并且使用精确到街道级的地图软件,可以在个人电脑的屏幕上实时跟踪或自动导航。

3. 车辆导航系统

车辆导航系统(图13-12)应用GPS技术、地理信息系统、计算机技术和现代通信技术,实现大范围车辆的双向动态导航、跟踪、调度和可视化监控。利用此系统,可加强对车辆的集中管理和调度,提高交通运输效率,有效改善城市交通状况。

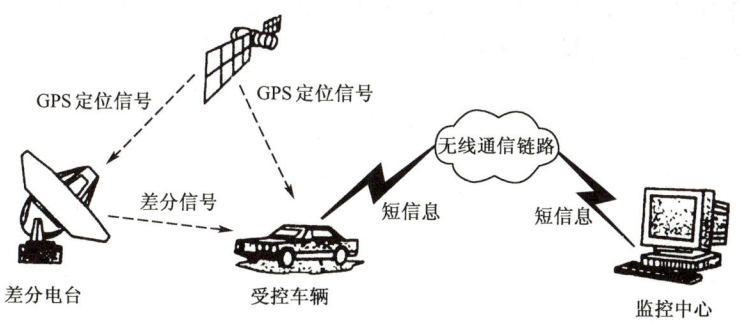

图13-12 车辆导航系统

GPS监控系统是一种"事前监督与事后核查并举"的系统,它尽可能地做到"防患于未然"。GPS监控系统对行车安全和运输管理的作用包括:(1)监控车辆是否超速;(2)监控司机是否疲劳驾驶;(3)通过车内的摄像头可以不分昼夜地实时了解其是否超载(员);(4)通过图片分析,可初步检测和监督司机是否私自带客;(5)通过语音对话和报警监听功能,实现监控端与被监控车辆的语音调度和信息交流;(6)被记录在系统和车载机中的车辆行驶轨迹、状态信息,可供事后查询;(7)对司机的超速行车、疲劳驾驶、工作量、出勤率、车辆行驶里程等数据可进行宏观统计和分析,形成日报、月报和年报等。

4. 铁路运输管理

可以通过GPS和计算机网络实时收集全国列车、机车、车辆、集装箱及所运货物的动态信息,可实现列车、货物追踪管理。只要知道货车的车种、车型、车号,就可以从十多万公里的铁路网上流动着的几十万辆货车中找到该货车,还能得知这辆货车现在何处运行或停在何处,以及所有的车载货物发货信息。铁路部门运用这项技术可以提高铁路网运营的透明度,为货主提供更高质量的服务。

5. 货物配送

由于货物的配送过程是实物的空间位置转移过程,因而在货物配送过程中,对可能涉及的货物的运输、仓储、装卸、送递等环节,以及各个环节涉及的问题(如运输线路的选择、仓库位置的选择、仓库的容量设置、合理装卸策略、运输车辆的调度和投递线路的选择)都可以通过运用GPS的导航、车辆跟踪、信息查询等功能进行有效的管理和决策分析,这无疑将有助于配送企业有效利用现有资源,降低消耗,提高效率。

(四)GPS设备选型标准

1. 使用调节

步行时确定位置可以考虑单独的手持式GPS设备或者可以同PDA配合使用的GPS

附件。这些产品体积小,方便携带。作为移动通信设备的手机,也集成了 GPS 技术,可以作为导航系统使用。

作为运输车辆可以直接选用车载系统,具有车内导航设备,实现了高精度的全时地图选配功能,即使行驶线路复杂,也能准确地显示出车辆的当前位置,进一步提高了地图选配的可靠性。

2. 通信方式

GPS 设备的关键是要实现数据的双向通信,因此通信方式十分重要,比如,蓝牙设备就必须与计算机连接后才能实现数据传输。通信方式的确定还需要考虑通信的传输速度。

3. 精度

位置识别是 GPS 设备工作的基础,只有识别精度高,才能保证导航等顺利进行。

4. 识别范围

识别范围是指可以识别的最大高度值、最大运动速度值等,GPS 设备识别范围大,可以减少使用限制。

二、GIS 的组成要素

(一) GIS 的概念及应用

地理信息是指直接或间接与地球上的空间位置有关的信息,又常称为空间信息。一般来说,地理信息系统(Geographic Information System,GIS)可定义为用于采集、存储、管理、处理、检索、分析和表达地理空间数据的计算机系统,是分析和处理地理数据的通用技术。从系统应用角度,可进一步定义:GIS 由计算机系统、地理数据和用户组成,通过对地理数据的集成、存储、检索、操作和分析,生成并输出各种地理信息,从而为土地利用、资源评价与管理、环境监测、交通运输、经济建设、城市规划以及政府部门行政管理提供新的知识,为工程设计和规划、决策服务。

(二) GIS 的组成

1. 计算机硬件系统

计算机硬件系统是计算机系统中的实际物理装置的总称,可以是电子的、磁的、机械的、光的元件或装置,是 GIS 的物理外壳。系统的规模、精度、速度、功能、形式、使用方法甚至软件都与硬件有极大的关系,受硬件指标的支持或制约。GIS 由于其任务的复杂性和特殊性,必须由计算机设备支持。构成计算机硬件系统的基本组件包括输入、输出设备,中央处理单元,存储器(包括主存储器、辅助存储器硬件)等。这些硬件组成协同工作,向计算机系统提供必要的信息,使其完成任务;保存数据以备现在或将来使用;将处理得到的结果或信息提供给用户。根据硬件配置规模的不同可分为简单型、基本型、网络型等。

2. 计算机软件系统

软件是指 GIS 运行所需要的各种程序,主要包括计算机系统软件和地理信息系统软件两部分。地理信息系统软件提供存储、分析和显示地理信息的功能和工具。主要的软件部件有输入和处理地理信息的工具,数据库管理系统工具,支持地理查询、分析和可视化显示的工具,容易使用这些工具的图形用户界面(GUI)。

3. 系统开发、管理人员和用户

人是 GIS 中的重要的构成因素,GIS 不同于一幅地图,而是一个动态的地理模型。仅有系统软、硬件和数据还不能构成完整的地理信息系统,需要人进行系统的组织、管理和维护(如数据的更新、系统的扩充完善、应用程序的开发),并灵活采用地理分析模型提取多种信息,为研究和决策服务。对于合格的系统设计、运行和使用来说,地理信息系统专业人员是地理信息系统应用的关键,而强有力的组织是系统运行的保障。一个周密规划的地理信息系统项目应包括负责系统设计和执行的项目经理、信息管理的技术人员、系统用户化的应用工程师以及最终运行系统的用户。

4. 空间数据

数据是指对某一目标定性、定量描述的原始材料,包括数字、文字、符号、图形、图像等形式,是用以承载信息的物理符号。数据是记录下来的某种可以识别的物理符号,具体的形式多种多样。虽然数据是具体的载体,但并不是信息,只有理解了数据的含义,对数据做出解释,才能得到数据中所包含的信息。一个 GIS 应用系统必须建立在准确合理的地理数据基础上,数据来源包括室内数字化和野外采集,以及从其他数据转换。数据包括空间数据和属性数据。空间数据表现了地理空间实体的位置、大小、形状、方向以及几何拓扑关系,一般采用栅格和矢量两种形式。

5. 方法

这里的方法主要是指空间信息的综合分析方法,即常说的应用模型。它是在对专业领域的具体对象与过程进行大量研究的基础上总结出来的规律的表示。GIS 应用就是利用这些模型对大量空间数据进行分析综合来解决实际问题的,如基于 GIS 的矿产资源评价模型、灾害评价模型等。

(三)GIS 的主要功能

GIS 应具备五项基本功能,即数据输入、数据编辑、数据存储与管理、空间查询与分析、可视化表达与输出。

1. 数据输入

数据输入是建立地理数据库必经的过程。数据输入功能指将地图数据、物化遥数据、统计数据和文字报告等输入、转换成计算机可处理的数字形式的各种功能。对多种形式、多种来源的信息,可实现多种方式的数据输入,如图形数据输入、栅格数据输入、GPS 测量数据输入、属性数据输入等。用于地理信息系统空间数据采集的主要技术有两类,即使用数字化仪的手扶跟踪数字化技术和使用扫描仪的扫描数字化技术。手扶跟踪数字化曾在相当长的时间内是空间数据采集的主要方式。扫描数据的自动化编辑与处理是空间数据采集技术研究的重点,随着扫描仪技术性能的提高及扫描处理软件的完善,扫描数字化技术的使用越来越普遍。

2. 数据编辑

数据编辑主要包括图形编辑和属性编辑。属性编辑主要与数据库管理结合在一起完成,图形编辑主要包括拓扑关系建立、图形整饰、图幅拼接、图形变换、投影变换、误差校正等功能。

3. 数据存储与管理

数据的有效组织与管理，是 GIS 应用成功的关键，主要指提供空间与非空间数据的存储、查询、修改和更新的能力。矢量数据结构、栅格数据结构、矢栅一体化数据结构是存储 GIS 的主要数据结构。数据结构的选择在相当程度上决定了系统所能执行的功能。数据结构确定后，在空间数据的存储与管理中，关键是确定应用系统空间与属性数据的结构以及空间与属性数据的连接。目前广泛使用的 GIS 软件大多数采用空间分区、专题分层的数据组织方法，用 GIS 管理空间数据，用关系数据库管理属性数据。

4. 空间查询与分析

空间查询与分析是 GIS 的核心，是 GIS 最重要的和最具有魅力的功能，也是 GIS 有别于其他信息系统的本质特征。GIS 的空间查询与分析可分为三个层次：(1)空间检索：从空间位置检索空间物体及其属性、从属性条件检索空间物体；(2)空间拓扑叠加分析：实现空间特征（点、线、面或图像）的相交、相减、合并等，以及特征属性在空间上的连接；(3)空间模型分析：数字地形高程分析、缓冲区分析、网络分析、图像分析、三维模型分析、多要素综合分析及面向专业应用的各种特殊模型分析等。

5. 可视化表达与输出

中间处理过程和最终结果的可视化表达是 GIS 的重要功能之一。通常以人机交互方式来选择显示的对象与形式，对于图形数据，根据要素的信息密集程度，可选择放大或缩小显示。GIS 不仅可以输出全要素地图，也可以根据用户需要，分层输出各种专题图、统计图、图表及数据等。

除上述功能外，还有用户接口模块，用于接收用户的指令、程序或数据，是用户和系统交互的工具，主要包括用户界面、程序接口与数据接口。由于 GIS 功能复杂，且用户又往往为非计算机专业人员，因而用户界面是 GIS 应用的重要组成部分，它使 GIS 成为人机交互的开放式系统。

(四) GIS 的发展及应用

1972 年，加拿大地理信息系统(CGIS)全面投入运行与使用，成为世界上第一个运行型的地理信息系统。在此期间，美国地质调查局发展了 50 多个地理信息系统，用于获取和处理地质、地理、地形和水资源信息。1974 年，日本国土地理院开始建立数字国土信息系统，存储、处理和检索测量数据、航空照片、行政区划、土地利用、地形地质等信息。瑞典在中央、区域和城市三级建立了许多信息系统，如土地测量信息系统、斯德哥尔摩地理信息系统、城市规划信息系统等。但由于当时的 GIS 多数运行在小型机上，涉及的计算机软件、硬件、外部设备及 GIS 软件本身的价格都相当昂贵，因而限制了 GIS 的应用范围。

20 世纪 80 年代是 GIS 的推广应用阶段，由于计算机技术的飞速发展，在性能大幅度提高的同时，价格迅速下降，特别是工作站和个人计算机的出现与完善，使 GIS 的应用领域与范围不断扩大。GIS 与卫星遥感技术相结合，开始用于全球性问题的研究，如全球变化和全球监测、全球沙漠化、全球可居住区评价、厄尔尼诺现象及酸雨、核扩散及核废料等；从土地利用、城市规划等宏观管理应用，深入到各个领域解决工程问题，如环境与资源评价、工程选址、设施管理、紧急事件响应等。在这一时期,出现了一大批代表性的 GIS 软件,如 ARC/INFO、GENAMAP、SPANS、MAPINFO、ERDAS 等,其中 ARC/INFO 已经愈来愈多地被世界各国地质调查部门所采用,并在区域地质调查、区域矿产资源与环境评价、矿产资源与矿权管理中发挥越来越重要的作用。

20 世纪 90 年代是 GIS 的用户时代,随着地理信息产业的建立和数字化信息产品在全世界的普及,GIS 成了一个产业,投入使用的 GIS 每 2~3 年就翻一番,GIS 市场增长也很快。进入 21 世纪,GIS 的应用在走向区域化和全球化的同时,已渗透到各行各业,涉及千家万户,成为人们生产、生活、学习和工作中不可缺少的工具和助手。与此同时,GIS 也从单机、二维、封闭向开放、网络(包括 Web GIS)、多维的方向发展。

第四节 北斗卫星导航系统

北斗卫星导航系统(Bei Dou Navigation Satellite System,BDS)是我国自行研制的全球卫星导航系统,也是继 GPS、GLONASS 之后的第三个成熟的卫星导航系统,是联合国卫星导航委员会已认定的全球卫星导航系统。

北斗卫星导航系统是我国着眼于国家安全和经济社会发展需要,自主建设、独立运行的卫星导航系统,是为全球用户提供全天候、全天时、高精度的定位、导航和授时服务的国家重要空间基础设施。

一、北斗卫星导航系统的建设发展历程

在 20 世纪 80 年代,我国开始探索适合国情的卫星导航系统发展道路,形成了"三步走"发展战略:2000 年年底,建成北斗一号系统,向我国提供服务;2012 年年底,建成北斗二号系统,向亚太地区提供服务;2020 年,建成北斗三号系统,向全球提供服务。

1994 年,北斗一号系统工程建设启动;2000 年,发射 2 颗地球静止轨道卫星,建成北斗一号系统并投入使用,采用有源定位体制,为我国用户提供定位、授时、广域差分和短报文通信服务;2003 年,发射第 3 颗地球静止轨道卫星,进一步增强北斗一号系统的性能。

2004 年,北斗二号系统工程建设启动;2012 年年底,完成 14 颗卫星(5 颗地球静止轨道卫星、5 颗倾斜地球同步轨道卫星和 4 颗中圆地球轨道卫星)发射组网。北斗二号系统在兼容北斗一号系统技术体制的基础上,增加无源定位体制,为亚太地区用户提供定位、测速、授时和短报文通信服务。

2009 年,北斗三号系统工程建设启动;2018 年年底,完成 19 颗卫星发射组网,完成基本系统建设,为全球用户提供服务;原计划于 2020 年年底前,完成 30 颗卫星发射组网,建成北斗三号系统。北斗三号系统继承北斗有源服务和无源服务两种技术体制,能够为全球用户提供基本导航(定位、测速、授时)、全球短报文通信、国际搜救等服务。我国及周边地区用户还可享有区域短报文通信、星基增强、精密单点定位等服务。

2020 年 6 月 23 日,我国在西昌卫星发射中心用长征三号乙运载火箭,成功发射北斗

卫星导航系统第 55 颗导航卫星,也是北斗三号系统最后一颗全球组网卫星。至此,北斗三号系统星座部署比原计划提前半年全面完成。

预计到 2035 年,我国将建设完善更加泛在、更加融合、更加智能的综合时空体系,进一步提升时空信息服务能力,为人类走得更深、更远做出中国贡献。随着全球组网成功,北斗卫星导航系统未来的国际应用空间将会不断扩展。

二、北斗卫星导航系统的建设原则

自主:坚持自主建设、发展和运行北斗卫星导航系统,具备向全球用户独立提供卫星导航服务的能力。

开放:免费提供公开的卫星导航服务,鼓励开展全方位、多层次、高水平的国际交流与合作。

兼容:提倡与其他卫星导航系统开展兼容与互操作,鼓励国际交流与合作,致力于为用户提供更好的服务。

渐进:分步骤推进北斗卫星导航系统建设,持续提升服务性能,不断推动卫星导航产业全面、协调和可持续发展。

三、北斗卫星导航系统的组成

北斗卫星导航系统由空间段、地面段和用户段三部分组成,可在全球范围内全天候、全天时为各类用户提供高精度、高可靠度的定位、导航、授时服务,并且具备短报文通信能力,已经初步具备区域导航、定位和授时能力,定位精度为分米、厘米级别,测速精度为 0.2 米/秒,授时精度为 10 纳秒。

(一)空间段

空间段由地球静止轨道卫星、倾斜地球同步轨道卫星和中圆地球轨道卫星组成,包括 5 颗地球静止轨道卫星和 30 颗非地球静止轨道卫星,其中非地球静止轨道卫星包括 27 颗中圆地球轨道卫星和 3 颗倾斜地球同步轨道卫星。

(二)地面段

地面段由主控站、注入站、监测站组成。其中,主控站用于系统运行管理与控制,从监测站接收数据并进行处理,生成卫星导航电文和差分完好性信息,而后交由注入站执行信息的发送;注入站用于向卫星发送信号,对卫星进行控制管理,在接收主控站的调度指令后,将卫星导航电文和差分完好性信息发送给卫星;监测站用于接收卫星信号,并发送给主控站,实现对卫星的监测,以确定卫星轨道,并为时间同步提供观测资料。

(三)用户段

用户段包括用户终端以及与其他卫星导航系统兼容的终端。用户段捕获并跟踪卫星信号,根据数据按一定的方式进行定位计算,最终得到用户的经度、纬度、高度、速度、时间等信息。

四、北斗卫星导航系统的优势

（1）北斗卫星导航系统采用高、中、低三种轨道卫星组成混合星座，与其他卫星导航系统相比高轨卫星更多，抗遮挡能力更强，尤其在低纬度地区服务优势更为明显。

（2）北斗卫星导航系统提供多个频点的导航信号，能够通过多频信号组合使用等方式提高服务精度。

（3）北斗卫星导航系统创新融合了导航与通信能力，具备基本导航、短报文通信、星基增强、国际搜救、精密单点定位等多种服务能力。

五、北斗卫星导航系统的应用与产业化

我国积极培育北斗卫星导航系统的应用开发，打造由基础产品、应用终端、应用系统和运营服务构成的产业链，持续加强产业保障，推进创新体系建设，不断完善产业环境，扩大应用规模，实现融合发展，以便提升卫星导航产业的经济效益和社会效益。

（一）基础产品及设施

基础产品已实现自主可控，国产北斗芯片、模块等关键技术全面突破，性能指标与国际同类产品相当。多款国产北斗芯片实现规模化应用，工艺水平达到28纳米。截至2018年11月，国产北斗导航型芯片、模块等基础产品销量已突破7000万片，国产高精度板卡和天线销量分别占国内市场30%和90%的市场份额。

北斗地基增强系统基准站可以在交通运输、地震预报、气象测报、国土测绘、国土资源、科学研究与教育等多个领域为用户提供基本服务，还可以提供米级、分米级、厘米级的定位导航服务和后处理毫米级的精密定位服务。

（二）行业及区域应用

北斗卫星导航系统已经在交通运输、农林渔业、水文监测、气象测报、通信系统、电力调度、救灾减灾、公共安全等领域得到广泛应用，融入了国家核心基础设施建设，产生了显著的经济效益和社会效益。

（1）在交通运输方面，北斗卫星导航系统广泛应用于重点运输过程监控、公路基础设施安全监控、港口高精度实时定位调度监控等领域。

（2）在农林渔业方面，基于北斗卫星导航系统的农机作业监管平台实现了农机远程管理与精准作业，服务农机设备超过5万台，精细农业产量提高5%，农机油耗节约10%。定位与短报文通信功能在森林防火等应用中发挥了突出作用。北斗卫星导航系统为渔业管理部门提供船位监控、紧急救援、信息发布、渔船出入港管理等服务。

（3）在水文监测方面，北斗卫星导航系统成功应用于多山地域水文测报信息的实时传输，提高了灾情预报的准确性，为制订防洪抗旱调度方案提供了重要支持。

（4）在气象测报方面，一系列气象测报型北斗终端设备形成了系统应用解决方案，提高了国内高空气象探空系统的观测精度、自动化水平和应急观测能力。

（5）在通信系统方面，北斗卫星导航系统突破了光纤拉远等关键技术，研制出一体化卫星授时系统，开展北斗双向授时应用。

(6)在电力调度方面,基于北斗卫星导航系统开展电力时间同步应用,为电力事故分析、电力预警系统、保护系统等高精度时间应用创造了条件。

(7)在救灾减灾方面,基于北斗卫星导航系统的导航、定位、短报文通信功能可以提供实时救灾指挥调度、应急通信、灾情信息快速上报与共享等服务,显著提高了灾害应急救援的快速反应能力和决策能力。

(8)在公共安全方面,全国警用终端接入警用位置服务平台,在重大活动安保中发挥了重要作用。

如今,北斗卫星导航系统已经与新一代通信、区块链、互联网、人工智能等技术深度融合,不断将美好的想象变为现实。

知识拓展:人工智能技术应用

1.车载北斗卫星导航(或 GPS 导航)设备使用训练。
2.联系一家超市对 POS 机进行操作观摩与实习训练。
3.分成小组收集北斗卫星导航系统在各行业应用的案例。

关键概念提要

条码技术设备有光电扫描笔、手持扫描器、固定扫描器等类型,条码数据采集在仓储管理、拣选作业中应用广泛。RFID 设备主要由阅读器和标签组成,RFID 技术广泛应用于商业、运输、仓储、定位跟踪管理和军事物流中。北斗卫星和 GPS 具有定位、确定线路及方向等功能,在车辆导航、运输等领域应用广泛。人工智能技术主要包括五大核心技术:计算机视觉、机器学习、自然语言处理、机器人技术、生物识别技术。物联网是物与物、人与物之间的信息传递与控制,在物联网应用中有传感器技术、RFID 标签、嵌入式系统技术、智能技术、纳米技术等关键技术。

思考与练习

1.简述条码识别的原理及识读系统的构成。
2.条码识读设备有哪些类型?选用时应注意哪些问题?
3.简述无线射频识别设备的类型。
4.无线射频识别技术有何特点?
5.简述 POS 机的构成。
6.简述独立型和联机型 POS 系统的区别。
7.简述北斗卫星导航系统的组成。
8.简述人工智能技术的组成及作用。
9.简述物联网技术的组成内容。

阅读案例

京东集团北斗物流应用

京东集团以北斗系统应用技术为核心,综合利用无线通信技术、现代物流配送规划技术等,研发基于北斗的电子商务云物流信息系统,实现对物流过程、交易产品、运载车辆的全面管理,确保交易安全,降低物流成本,提高物流配送效率,实现100分钟内顾客订单的送达,提升行业整体服务运营水平,带动物流行业的升级转型。该系统由基于北斗的京东物流配送管理系统、智能车载终端和智能手持终端等组成。

京东集团已经建成基于北斗的电子商务物流信息系统,为1 500辆物流车辆、20 000名物流配送员安装配备了基于北斗的电子商务智能车载和手持终端,提升了物流配送管理能力,极大地节约了人力、物力、财力成本,实现了基于北斗的物流智能位置服务功能。

基于北斗的电子商务物流服务应用前景广阔。京东物流大件网络和中小件网络已实现中国大陆全部行政区县100%覆盖,建立了三十多万个末端站点,物流服务人员超500万人,未来北斗应用市场空间巨大。随着京东自主研发的配送无人车、配送无人机、配送机器人等逐步投入运营,将引领北斗在物流领域的创新应用。

摘自:《北斗卫星导航系统应用案例(2018年12月)》

【案例思考】

京东集团北斗物流应用具有哪些意义?

阅读案例:
管道运输系统AI技术
管理案例

阅读案例:
基于5G和NB-IoT
技术的智能化应用

第十四章 物流管理信息系统的功能及应用

在现代物流运作过程中,我们通过使用计算机技术、通信技术、网络技术等,大大加快了物流信息的处理和传递速度,使物流活动的效率和快速反应能力得到提高。同时,现在的各种物流企业正在从单一的储运功能向综合物流整合,从一般化服务定位转变到个性化满足服务定位,从局域化竞争布局向国际化竞争布局转化。这样的转化就需要物流信息,需要物流管理信息系统。物流管理信息系统是支持整个物流活动(从接受订货、库存、发货到运输等实际事务和作业)的信息系统,并且它不仅限于物流,而是把生产和销售结合在一起形成整个经济信息系统,也就是实现了支持整个生产和销售的信息化。如图14-1所示为物流管理信息系统的功能组成。

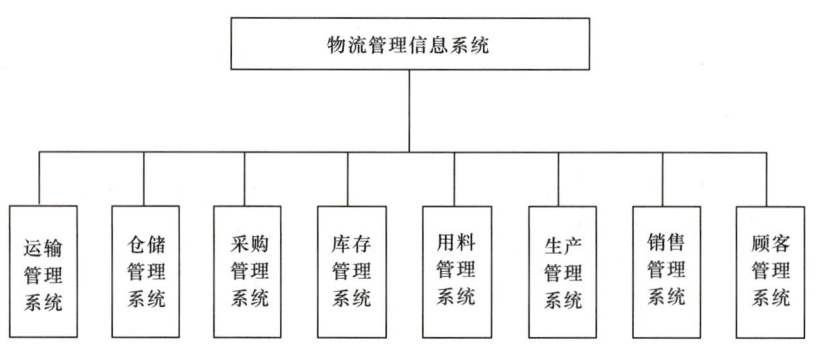

图 14-1　物流管理信息系统的功能组成

物流管理信息系统的主要作用有以下几个方面:
(1)缩短从接受订货到发货的时间。
(2)库存适量化(压缩库存并防止脱销)。
(3)提高搬运作业效率。
(4)提高运输效率。
(5)使接受订货和发出订货更为省力。
(6)提高接受订货和发出订货的精度。
(7)防止发货、配送出现差错。
(8)调整需求和供给。
(9)回答信息咨询。

限于篇幅,本书选择仓储管理系统和运输管理系统加以介绍。

第一节 仓储管理系统的功能及应用

一、仓储信息管理的内容

仓储管理系统(Warehouse Management System,WMS)是用于管理仓库中货物、空间资源、人力资源、设备资源等在仓库中的活动,对货物的进货、检验、上架、出货、转仓、转储、盘点以及其他库内作业进行管理的信息系统,是现代物流管理中不可缺少的工具。

仓储管理的作业流程涵盖入库管理、在库管理和出库管理。仓储信息管理的系统流程如图 14-2 所示。

仓储信息管理的内容主要包括货物识别和跟踪货物、出入库作业的信息管理、库存信息管理、绩效管理等方面。

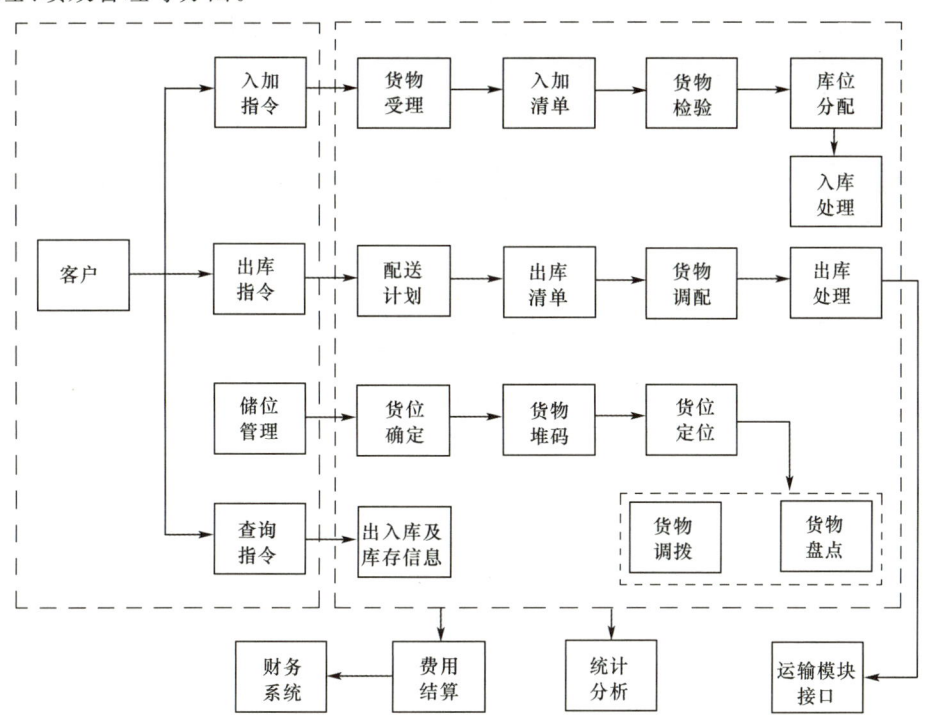

图 14-2　仓储信息管理的系统流程

二、仓储管理系统的功能结构

仓储管理系统的主要功能模块如图 14-3 所示。

基于 RFID 技术的物流仓储管理系统,首要考虑的是出入库的时效问题,这将直接影响到仓库对货物的整合、吞吐能力,而整合、吞吐能力关系到仓库的经济效益。随着计算机技术的发展,通过引进仓库定位系统和 RFID 系统,可以很好地解决以上问题。在仓库定位系统中采用 GIS 对货位进行管理,包括在电子地图上进行货位查询、货位分配、货位利用率专题图分析等。RFID 技术以其非接触、可重复使用、快速扫描、操作方便快捷、数据容量大、使用寿命长等优点在物流仓储行业获得越来越多的重视。在仓储管理系统中引入

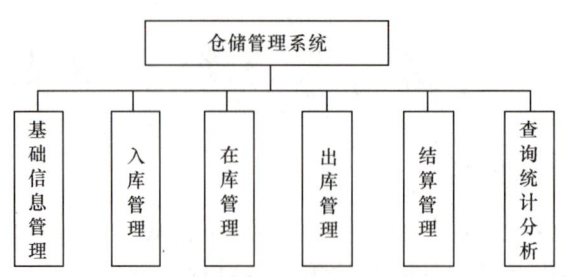

图 14-3　仓储管理系统的功能模块

RFID 技术和 GIS 技术，可以实现货物的先进先出、电子货位管理、作业流程监控管理，从而在数字化和信息化的基础上最大限度提升仓储管理系统效益，对仓储进行精细化管理。

基于物联网技术的仓储管理系统可以利用物联网技术优化仓库作业流程，同时利用物联网技术对仓库内的人员、叉车、托盘、货架等设备进行监管。通过调配和权限管理，可以实现合理布控，利用物联网技术对仓库内的温度、湿度等进行实时监控。根据实际运用中的要求，这样的智能仓储管理系统软件结构上可分为业务管理、安全管理、数据管理、协作管理、基本信息管理、设备管理和电子地图等功能模块。

第二节　运输管理系统的功能及应用

物流信息系统在运输业的应用见表 14-1。

表 14-1　　　　　　　　　物流信息系统在运输业的应用

区　分		信息系统应用举例
航运管理	航运控制	铁路调车场的自动化、公路交通管理、自动化仓库、船舶动态管理、航空管理、装卸自动化等
	运输力调整	要车要货、编制配送计划
设施、资材管理	设施管理	库内管理、港湾管理、集装箱堆场管理、机场货物终端管理等
	资材管理	车辆管理、集装箱动态管理、资材库存管理等
营业、销售管理	预约系统	铁路区间快车信息系统、铁路集装箱信息系统等
	销售管理	卡车运输情报、货物追踪管理、存货场库存配送、提供物流信息等

一、物流运输信息支持系统

物流运输信息支持系统由条形码系统、全球定位系统、地理信息系统、智能交通系统等构成。

二、物流运输信息管理的内容

物流运输信息管理是对运输工具、运输人员、货物及运输过程中各个环节的信息进行管理。其主要内容包括货物跟踪管理、运输车辆运行管理、现代物流实时跟踪管理等。

公路货运业务流程与运输管理系统流程如图 14-4 所示。

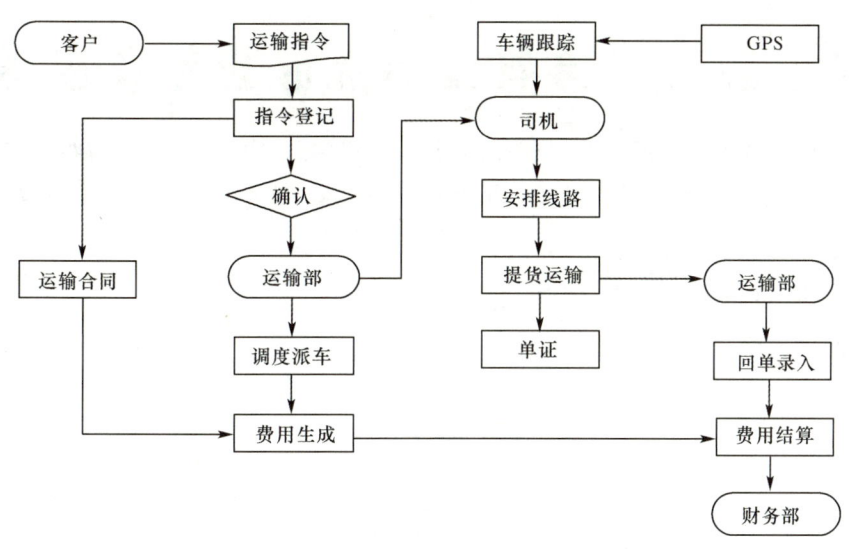

图 14-4 公路货运业务流程与运输管理系统流程

物流运输信息系统的运作步骤：

（1）发送货物业主在接到订货后制订货物运送计划，并把运送货物的清单及运送时间安排等信息发送给物流运输业主和接收货物业主，以便物流运输业主预先制订货物接收计划。

（2）发送货物业主依据订货要求和货物运送计划下达发货指令、分拣配货、打印出物流条形码的货物标签并贴在货物包装箱上，同时把运送货物品种、数量、包装等信息发送给物流运输业主和接收货物业主，向物流运输业主发出运送请求信息，物流运输业主依据请求下达车辆调配指令。

（3）物流运输业主在向发送货物业主取运货物时，利用车载扫描读数仪读取货物标签的物流条形码，并与先前收到的货物运输数据进行核对，确认运送货物。

（4）物流运输业主在物流中心对货物进行整理、集装、填妥送货清单并向接收货物业主发送发货信息。在货物运送的同时进行货物跟踪管理，并在货物交给接收货物业主之后，通过电子数据交换（EDI）向发送货物业主发送完成运送业务信息和运费请求信息。

（5）接收货物业主在货物到达时，利用扫描读数仪读取货物标签的物流条形码，并与先前收到的货物运输数据进行核对确认，开出收货发票，货物入库，同时向物流运输业主和发送货物业主发送收货确认信息。

货物跟踪系统是指物流运输企业利用物流条形码和 EDI 技术及时获取有关货物运输状态的信息（如货物品种、数量、货物在途情况、交货期、发货地、到达地、货物的货主、送货责任车辆和人员等），提升物流运输服务的技术方法。

货物跟踪系统具体作用：

（1）查询作业简便迅速，信息及时准确。

（2）通过查询货物信息可提升高运送货物的准确性和及时性，提升客户服务水平。

（3）提高物流运输效率，提供差别化、优质化物流服务。

（4）通过货物跟踪系统，可以丰富供应链的信息分享源。

第三节　应急物流系统的功能及应用

应急物流系统的目标是以尽可能短的时间、尽可能低的成本获得所需要的应急物资，以适当的运载工具，把应急物资在适当的时间运送到适当的需求地，并以适当的方式分发到需求者手中。

一、应急物流系统的约束条件

应急物流系统的约束条件是指在应急物流系统的运行过程中，限制应急物流系统目标实现的各种客观条件。

(1) 信息约束。在突发事件发生后的短时间内，系统不能够全面掌握有关突发事件的信息，造成预测和决策的误差。

(2) 时间约束。超过了约束时间，系统的各项功能所能实现的价值将降低。

(3) 资源约束。资源约束是指应急物资和应急资金的约束。

(4) 运载能力约束。运载能力约束是指根据系统目标，对不同种类的应急物资和人员分别给予不同的紧急等级，在满足不同紧急等级下可以获得的运载工具包括飞机、汽车、火车、轮船等运载能力的约束。

(5) 运输基础设施约束。由于突发事件可能对运输基础设施包括公路、铁路、港口、通信、电力、安全和运输环境造成影响，限制了应急物流活动的正常进行。

二、应急物流系统的支撑环境

应急物流系统的支撑环境是指为了保证在突发事件发生后，应急物流系统能够高效运转，完成系统的各项功能，实现系统的目标，整个社会的行政制度、公共政策、法律制度和技术支持设施所应具备的条件。

(一) 社会公共应急机制

社会公共应急机制是指为了使应急物流系统高效运转，应该建立和完善的行政制度和公共政策。它包括建立国家突发事件预警中心、应急物资的采购或征用机制、应急运载工具的租用机制、应急物资的发放机制、应急资金的筹集和使用机制、应急人员的组织和调度机制。

(二) 法律保障机制

明确各级地方政府和国家机关在突发事件中的职责范围、与国家突发事件预警中心的关系，以及企业和公民在突发事件中的责任、权利和义务。

(三) 应急物流系统的技术支持平台

建立应急物资信息系统或数据仓库、应急物流运载工具信息系统或数据仓库、应急物资预案数据库，构筑应急运输方案自动生成的应急物资运输调度平台，以及应急物资运输监控平台。

三、应急物流系统结构

应急物流系统的结构如图 14-5 所示。这个系统结构包括控制层、决策层、数据层和环境层四个层次,与社会、企业的信息平台对接后,形成系统的第五个层次——执行层。

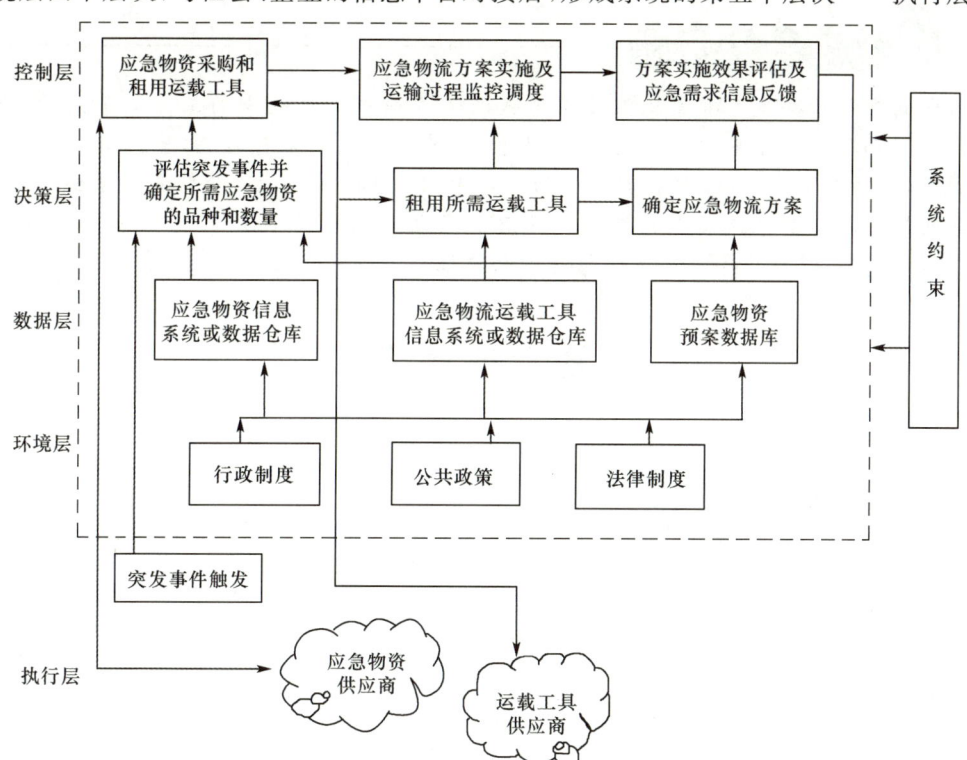

图 14-5 应急物流系统的结构

应急物流系统受到突发事件触发后,应在尽可能短的时间内,评估突发事件可能造成的危害,确定针对突发事件所需要的应急物资的品种和数量以及应急物流的需求方。从应急物流系统的目标出发,制订包括应急物资的包装、存储、运输及配送的整套应急物流方案。根据应急采购机制,从应急物资信息系统或数据仓库中确定应急物资供应商,并实施应急物资采购;从应急物流运载工具信息系统或数据仓库中确定应急物流所需运载工具并实施租用;实施应急物资的运送,并对整个运输过程进行监控调度。

如此构建的快速反应应急物流系统具有的功能:确定应急物资的品种、数量和应急运载工具的计划功能;制订应急物流运送方案的决策功能;实现应急物资采购及运载工具租用的执行功能;对整个应急物流运输过程进行监控调度的控制功能;调整应急物流系统中各参与方的责任、权利和义务的协调功能。

现代城市在建的智能信息平台许多已经考虑将企业信息平台、地方信息平台等整合、融入其中,这样在大数据时代,应急物流管理会更加迅速、合理。

实训任务

1. 联系一家物流企业,对其信息管理系统进行观摩操作,了解其流程,写出报告。
2. 在学校物流实训室中,操作仓储管理信息系统软件,写出实训报告。
3. 在学校物流实训室中,操作运输管理信息系统软件,写出实训报告。

关键概念提要

仓储管理系统和运输管理系统是现代物流管理中不可缺少的工具。仓储管理的作业流程涵盖入库管理、在库管理和出库管理,货物识别和跟踪货物,出入库作业的信息管理,库存信息管理,绩效管理等方面。基于 RFID 技术的物流仓储管理系统和基于物联网技术的物流仓储管理系统有很多不同。运输管理系统是对运输工具、运输人员、货物及运输过程中各个环节的信息进行管理。

思考与练习

1. 简述仓储管理系统的主要管理内容。
2. 基于 RFID 技术的物流仓储管理系统的工作要点是什么?
3. 简述运输管理系统的主要管理内容。
4. 如何理解应急物流系统的四个层次构成?企业物流系统为何成为第五个层次?

阅读案例

智能交通系统

智能交通系统在中国的北京、上海、广东等地已广泛使用。

智能交通系统大体可分为以下几个方面。

1. 车辆控制系统

该系统指辅助驾驶员驾驶汽车或替代驾驶员自动驾驶汽车的系统。该系统通过安装在汽车前部和旁侧的雷达或红外探测仪,可以准确地判断汽车与障碍物之间的距离,遇紧急情况,车载电脑能及时发出警报或自动刹车避让,并根据路况自己调节行车速度,人称"智能汽车"。

2. 交通监控系统

该系统类似于机场的航空控制器,它将在道路、车辆和驾驶员之间建立快速通信联系。哪里发生了交通事故,哪里交通拥挤,哪条路最为畅通,该系统会以最快的速度提供给驾驶员和交通管理人员。

3. 运营车辆管理系统

该系统通过汽车的车载电脑、高度管理中心计算机与全球定位系统卫星联网,实现驾驶员与调度管理中心之间的双向通信,提升商业车辆、公共汽车和出租汽车的运营效率。该系统通信能力极强,可以对全国乃至更大范围内的车辆实施控制。

4. 旅行信息系统

该系统是专为外出旅行人员及时提供各种交通信息的系统。该系统提供信息的媒介是多种多样的,如电脑、电视、电话、路标、无线电、车内显示屏等,任何一种方式都可以。

智能交通系统是一个复杂的综合性系统,从系统组成的角度还可分成以下一些子系统。

1. 先进的交通信息系统(ATIS)

ATIS 是建立在完善的信息网络基础上的。交通参与者通过装备在道路上、车上、换乘站上、停车场上以及气象中心的传感器和传输设备,向交通信息中心提供各地的实时交通信息;ATIS 得到这些信息并通过处理后,实时向交通参与者提供道路交通信息、公共交通信息、换乘信息、交通气象信息、停车场信息以及与出行相关的其他信息;出行者根据这些信息确定自己的出行方式和行驶路线。更进一步,当车上装备了自动定位和导航系统时,该系统可以帮助驾驶员自动选择行驶路线。

2. 先进的交通管理系统(ATMS)

ATMS 有一部分与 ATIS 共用信息采集、处理和传输系统,但是 ATMS 主要是给交通管理者使用的,用于检测、控制和管理公路交通,在道路、车辆和驾驶员之间提供通信联系。它将对道路系统中的交通状况、交通事故、气象状况和交通环境进行实时的监视,依靠先进的车辆检测技术和计算机信息处理技术,获得有关交通状况的信息,并根据收集到的信息对交通进行控制,如信号灯、发布诱导信息、道路管制、事故处理与救援等。

3. 先进的公共交通系统(APTS)

APTS 的主要目的是采用各种智能技术促进公共运输业的发展,使公交系统实现安全便捷、经济、运量大的目标。在公交车辆管理中心,可以根据车辆的实时状态合理安排发车、收车等计划,提高工作效率和服务质量。

4. 先进的车辆控制系统(AVCS)

AVCS 的目的是开发帮助驾驶员实行本车辆控制的各种技术,从而使汽车行驶安全、高效。AVCS 包括对驾驶员的警告和帮助,以及躲避障碍物等自动驾驶技术。

5. 货运管理系统

这里指以高速道路网和信息管理系统为基础,利用物流理论进行管理的智能化的物流管理系统。综合利用卫星定位、地理信息系统、物流信息及网络技术有效组织货物运输,提高货运效率。

6. 电子收费系统(ETC)

ETC 是目前世界上先进的路桥收费方式。通过安装在车辆挡风玻璃上的车载器与在收费站 ETC 车道上的微波天线之间的微波专用短程通信,利用计算机联网技术与银行进行后台结算处理,从而达到车辆通过路桥收费站不需要停车而能缴纳路桥费的目的,且所缴纳的费用经过后台处理后清分给相关的收益业主。

7. 紧急救援系统(EMS)

EMS 是一个特殊的系统,它的基础是 ATIS、ATMS 和有关的救援机构和设施,通过 ATIS 和 ATMS 将交通监控中心与职业的救援机构联成有机的整体,为道路使用者提供车辆故障现场紧急处置、拖车、现场救护、排除事故车辆等服务。

阅读案例:
上海市金山区、美团:
城市低空物流运营示范中心

阅读案例:
中国银联APP"云闪付"

参 考 文 献

[1] 魏国辰.物流机械设备运用与管理[M].北京:中国物资出版社,2007.
[2] 何晓莉.物流设施与设备[M].北京:机械工业出版社,2004.
[3] 张弦.物流设施与设备[M].上海:复旦大学出版社,2006.
[4] 肖永清,王本刚.叉车维修与养护实例[M].北京:化学工业出版社,2006.
[5] 刘远伟,何民爱.物流机械[M].北京:机械工业出版社,2006.
[6] 李文斐,张娟,朱文利.现代物流装备与技术实务[M].北京:人民邮电出版社,2006.
[7] 吴水萍.起重机械操作技能[M].北京:中国劳动社会保障出版社,2006.
[8] 倪志伟.现代物流技术[M].北京:中国物资出版社,2006.
[9] 吴树培.公路概论[M].北京:人民交通出版社,1988.
[10] 伍玉坤,廖建国.现代物流设备与设施[M].北京:机械工业出版社,2005.
[11] 马恩远.起重作业[M].2版.北京:中国劳动社会保障出版社,2005.
[12] 郑全成.运输与包装[M].北京:北京交通大学出版社,2005.
[13] 聂军.物流技术与设备[M].北京:对外经济贸易大学出版社,2004.
[14] 刘北林.流通加工技术[M].北京:中国物资出版社,2004.
[15] 彭彦平,王晓敏.物流与包装技术[M].北京:中国轻工业出版社,2007.
[16] 牛东来.现代物流信息系统[M].北京:清华大学出版社,2004.
[17] 蒋祖星,孟初阳.物流设施与设备[M].2版.北京:机械工业出版社,2004.
[18] 宋伟刚.物流工程及其应用[M].北京:机械工业出版社,2003.
[19] 王耀斌,简晓春.物流装卸机械[M].北京:人民交通出版社,2003.
[20] 邓爱民,张国方.物流工程[M].北京:机械工业出版社,2002.
[21] 张志勇,赵淮.包装机械选用手册[M].北京:机械工业出版社,2012.
[22] 卢瑞文.自动识别技术[M].北京:化学工业出版社,2005.
[23] 王国华.中国现代物流大全:现代物流技术与装备[M].北京:中国铁道出版社,2004.
[24] 周全申.现代物流技术与装备实务[M].北京:中国物资出版社,2002.
[25] 索占鸿.运输包装工程[M].北京:中国铁道出版社,2000.
[26] 佟立本.交通运输概论[M].北京:中国铁道出版社,2001.
[27] 秦同瞬,杨承新.物流机械技术[M].北京:人民交通出版社,2001.
[28] 刘志学.现代物流手册[M].北京:中国物资出版社,2001.
[29] 董千里.高级物流学[M].3版.北京:人民交通出版社,2015.
[30] 周伟兴.装卸搬运车辆[M].北京:人民交通出版社,2001.